「五大改造」教育系列丛书

刘亚东 ◎ 主编

改造项目操作手册

（2020）

中国政法大学出版社

2021 · 北京

图书在版编目（ＣＩＰ）数据

改造项目操作手册.2020/刘亚东主编.—北京:中国政法大学出版社,2021.1

ISBN　978-7-5620-9828-7

Ⅰ.①改…　Ⅱ.①刘…　Ⅲ.①犯罪分子－监督改造－中国－手册　Ⅳ.①D926.7-62

中国版本图书馆CIP数据核字(2021)第012733号

书　名	改造项目操作手册（2020）
	GAIZAO XIANGMU CAOZUO SHOUCE（2020）
出版者	中国政法大学出版社
地　址	北京市海淀区西土城路 25 号
邮　箱	fadapress@163.com
网　址	http://www.cuplpress.com (网络实名：中国政法大学出版社)
电　话	010-58908466(第七编辑部) 010-58908334(邮购部)
承　印	北京鑫海金澳胶印有限公司
开　本	710mm×1000mm　1/16
印　张	17.5
字　数	285 千字
版　次	2021 年 1 月第 1 版
印　次	2021 年 1 月第 1 次印刷
定　价	75.00 元

序

近年来，随着时代发展和押犯的变化，监狱改造工作面临着如何结合罪犯身心特点、提高专业化水平的新挑战。改造项目是监狱实现具体改造目标科学化、系统化、程序化、规范化的干预措施，综合了教育学、心理学、社会学等多学科知识，实现了对传统改造手段的整合升级，便于孵化、推广与应用。国内外多年的实践经验表明，改造项目在罪犯改变错误认知、矫正扭曲价值观、重塑亲社会行为、保持身心健康等方面具有积极作用。

2012年以来，北京市监狱管理局提高政治站位，强化责任担当，积极贯彻落实司法部"坚守安全底线，践行改造宗旨"要求，围绕犯因性问题，遵循循证矫正理念，与中国政法大学、中国人民公安大学、中央司法警官学院、北京华夏心理培训学校等21家高校和社会专业机构开展合作，大力引入和研发罪犯改造项目，形成了一批兼具科学性、规范化、可操作、易推广的项目。截至2020年底，全局共开展改造项目35个，初步形成了面向多种犯罪类型、覆盖不同改造阶段、采用多元改造技术项目百花齐放的局面，多个成熟项目已在局内得到广泛实践。其中，内视观想—经史合参改造项目以传统文化为载体，内视观想通过连续七日密闭式思考，引导罪犯感恩亲情、换位思考、常思己过，得到司法部领导的多次批示，被司法部预防犯罪研究所确立为"中国罪犯关键性矫治技术"，北京市监狱作为孵化基地，帮助新疆、河北、四川、安徽、广东等8个省市12个监所开展项目和培训民警；经史合参通过体验式教学，促进罪犯知行合一，被司法部预防犯罪研究所确定为"文化改造国学教育方法创新研究"课题，北京市监狱和北京市天堂河教育矫治所被确立为项目"示范应用基地"。愤怒控制改造项目着眼于暴力犯冲动攻击行为，对其进行情绪引导和自控训练，获批为北京市人才培养资助项目，被中央、地方多家新闻媒体广泛报道。积极行为养成是北京市监狱管理局自主研发的改造项目，以激发罪犯改造动机为出发点，采用课程讲授与团体活动相结合的方式对罪犯进行改造，被多个监所成功借鉴。正念训练在情绪管理、压力释放、身心调节等方面有明显作用，适用群体广泛，实践经验丰富，罪犯反响良好。另外，局属各监所形成了"社会适应""接纳承诺"等一批实用性强的特色改造项目，这些项目不断深化，齐头并进，形成了"4+N"的改造项目格局。

本书汇总了内视观想—经史合参、愤怒控制训练、积极行为养成、正念训练4个在北京市监狱管理局内得到广泛实践的改造项目标准化操作手册，从项目的适用人群、实施流程、方法步骤、测评量表等方面进行了明确的界定和规范，既便于监狱民警根据资料进行规范化操作，同时也便于各单位之间学习借鉴。此外，本书将从一个侧面向社会公众展示首都监狱系统的教育改造工作，以回馈社会各界对于我们工作的关心和支持。

相信只要我们严格贯彻落实党的十九届五中全会"坚持以人民为中心"的要求，牢记改造宗旨，以改造人为中心，以向社会回送守法公民为落脚点，以犯因性问题为着力点，坚持改造项目实践，丰富改造工具库，确保教育效果入脑入心，实现教育改造工作的转型升级，必将有力提升罪犯改造质量，为建设"平安北京""平安中国"贡献力量，不辜负党和人民对首都监狱工作的期待。

由于时间和水平有限，本书难免存在疏漏和不足之处，欢迎社会各界专家、各省市同行与广大读者批评指正。

编委会

2020 年 10 月 30 日

目　录

第一部分　内视观想—经史合参

第二部分　愤怒控制训练

第三部分　积极行为养成

第四部分　正念训练

第一部分

··········

内视观想—经史合参

第一章
内视观想

第一节　内视观想介绍

一、什么是内视观想

"NAIKAN"也称"观察自我法"或"洞察自我法"，是源于中国传统文化、由日本学者吉本伊信提出并于60年间在世界范围内得到广泛发展的一种心理矫治方法。我国著名国学大师南怀瑾先生在对其进行研究后，结合中国传统文化将其命名为"内视观想"（以下简称内观）。

内观即为"了解自己，凝视内心的自我"，在内观的过程中，内观者在内观导引师的指导下，在独立密闭的空间内对自己过往经历进行系统的回忆和反思，在细致回顾人生的过程中获得对自己的心理、性格、人际等多方面的洞察，经由这种深入的自我观察，进而调整心境，唤起"省"与"悟"的念头，最终以自觉的意识来净化内心。

二、内观在监狱的发展

内观的创建者日本学者吉本伊信从中国儒家文化和寺庙的"心境教育"中得到启发，认为通过"内省"这种方式可以形成一种适用于监狱罪犯的矫治方法，于是产生了在监狱中开展内观活动的想法。狱内罪犯成为最早应用内观的群体。

为在监狱中开展内观，吉本伊信开始对这种方法的操作环节进行不断思考并亲身体验。1954年，内观作为对监狱罪犯心理矫治辅助教育的一种方法在日本奈良少年监狱首施，并在之后得到迅速的发展。至1962年，日本已经有约40所少年院和监狱以内观作为对罪犯的改造项目来实施。

内观在日本监狱中的成功效果得到了当地矫治局两项研究的验证。

1960 年实施的、对参加过内观的 3975 名成年罪犯和 405 名被判有罪的少年工读学校少年进行的一项调查结果显示，内观的正面效果在成年罪犯中达到 84.3%，少年中达到 68%。另外，根据 1958 年至 1964 年期间对来自 5 所不同监狱的刑满释放人员的再犯罪频率进行的统计，在 40.4% 的平均再犯罪率的基础上，没做过内观的罪犯在出狱以后有 45.2% 的人重新犯罪，而参加过内观的罪犯在出狱后的重新犯罪率仅为 21.6%。

在日本监狱广泛采用内观方法后不久，其他国家的一些监狱也开始引入内观对罪犯进行矫治。目前，欧洲、北美、印度等国家或地区的监狱都采用了内观这种方法对在押罪犯进行心理干预和教育转化，取得了令人满意的效果。与此同时，日本出现了面向普通人群的"内观中心"。这种内观中心于 1980 年同样被引入欧洲和北美，从此开始在世界各地迅速发展。

自 2011 年起，北京市监狱管理局开始陆续选派干警赴上海内观中心进行内观体验、接受技术指导，并组织从业人员赴国外监狱就内观开展进行经验交流学习。2012 年，北京市监狱成立了国内第一家监狱内观中心，开创了中国监狱系统利用内观改造项目对罪犯进行改造的先河。之后，新疆维吾尔自治区第三监狱等也在狱内通过内观改造项目对罪犯进行改造。司法部领导多次对内观作出批示，希望内观能够在全国监狱系统得到有效的推广。2015 年，内观被司法部确立为"中国罪犯关键性矫治技术"，于 2016 年开始在全国孵化推广，河北省冀中监狱、广东省未成年犯管教所、江苏省南通女子监狱、四川省川北监狱和金堂监狱陆续开展内观实践。2017 年，北京市监狱管理局率先在全局范围内孵化推广内观，良乡监狱、未成年犯管教所和清河分局清园监狱成立干警导引师队伍，建设内观中心，内观工作稳步开展，成效明显。

三、内观的目的

内观的目的是消除内观者"自我本位"的思想，从"以自我为中心"转变到学会换位思考，促使内观者以感恩的心面对生活。该方法的基本论点，即让内观者从周围亲友的付出中觉醒，体会"他人之恩"，这一点对于在狱内对罪犯进行矫治具有十分现实的意义。

四、内观的方式

每期内观的持续时间为一周，内观期间内观者完全与外界隔离，不能与内观导引师之外的任何人进行言语、眼神和手势的交流，除去洗漱、如厕外，其余时间都要在屏风内静坐回顾，即使吃饭睡觉也在屏风内进行。内观导引师每隔一段时间会对内观者进行回顾内容的询问并对下一阶段的回顾进行布置。

五、内观的内容

内观一般由内观开场、经由主要养育者的内观、养育费的计算、经由兄弟姐妹的内观、经由爱人的内观、经由子女的内观、自我审视24条、经由周围人的内观、经由母亲的二次内观、集体内观和集体讨论等环节组成，每个环节在具体操作步骤和指导语上均有严格的要求。在每一个时间段中，内观者需要对特定的人和内容进行回顾。回顾一般围绕以下三个问题展开——"他/她为我做过什么""我为他/她做过什么""我给他/她添了什么麻烦"。根据个人情况的不同，内观者内观的内容也会有所区别。在狱内对罪犯开展内观，需要内观导引师提前对罪犯的个人信息做全面的了解。

六、内观的原理和效果

经过七天的内观，内观者会在内心中对自身的成长过程以及自己与周围人的关系有一个系统梳理，通过从不同的角度重新客观审视、观察自己，继而充分觉察和感受到他人所给予自己的爱与支持，改变对他人的付出熟视无睹、漠不关心、理所应当等偏执观念，从而使内心充满生机、自信和力量。

同时，内观者通过对事实的回顾，也会觉察和发现自己不但为身边重要的他人付出不多，而且还造成了很多麻烦，进而会改变自己之前自以为是的认知，并进行反省、反思，产生愧疚之情，进一步产生责任感和行动力。

在内观中，内观者所有的改变均由自己思考所得，由此带来的内观者的态度转变，不是因为内观导引师说教而形成的，而是内观者本身在已有经验上的再生和反省而领悟产生的自主性心理活动，这些变化促使内观者重新建构自己与外部世界的连接，修正从前错误的情感和认知。此外，内观非常重视对内观者个人历史的进一步挖掘，在监狱中实施内观改造项目，不仅能够对罪犯进行教育感化，同时也能够对罪犯个体进行全面和系统的评估。

第二节　内观前的准备工作

一、宣传和报名

在内观开始前 10 天左右，内观中心应在狱内进行公开招募，通过发放宣传海报至各押犯监区，由罪犯在阅读宣传海报后自愿报名，通过押犯监区领导和管班民警审核后，将书面申请转交内观中心并留存。

二、面谈和筛选

内观中心在收到书面申请后，应根据制定的《内观面谈提纲》（可参考附录三）派专人到押犯监区对报名罪犯进行逐一面谈。一方面，了解报名罪犯的基本情况和报名动机以确定人选，访谈人可结合访谈结果和押犯监区干警的反馈，综合评估报名罪犯参加内观的适宜程度，最终选出内心自愿、能够遵守内观规定、身体和精神情况符合内观标准、近期无重大应激事件的罪犯，在内观前 5 天左右确定本期内观名单，并通知押犯单位。另一方面，访谈人也应告知报名罪犯关于内观的基本情况，说明内观不解决具体问题、重在体验等要点，以免报名罪犯误解和带有不切实际的期望。

三、召开预备会

内观前 3 天左右，内观中心应将本期内观罪犯集中召开预备会，预备会的内容为向内观罪犯介绍内观文化理论背景，说明注意事项，熟悉内观环境，现场解答内观罪犯关于日常起居的疑问，演示罪犯内观区内设施的摆放和使用。内观罪犯如无异议应签订《知情同意书》（可参考附录四），不签订《知情同意书》的不能参加内观体验。

四、内观前测

内观中心如果需要对内观的效果进行测量，可在内观前选择合适的测量工具对内观罪犯的相关指标进行前测，一般选定在内观开始的当天或前一天进行，以免无关因素对内观的结果造成干扰。

五、内观前的其他准备工作

在内观开始前 2 天内，内观中心需要与狱内其他相关职能部门进行沟通协调，以保证内观的顺利进行。另外，内观前需要检查内观中心的硬件设施是否正常运转，如监控设备、灯具和下水管道等，并对内观中心进行彻底的打扫。最后，在内观罪犯进入内观中心前，罪犯所在监区和内观中心均需对罪犯进行搜身与安检，并对所携带物品进行严格检查，同时做好搜身和物品检查的登记工作。

第三节　内观的实施

一、内观的人员安排

内观在实施过程中，可由1名经验丰富的内观导引师担任主持人，负责把握内观整体进度、根据每名内观罪犯的实际情况确定有针对性的内观内容、安排其他内观导引师在每个阶段进行面接及布置其他工作。其他内观导引师在主持人的安排下每隔1小时左右对内观罪犯进行面接和导引，原则上每名内观导引师负责的内观罪犯不超过3名。如果内观中心有内观服务罪犯，至少应有1名内观导引师负责对内观服务罪犯进行指导。监管干警在内观期间负责内观罪犯和内观服务罪犯的日常管理和监管监控工作。

二、内观的日常安排

内观期间，无特殊情况，内观罪犯不应参加监狱的其他活动，一周的时间全部在内观中心进行内观。除被褥、餐具、水杯、洗漱用具及其他日常物品外，内观罪犯不应携带食品、书籍等与内观无关的物品。内观中心需保持安静的氛围，内观导引师和内观罪犯均需尽量保持静默。内观罪犯的日常起居规范应根据本监所的管理规定进行制定。

三、内观的基本问题

(一) 内观观什么

内观，观的是客观事实而不是主观感受，观的是内观罪犯自身而不是内观这种矫治方法。这一点需要在内观前向内观罪犯反复说明。内观罪犯的内观，重在"观察自己"和体验，即使内观罪犯在内观的一周之中内心产生了很多的疑问，内观导引师也只需要告诉内观罪犯在内观中不要去专门研究内观究竟是什么，可以把这些疑问放在心中，在体验的过程中去寻找答案，如果在内观结束后仍有疑问，可在内观的集体讨论环节提出。

（二）内观最重要的因素是什么

内观中最重要的因素是内观罪犯内心的意愿和动机。事实证明，内观罪犯的内观动机越强，内观的效果越好，其思想和行为上的改变也越大。内观对于其他方面的要求并不高，只要内观罪犯能够端正态度，按照内观导引师的指导去一步步进行，就会有所收获。因此在内观前需要向内观罪犯说明这一点，如果内观罪犯内心非常抵触内观却被强制进行，一般效果也不会好。

（三）应该如何进行内观

内观导引师需要告诉内观罪犯，内观就是换一种思维方式去看自己和看世界，因此需要内观罪犯在内观中放弃自己习惯的思维方式，完全按照内观的要求去进行思考和回顾，以发现在平常的生活中自己忽略的事实和细节。内观不是用感觉和猜想去看待某件事情，而是放下自己的价值观，通过客观发生的事实去重新审视自己的记忆，以发现之前的偏颇看法和主观偏见。内观罪犯需要紧闭屏风，在完全安静的环境中不被打扰，继而排除外界的干扰形成平静的心境，发现内心的知性。

罪犯在内观时，需要对不同的人在不同的时间段与自己的互动进行回顾，主要围绕三个问题进行——"他/她为我做过什么""我为他/她做过什么""我给他/她添了什么麻烦"。在内观导引师与其进行面接时，内观罪犯需要按照标准的流程予以回答。对这三个问题的回顾，重要的是需记住将要回顾的对象和时间段，且每一个回顾时间段的经由对象和时间都是固定的。内观罪犯所回顾的事件并非越多越好，而是越深入越具体越好。如果内观罪犯在内观导引师来面接之前就想好了这三个问题，需要用"重新放电影"的思维方式把这个阶段的所想细节重现一遍。在内观中，除去特殊的环节之外，内观罪犯不能用笔做记录，以免影响思考的深度。

（四）内观导引师需要做什么

内观如同登山，内观导引师则是登山时的向导。向导需要陪伴在登山者（内观罪犯）身边起到辅助作用，当登山者偏离方向或者遇到困难时应进行提醒，而不是替登山者去登山。至于登山者究竟能够走到什么位置，完全由登山者自己决定。因此，在内观中，内观导引师只是为内观罪犯指明内观的方向，在不必要的情况下不应该对内观罪犯的内观造成干扰。内观导引师对内观罪犯所回顾的内容不做客观评价，也不与其讨论内观设置之外的事情，并保持目光不与内观罪犯接触。

四、内观的流程

内观的流程一般比较固定，主要由内观开场、经由主要养育者的内观、养育费的计算、经由兄弟姐妹的内观、经由爱人的内观、经由子女的内观、自我审视 24 条、经由周围人的内观、经由母亲的二次内观、集体内观和集体讨论等环节组成。每一个环节均有标准化的操作流程和指导语。

（一）内观开场

内观开场由内观导引师、内观罪犯和内观服务罪犯全员参加，地点可在集体内观室，一般包括内观导引和内观练习两个部分。内观导引首先由主持人将本期内观的内观导引师逐一介绍给内观罪犯，然后进行内观前的导引。内观导引的内容为对内观进行详细介绍，重点是表明内观注重事实和细节的原则，对内观中的三个问题应该如何思考和回答进行讲解。内观导引可以采取互动的形式进行，有条件的内观中心可以使用投影仪或其他设备进行多种形式的展示，以帮助内观罪犯更好地理解内观，继而锻炼内观罪犯使用内观式的思维来看待周围事物，为帮助内观罪犯快速进入内观状态打下良好基础。内观导引应该尽量详细具体，可参照《内观导引指导语》（详见附录五）进行。

内观导引之后，主持人可让内观罪犯稍事休息，之后再进行内观练习。内观练习的主要目的在于帮助内观罪犯练习在内观中关注事实和细节，提供内观的模板供内观罪犯参考。内观练习可以按照标准的《内观练习指导语》（详见附录六）进行。

（二）经由主要养育者的内观

内观开场过后，内观导引师请内观罪犯带着内观练习的最后一个问题回到个体内观室，坐于屏风内的座椅或坐垫上，将屏风紧闭至与墙成 90度，开始进行内观。内观罪犯需要对自己从小到大成长过程中的养育者进行逐一回顾，经由这些人物检视自己，每一个回顾对象按照从前至后的顺序进行。

在内观中，主要养育者一般为父母、爷爷奶奶、外公外婆……回顾的阶段一般按照小学之前、小学1~3年级、小学4~6年级、初中、高中、大学、参加工作至成家……的阶段划分方法进行。具体实施时应根据每名内观罪犯自身经历的不同因人而异，把握的原则是阶段的划分点一般为人生比较重要、比较容易记忆的节点，每个阶段一般不超过8年（成年前的阶段不超过5年），以保证内观罪犯对于每一个阶段的回顾内容清晰、细致。

在内观导引时，每一名内观导引师独自面接一名内观罪犯，需要严格按照内观的面接流程进行，以免不同的面接流程对内观罪犯的内心产生干扰，影响内观效果。内观中心可将《内观面接标准流程》（详见附录七）贴于屏风内，内观罪犯可以在每次面接时按照《内观面接标准流程》进行回答。内观导引师首先需将坐垫轻放于屏风前，轻声说"打扰了"，然后打开屏风，保持目光不与内观罪犯接触，低声问："请问在刚才这段时间，你经由谁，检视了什么时候的自己？"当内观罪犯陈述完三个问题回顾的具体事情后，内观导引师说："请在接下来的时间里，就接下来的××（时间段），继续检视自己。"最后内观导引师轻轻关上屏风，走出内观室。本次面接结束。

当内观罪犯结束对某一位已经去世的重要亲人的回顾、在这位亲人去世前没能很好进行告别或者对其内心存有遗憾的时候，内观导引师一般可以安排内观罪犯对这位亲人通过写信的方式来表达情感，并鼓励其想象亲人就在身边，让内观罪犯把信读给亲人听。然后让其站在亲人的角度，想象亲人在读到自己来信之后的心情而给自己写一封回信，并将回信读出来。这种"完型"技术可以很好地处理内观罪犯内心"未完成"的情感。需要注意的是，写信和读信均需要征得内观罪犯的同意，可以建议但不能强求。内观导引师需向内观罪犯解释，写信只是内观的一种方法，最终的信件由内观罪犯自己保管（在不违反狱政管理规定的前提下），并选择以自己认为合适的方式进行处理。

（三）养育费的计算

在内观罪犯对主要的养育者进行逐一回顾之后，内观进入到计算养育费的环节。计算养育费这个环节，计算并不是目的，而是通过数字形式让内观罪犯换一个角度去回顾内观中的三个基本问题，通过具体的事物体会养育者的付出，这一点需要内观导引师向内观罪犯说明。该环节中，内观导引师首先要将《养育费计算说明》（详见附录八）和0~6岁的《养育费计算模板》（详见附录九）、内观笔记、笔和计算器发到内观罪犯手中，之后由内观导引师向内观罪犯详细介绍养育费的计算方法，布置养育费计算中需要回顾的问题，在确保内观罪犯完全理解之后让其分阶段按照模板的方法进行养育费的计算。

在这个环节，内观导引师要根据内观罪犯的个人情况为其规划计算养育费的各个阶段，一要参考内观罪犯人生阶段性特征，二要参考其内观进展状况，时间充裕时可多划分阶段，但最多不要超过 6 个阶段，时间紧张时可少划分阶段，甚至可以让内观罪犯一次完成所有阶段的计算任务。

在这个阶段的面接过程中，内观导引师需先检查内观罪犯计算的项目是否完整，单价、数量是否合理，如有缺陷要让内观罪犯当场修改。然后让其计算这个阶段的合计金额。之后内观导引师可以询问内观罪犯，其所计算的数额大概占父母（月）收入的百分之几，通过这个阶段养育费的计算有哪些反思等问题，以促进内观罪犯的进一步思考。

当内观罪犯说完三方面反思的内容后，内观导引师将下一阶段的计算模板留下，让内观罪犯继续计算并检视下一阶段的养育费。养育费的计算，可以进行到内观罪犯本人经济独立为止的时间段，但是不应该忽略内观罪犯成年后由于犯罪而造成的养育者的经济开销。

内观者陈述完最后一个阶段的计算检视内容后，导引师需问内观罪犯：从经济独立后到现在，你有没有承担原生家庭的生活费用？是否为父母购置过生活用品？或者在节日送父母礼物？平均每年（或每月）为父母花费多少钱？之后，内观导引师需让内观罪犯当场将各阶段养育费的数额相加，并请内观罪犯思考这样一个问题：父母亲不会要求你归还养育费，但假如你要还的话，按照你之前多年来实际回馈给父母家人的金额状况，大概需要多长时间可以回馈完？当内观罪犯陈述完后，内观导引师收回笔、模板和计算器等物品，本环节结束。

（四）经由兄弟姐妹的内观

如果内观罪犯不是独生子女，则进入经由兄弟姐妹的内观环节（如果有哥哥姐姐承担了养育职责，则在养育费计算之前按照主要养育者进行回顾）。在这个环节，如果内观罪犯的兄弟姐妹人数较多，可以让其本人选择某些人进行逐一回顾，或者对于两个以上的人进行合并回顾。对兄弟姐妹逐一回顾时，内观导引师需要和主持人及时沟通，把握内观的总体进度；多人合并回顾时，可以不必就兄弟姐妹中的每一个人都进行三个问题的事实回顾，但是不能遗漏三个问题中的任何一个。

（五）经由爱人的内观

经由兄弟姐妹的内观后，内观导引师需布置内观罪犯经由爱人进行内观。这个环节需要注意的问题是，如果内观罪犯的爱人不止一个，需要分别进行回顾。

（六）经由子女的内观

经由子女的内观同样需要布置三个问题，具体操作与经由主要养育者和经由爱人的内观相同。需要注意的是，如果内观罪犯的子女为多人，在时间允许的情况下最好逐一回顾，方法参照经由主要养育者的内观。

（七）自我审视 24 条

自我审视 24 条这一环节被称为"内观中的内观"，是对于内观罪犯产生心理冲击最大、最容易促使其内心改变的部分，是内观最重要的核心部分。

第一步，内观导引师首先需要为内观罪犯准备《自我审视 24 条项目明细》（详见附录十）、《自我审视 24 条举例说明》（详见附录十一）、《自我审视 24 条范例》（详见附录十二），并按照《自我审视 24 条指导语》（详见附录十三）对内观罪犯进行说明，说明时内观导引师应该神态放松，语气自然平和，消除内观罪犯的紧张感，不要给内观罪犯造成"总结罪状"的感觉，现实中的举例应尽量从每个人都经历过的小时候的事情入手，以便于内观罪犯从内心接受。

第二步，在下一次的内观面接中，内观导引师需要先检查内观罪犯填写在表格上的内容，然后请其选择其中的一部分内容进行分享。在内观罪犯分享过后，内观导引师要及时纠正内观罪犯检视过程中存在的问题。如果没有问题，则布置内观罪犯按照之前的方法对于小学阶段进行自我审视 24 条的回顾，再然后布置初中阶段，每个阶段都用新的表格填写。

第三步，当内观罪犯回顾到自己的高中阶段（如果内观罪犯没有读过高中则按照应读高中的相应年龄段计算），内观导引师在面接时需带上《自我审视 24 条模板》（详见附录十四），在分享和检查纠正上一阶段检视的内容后，内观导引师需将该模板交给内观罪犯，告诉内观罪犯这里有几个其他人自我审视 24 条的例子，在下一阶段需要据此对高中阶段的自己进行自我审视 24 条的检视。在这个年龄段发生的事，人们的记忆通常会比较深刻，对事件的细节会记得更全面，在有些事件中的各个细节可能会涉及 24 条的不同项目，然后请内观罪犯按照模板把这些细节和涉及的项目都记录下来，并举例说明。

之后的每次面接，均按照高中阶段的标准进行自我审视 24 条的检视，每名内观罪犯全部的时间段划分应不少于 8 个。

第四步，当完成最后一个时间段的面接后，内观导引师需为内观罪犯提供自我审视 24 条项目统计表（详见附录十五），根据内观罪犯的实际年龄来划分不同的时期，年龄较小的可将前述各年龄阶段归类为"成年前期"和"成年后期"，年龄较大的可将前述各年龄阶段归类为"原生家庭生长期""社会成长期"和"社会成熟期"，然后将人生成长期中各年龄段的自我审视 24 条项目估计发生的次数进行合计汇总，填写在自我审视 24 条项目统计表的 A 类表格中，再按照由多到少排序，填写在自我审视 24 条项目统计表 B 类表格的相应栏中，在各个时期需注明各阶段的年龄起止、项目编号和发生的次数。内观导引师需对表格的填写作出详细说明，确保内观罪犯明白填写规则后给其留出一段时间进行填写，内观罪犯填写完毕后可将表格或笔放于屏风外，以便内观导引师知晓。

当内观罪犯汇总结束后，内观导引师继续对内观罪犯进行面接，需让内观罪犯仔细观察汇总表格，从各个人生时期（以及不同年龄段）中自我审视 24 条项目所估计发生的次数中找到"规律"。例如，80% 的项目都会一样；某些项目会随着年龄增长而增加……然后从最近的一个时期中依发生次数最高的项目开始，查找较早阶段是否有相应的项目，如有，则用线条连接起来，依次进行。最后，选定在最近的时期发生次数最多的 6~8 项，让内观罪犯在另外一张纸的上半部将这些项目的具体内容抄录出来。

当内观罪犯抄录完后，内观导引师可让内观罪犯将所写的内容（估计发生次数最多的 6~8 项）念一遍，然后请内观罪犯根据其所列的内容，从旁观者的角度客观地来看所写的这个人，描述一下这是一个什么样的人，将上面所列的各项目内容按照"这是一个……的人"的句式串起来，所写内容不能与所列项目内容的词汇相同，将其写在同一张纸的下半部。

第五步，当内观罪犯写完"这是一个……的人"之后，内观导引师需将内观罪犯带至一处不会影响他人内观且不会被外界干扰的地方，带上

"自我审视 24 条"这一环节中所有的资料，与内观罪犯一起对所有资料按照内观的时间顺序进行逐一清点和确认，通过共同对这些资料的整理让内观罪犯体会到所有的数据都是自己经过很长时间的整理得出的客观事实，是自己人生过程中真实发生的且是自己的所作所为。

随后，内观导引师需让内观罪犯将自己所描述的"这是一个……的人"轻声慢速地念一遍，之后询问内观罪犯："如果这个人是你的朋友，你会有什么看法（感觉）？你怎么对待他/她？"等内观罪犯回答完毕后，内观导引师继续发问：

"如果这个人是你的同事，你会有什么看法（感觉）？你怎么对待他/她？"

"如果这个人是你的上司，你会有什么看法（感觉）？你怎么对待他/她？"

"如果这个人是你的下属，你会有什么看法（感觉）？你怎么对待他/她？"

"如果这个人是你的父母，你会有什么看法（感觉）？你怎么对待他/她？"

"如果这个人是你的配偶，你会有什么看法（感觉）？你怎么对待他/她？"

"如果这个人是你的子女，你会有什么看法（感觉）？你怎么对待他/她？"

共计 7 个问题让内观罪犯逐一回答。

当内观罪犯回答完上述 7 个问题后，内观导引师继续针对内观罪犯描述的"这是一个……的人"询问内观罪犯，"请问这描述的是不是你？"如果内观者回答"不是"，内观导引师可继续提问，"这难道不是从你从小到大的经历中统计汇总出来的事实吗？""如果不是你，那么这个人又是谁呢？""也许接受起来不太容易，但是这些特点是不是真实存在的呢？"通过这样的提问方式，内观导引师需要让内观罪犯认识到自己统计的这些特点是真实的，即使感情上不能够接受也应该承认其客观上的存在；如果内观罪犯回答"是"或最终由不承认到能够认可这些特点存在之后，内观导引师可继续提问，"这些特点是不是你的？""是你的全部吗？""是不是你的一部分？""是不是你的一小部分？""这些占到你整个人所有特点的百分比为多少？"当内观罪犯逐一回答之后，内观导引师需对内观罪犯讲："我相信在你身上肯定还有很多让人欣赏和羡慕的品质，这一部分肯定不能代表你的全部人格。但是，假设在你跟你新认识的朋友或客户打交道时，对方并没有机会了解你的其他品质，他恰巧只看到了你这部分特质，对方会怎样呢？你打算怎么改变？"

当内观罪犯回答完上述问题之后，内观导引师需继续提问："假如很不幸，你过马路时被车撞到需要住院半年，请问有谁会来看你？"等内观罪犯回答完毕后继续询问："假如很不幸，你得了精神病，有时清醒有时糊涂，分不清事实与虚幻，住进了精神病院，请问有谁会来看你？"在内观罪犯回答后继续提问："假如很不幸，你因病或者车祸变成了植物人，完全没有了意识，谁来看你你根本就不知道，请问有谁会来看你？"在内观罪犯回答之后，内观导引师可对内观罪犯说："看来不管怎么样，他们（一般是最亲近的家人）都没有放弃你，他们都已经接受了你。因为他们爱你，他们接受你是无条件的。不管你是否改变，不管以后你能不能改变，他们都已经接受了你。所以你也要接受你自己。当你接受了你自己已有的这一部分特点以后，你周围的朋友和家人假如也有这些特点，你能不能接受他们呢？"之后等待内观罪犯思考和回答。

第六步，内观导引师需将内观罪犯人生各时期的自我审视24条项目统计表的B类表格找出并询问："对于这张表格的内容你有什么发现吗？是不是发现成年之后或者最近阶段主要出现的项目，在早期同样存在？还是有一些早期没有的特点在长大后却出现了？你怎么解释这个现象呢？那你身边的人身上如果也有自我审视24条所列的特点，你会怎么对待他们呢？你能改变他们吗？如果那是你最亲密的家人，你打算与他们怎样相处呢？对于你的孩子来说，他们身上如果有这些特质，你认为跟你会有什么联系呢？"至此，本环节结束。

需要注意的是，整个环节的所有过程需要内观导引师注意自己的姿态和表达，应尽量让气氛轻松，不要让内观罪犯产生受批评的感觉而内心抵触和防御。这一点对于内观罪犯能够真正从内心接受自己的不足至关重要。

（八）经由周围人的内观

在自我审视24条环节结束后，可安排内观罪犯休息20分钟，之后内观导引师需带着《周围人内观模板》（详见附录十六）对内观罪犯进行经由周围人内观这一环节的布置。内观导引师首先需要对模板进行解释，"周围人"的范围包括之前没有回顾过的亲人、邻居、朋友、同学、老师、同事、上司、下属甚至是陌生人，同样是围绕三个问题进行回顾，每一个时间段的回顾对象数目不做限制，对于每一个回顾对象也不必三个问题都问。鉴于所回顾的事件可能较多，内观罪犯可将所回顾的内容进行记录。

需要注意的是，如果时间不允许，内观导引师可以只布置内观罪犯对于出生至10岁、最近5年这两个时间段来进行经由周围人的内观这一环节。

（九）经由母亲的二次内观

一般情况下，在内观结束前一天的下午或晚上进入经由母亲的二次内观，目的在于帮助内观罪犯重温早期温暖包容和爱的感觉。这个环节由内观导引师按照《经由母亲的二次内观指导语》（详见附录十七）指导内观罪犯进行合理的想象，首先让内观罪犯回顾自己出生前在母体内的那段时间，只需要回顾三个问题中的第一个，即"母亲为你做了什么"。之后继续进行对母亲的回顾，方法参照对主要养育者的回顾，一般不超过三个阶段，即经由母亲的二次内观不必进行到最后，同样每个阶段只需要回顾第一个问题即可。

（十）集体内观

在内观最后一天的上午，内观导引师需将内观罪犯逐一带至集体内观室内闭目围坐一圈，保持集体内观室的安静和舒适，按照《集体内观指导语》（详见附录十八）进行集体内观。

集体内观结束后，内观导引师带领内观罪犯回到各自的个体内观室，不做任何言语上的指导，让每名内观罪犯进行20分钟的回味和思考。

（十一）集体讨论

集体内观结束后20分钟，内观导引师可为每名内观罪犯提供纸笔，指导其就一周的内观进行总结和回顾，并写出内观的感受和收获，时间在30分钟左右。之后，再由内观导引师将内观罪犯逐一带至集体内观室，进行集体讨论。集体讨论环节由主持人主持，所有的内观导引师和内观服务罪犯均可参加。在主持人对一周的内观进行简单总结后，由内观罪犯就一周内观的心得体会逐个发言，相互交流分享一周的收获和体会。之后由每位导引师和内观服务罪犯发言，最后主持人宣布本期内观结束，在结束后合影留念。有条件的内观中心可在征得内观罪犯同意的前提下对这个环节进行影像资料的收集和保存。

第四节　内观中常见问题的处理

在罪犯进行内观的过程中，经常会出现各种各样的情况，需要内观导引师根据具体情况进行适当的处理。以下为一些在内观中比较常见的问题及解决方式，以供参考。

一、内观罪犯难以按照内观的思考方式进行关于事实和细节的回顾，怎么办？

如果内观罪犯思路固化，回顾的不是事实和细节，而是赘述较多，喜欢"讲故事"，内观导引师可在面接时再次详细介绍内观的方法和要求，告诉内观罪犯只需要回顾和三个问题有关的事实，并用简练的话语对回顾内容进行总结即可。如果经过几次面接之后效果并不明显，主持人应在召集内观导引师召开会议时，调换另外一名内观导引师去面接该内观罪犯，新的内观导引师在初次面接这名内观罪犯时需再次提出相同的内观要求。若仍不见效，可制作一张面接时用于内观罪犯回答的模板，指导内观罪犯按照模板的内容和模式回答即可。一般情况下，在内观的前两天，内观罪犯都会有一个逐渐适应内观方式的过程，内观导引师在这两天要重点帮助内观罪犯形成正确的内观方法，尽快进入内观状态。

如果内观罪犯在内观回顾中只说大的背景和重大事件却忽略小事，内观导引师要对此进行引导，可以说："请你不要只关注三个问题的表层，只关注大事是不够的，请去关注大事背后的小事，比如，父亲在什么时候送过你礼物，礼物是什么样子的，是如何得来的，那天的天气如何，等等。"

二、内观罪犯对于给别人添的麻烦回顾不出具体事情，怎么办？

内观罪犯难以回想出具体给别人添麻烦的事情，可能是由于还没有完全进入内观状态，不能够沉下心去内观，也可能是由于内心对于这个问题有抵触，认为这是不好的事情而刻意回避。如果原因是前者，内观导引师需要继续指导内观罪犯按照内观的方式去思考事实和细节，不要掺杂主观的感受；如果原因是后者，内观导引师需要提醒内观罪犯，给别人添麻烦是每个人都难免的，添麻烦不一定都是不好的事，有可能是直接给对方增加了额外的负担或困扰，也可能是你想帮别人，但对方不需要反而添乱的事，还有可能是自以为正确或该做的，但对方不能理解而产生困扰的事，回顾添麻烦的事情关键是要站在对方的立场去考虑。

三、内观罪犯难以回顾起童年发生的事情，怎么办？

内观罪犯在内观的前两天，很可能难以想起自己童年时期发生的事情，并为此很着急。在这种情况下，内观导引师可以告诉内观罪犯，内观的回顾是一个从模糊到逐渐清晰的过程，不必心急，可以从自己早期的记忆和感觉中去推断或猜想，也可以借由家人的描述从侧面回顾。内观导引师要保持耐心，一般情况下内观罪犯会在内观第三天之后进入状态，之后回顾起的事情会更加详细和具体。

四、内观罪犯社会支持很少，没有什么具体的人可以回顾，怎么办？

当内观罪犯养育者很少时，可以在经由周围人的内观这一环节让内观罪犯对某一个或者几个人进行分时间段的分别回顾，也可以让内观罪犯对于自己珍爱的物品、宠物进行三个问题的回顾，主要目的仍是锻炼内观罪犯站在不同的角度去思考问题、看清自身。

五、内观罪犯在内观中情绪出现波动，怎么办？

内观罪犯在内观中情绪出现波动有多种可能，并非每一种情况都需要内观导引师进行处理，应该本着尽量不影响内观罪犯进行内观的原则进行应对。如果情绪的波动属于内观过程中由于回顾而产生的内疚、感动等，程度并不是非常大，内观导引师可以不做任何导引而让内观罪犯进行一定程度上的情绪宣泄，但是需要注意这些情绪是否严重影响了内观罪犯对于内观中三个问题的客观回顾。如果内观罪犯的情绪是由早期比较严重的创伤经历引发，已经难以继续进行内观，内观导引师需要将内观罪犯带离个体内观室，带至一处安静的地点进行单独的面谈以处理罪犯的情绪状况，并帮助内观罪犯尽快恢复平静心态继续进行内观。

六、内观罪犯难以继续进行内观，怎么办？

如果内观罪犯在内观期间破坏内观环境的安静，影响其他罪犯内观，监管干警应对这样的内观罪犯进行警告和批评，若这种情况多次出现，应该及时终止该名罪犯的内观，并按照相应的管理规定进行处罚；如果内观罪犯在内观期间主动提出终止内观，内观导引师应该分析其原因，如果该犯确实难以承受内观所带来的内心冲击或者难以适应内观的环境和设置，内观导引师也无须强制其继续进行内观，而应该鼓励其在今后准备好的合适时机继续报名参加内观。

七、内观罪犯对个别养育者内心充满恨意不愿回顾，怎么办？

当内观罪犯由于早期创伤引发的内心愤恨，不愿对某一个亲人（甲）进行回顾时，内观导引师可以运用对比接纳技术。对比接纳技术的使用如下，首先让内观罪犯在纸的中间画一条竖线，然后在竖线左边写出甲身上自己不喜欢的特点，之后在竖线右边写出左边词语的反义词，然后在右边的词语中找出内观罪犯认为甲能够改变的特点，在词语上打勾，在不能改变的特点词语上打叉，告诉内观罪犯左边的词语是真实的状况，右边的词语是理想的情况，大部分时候真实情况是不能变成理想情况的。继而举例，让内观罪犯写下自己最喜欢的动物 A 和最不喜欢的动物 B，询问内观罪犯既然不喜欢 B，为什么不把 B 变成 A？如果不能，那么能够把左边的甲变为右边那个相反的人吗？通过这种导引，让内观罪犯能够在内心接纳现实，接纳那个自己不喜欢的亲人，继而就事实层面而不是情感层面继续进行内观。

八、内观罪犯在内观期间休息不好白天精神状态不好，怎么办？

内观导引师可以告诉内观罪犯，内观期间休息不好而感觉累是很正常的现象，需要一个慢慢适应的过程，不必为此担心，希望这种情况不要影响内观的进行。如果内观罪犯感觉实在太困，可以在屏风内闭目小憩，但是时间不要太长。

第五节　内观的后续工作

内观结束后，如果需要对于内观的结果进行后续测量，应该安排在内观结束后马上进行，以免内观的效果受到其他因素的干扰。另外，内观导引师应在内观结束后对内观罪犯的情况进行案例整理，形成完整的《内观案例报告》（可参考附录十九），并对其内观效果作出评估。

此外，在内观结束后，内观中心应该对参加内观的罪犯进行定期回访，通过对罪犯本人、同监舍罪犯和管教干警进行访谈，以多种方式了解内观罪犯在内观后的变化。内观中心也可定期组织内观沙龙活动，将同一期的内观罪犯组织到内观中心进行交流分享。内观中心也可以组织内观罪犯参加悟性训练和一日内观等内观相关活动，以多种多样的方式进行内观效果的巩固。

附　录

内观作为一项已经实行了几十年的改造项目，所有环节均已形成了标准化的操作流程和指导语，而国内各监狱在实践内观的过程中也形成了一些极具参考意义的资料，本部分将对这些资料进行整理，以供监狱内观中心参考。

附录一

编号：　　　姓名：　　　　年龄：　　　　　第　天

内观面接记录表

父、母、祖父、祖母、外祖父、外祖母、养育费、配偶、兄、弟、姐、妹、子女、周围人、24条

面接时间	内观对象	内观阶段	内观要点	内观状态	导引师	备注

面接时间	内观对象	内观阶段	内观要点	内观状态	导引师	备注

附录二

内观主持人记录表（第　　期第　　天）

编号	姓名	面接状态											
		1	2	3	4	5	6	7	8	9	10	11	12

附录三

内观面谈提纲

1. 本次参加"内观"是否完全出于自愿？
2. 你是通过什么途径知道"内观"的？
3. 请谈一下你对于"内观"的了解？
4. 是什么促使你决定参加"内观"的？
5. 你希望通过"内观"达到什么期望？
6. 现在的出工情况和分数情况如何？
7. 连续7天能否坚持？
8. 身体情况如何，是否服药？吃饭是否特殊？

附录四

知情同意书

您好！

××监狱内观中心即将开展为期7天的"内观"体验活动，希望对于您重新认识自己和他人的关系、培养平和的心态、提升自我觉察能力有所帮助。请您在充分了解内观之后，决定是否自愿参加我们的这次活动。如果您愿意，可在本知情同意书上签字并署明日期。

如果参与到本次活动中，需要您保证遵守本次"内观"体验活动的要求，全程参与，不在中途退出，并认真参加期间进行的测试。在活动进行的过程中，如有违反管理规定的情况发生，我们将会根据《××监狱内观罪犯管理规定》进行相应的处罚。在本知情同意书上签字表示您同意遵守我们的规定。此外，请您特别注意您的身体状况是否符合我们招募的要求。感谢您的合作！

甲方：××监狱内观中心   乙方：＿＿＿＿＿＿＿

年　　　月　　　日

附录五

内观导引指导语

我相信这一周时间将是大家一生中最珍贵和留恋的一段时光。内观就像它的字面意思，观察自己的内心，旨在让内观者看到真实的自己。也可以这么理解，其实我们不是观察内心而是站在自己的角度去观察外部世界。大家平常一般都是站在自己的价值观角度，按照自己的心情去观察事物，得出的判断在很大程度上取决于自己的心情，心情好坏决定了对事物的判断。去远行时，若是下雨了你会感到不开心，若是一直在下雨，那你的心情会变得更糟。我们都知道，如果总是不下雨的话，人类将无法生存，但是，我们还是会想，我们要出去远行的那一天，最好不下雨。一般妈妈或者外婆、奶奶为你做饭后，你会评价这顿饭好吃不好吃，但是你却忘记了她们在做这顿饭之前会做辛苦的准备。

在一周的时间里，我们建议大家暂时停下人生的脚步，去回忆从出生到现在发生的所有事情。举个例子，若把人生比作一条航行中的船，你就在这条船上，你会忽略在这条船上发生的许多事情。大家记住的可能只是船曾经到过的地方，风景是多么优美，或者船在海上航行时所遇到的危险，抑或你在船上吃过的某一顿饭很好吃。我们回忆过去，一般都会凭感觉，只会记住曾经兴趣盎然或者惊心动魄的事情。所以，记忆深刻的事情取决于你当时的情感，比如那个时候我很开心、很孤独或很痛苦，这些情感构成了你对过去的记忆。

内观一周我们是在做这样的事情，好比我们用三台摄像机，一台摄像机放在船的左边，另一台摄像机放在船的右边，再有一台搭载在直升机上从上面俯视拍摄。从过去到现在一直都有三台摄像机同时拍摄你在船上的经历。然后当你回到岸上时，你去回放所拍的录像带，你去观察它所记录的事情。只有这样你才能发现你所意识不到的东西，比如说，你会发现你在船上的很多生活细节，你会发现别人在努力工作的时候，你可能正在一边偷懒休息。内观就是让你回忆从出生到现在所发生的事情，为了实现这个目标，我们为大家准备了三个问题：请大家首先回忆在你身边与你关系最为亲近或你最尊敬的一个人，通常可能是你的妈妈。回忆的第一个问题：他/她为你做了什么？第二个问题：你为他/她做了什么？第三个问题：你给他/她添了什么麻烦？

　　第一个问题是"他/她为你做了什么"。回忆应分阶段进行，首先回忆从出生到上小学这个阶段，你的妈妈或者你的外婆、奶奶，她们都为你做了什么。对于这个问题，很多人可能会觉得不是很好回答，如果我们再追问一句，那时候是谁为你做的一日三餐呢？好，可能是妈妈，如果我们再去问小时候是谁给你洗的衣服呢？你可能想不起那个画面了，但是你能想起是妈妈。正是因为做饭、洗衣服成了家常便饭，是一件非常普通的事情，所以大家很容易把它忘记，而我们能够想起的是妈妈哪一天没给我做饭、没给我洗衣服；其次，请大家回答她具体为你做了些什么，比如她为你做饭，她就要买菜，把菜提回家，然后再洗菜，并把菜切成合适的长度，经过煎炒烹炸，最后才能成为美味的饭菜。还可以回想一下妈妈为你做过什么样的美味的小吃。有人之前回答这个问题时说，我妈妈非常喜欢做饭，所以她会每天都做饭。其实，也许她并不喜欢做饭，而是她不做饭你可能就要挨饿。还有人说，我妈妈不喜欢做饭，她会抱怨。其实这个世界上，无论妈妈是否喜欢做饭，为了孩子，当妈妈的一般都别无选择。在大家回顾这些往事的时候，尽可能地回答曾经的事实，而不是你内心的情感。妈妈为你做的事情肯定不止这些，比如，她还会带你去看牙医，对小朋友来说看牙医肯定是一件不开心的事情，很不愿意去，但是不去的话牙齿肯定会变坏，妈妈是为你着想才带你去看牙医的。她所做的事情结果好坏甚至都不是最重要的，重要的是她为你做了。比如说，一位学生的父亲在他考学的时候去到庙里为孩子祈福，祈祷孩子能够考出好的成绩。可是孩子考试失败了，不能因此责怪这位父亲。父亲会为孩子上学而努力工作，为他攒学费，为孩子缴考试报名费，可是孩子考试父亲却无能为力，父亲只能默默地祈祷孩子能够考出好的成绩。

　　第二个问题是"你为他/她做了什么"。这个问题通常对大家来讲比较难回答，许多时候当你要回答这个问题时，好像没什么可说的。这个问题不是让大家讨好谁。比如说某一天你为妈妈做过一顿饭，或者洗过一次衣服，你做过的这些事情，妈妈是否开心、是否高兴是她的事情，这个与你为她做的事情并没有关系。比如，你在放学回家的路上捡了一块石头，你觉得这块石头挺漂亮的，把它送给了妈妈。但是妈妈觉得这块石头很脏，并不喜欢。不论她喜欢与否，你送给她石头作为礼物都是你为她做的事情。与刚才提到的看牙医的事情一样，重要的是你的动机和出发点。

　　第三个问题是"你给他/她添了什么麻烦"。这个问题回答起来也很难，因为，这属于需要换位思考的问题，看你能不能站在对方的立场上思考。比如，我们小时候都尿过床，尿床后母亲会在深更半夜起来帮我们换尿布，做这件事情对母亲来说是天经地义的，但对我们来说，是妈妈为我们做了一件事。再比如，小时候放学之后会出去玩，到天黑后也不回家，回家后妈妈发脾气，骂了你一顿。但是，你要是换位思考一下，一个年轻的母亲，天黑了孩子还没有回家，她的心里该多么焦急。你要是能够做到这一点的话，那你一定能够想起很多给她添麻烦的往事。还有人回答说，我的存在就是给父母不断地添麻烦。这个回答不是我们在内观中提倡的，如果你的父母是这样认为的，那是他们的问题。如果回答"我的出生就是给我父母添的最大的麻烦"，这样的回答是带有仇恨的。还有人回答"我是个女孩子，我没给父母添麻烦"；"我是个男孩子，我出生后在不断地给父母添麻烦"，这样的回答都不符合要求。如果是你生活的方式伤害到了对方，比如说"我是个盲人，许多人都曾给我提供了很多帮助"，这样的回答属于不规范的，如果他回答，"我在不需要别人搀扶的时候硬是要求别人搀扶我"，这属于正常范围内。

　　请大家围绕这三个问题，回答曾经的事实。首先只需回忆一个人，这个人要是你从小最亲近的人。围绕这个人请你回顾从你出生到上小学之前这段时间所发生的事实，围绕上面这三个问题回答。回顾从出生到小学三年级；三年级到六年级；再到初中、高中、大学、参加工作，到现在，一般是每几年一个时间段。

　　你最初选择的这个人可以是妈妈或者是小时候与你最亲近的一个人，如外婆、奶奶、丈夫、妻子、子女等。回顾完这个人再回顾下一个人，一个一个地进行回顾。

　　按照这种方式分别对他们为你做了什么、你为他们做了什么、你给他添了什么麻烦作出回答。差不多按3~5年分一个时间段，因为时间太长，像10年时间就很难回忆到细节。还有，可能你10年都没有与他们相见，但是他们也许也会惦记着你的工作、健康，这也算是他们为你做了事情，所以这样的时间段也需要你进行回忆。曾经有一个人参加内观，他说他与亲人有20年没有相见了，我们还是按照不同的阶段划分，让他回答了如上三个问题。多年后当他回到家乡，他母亲说，这20年来他们一直都在想着他。请大家回忆时尽可能地回忆一些细节、对话，甚至语气和表情，只有回忆到这个程度，你才会真正理解你当时是否伤害到了对方。

也许第一天、第二天你想起的事情并不太多，到了第三天、第四天你会回忆起大量的事情。那个时候你才会想起，其实发生了许多事情，为什么我当初没有想起来呢！到第五天、第六天你会回忆起更多的细节，比如，一起去吃饭，当时吃的什么菜、菜的味道是什么样的。基本上这6天，都会围绕这三个问题而进行，我们会为大家做一些提示，刚开始回忆不起事情的细节，也不必太着急，随着时间的推移你会逐渐回忆起很多事情。大概80分钟后，我们会到屏风前与你面谈，听你叙述你的回忆。

在内观中，大家坐在内观室里面，有屏风会遮挡你的视线，大家在里面可以选择一个比较舒服的坐姿。刚开始你可能会觉得我要在这么小的空间里待上这么长时间该有多难受，等你坐到里面后，你会发现还是相当舒服的。屏风里面都有一个座椅，可以调整角度，你可以调整一个自己感觉舒适的角度。我们的经验是直角时不是很舒服，稍微往后面倾斜一点会感觉舒服些。总之，你可以尽量地让自己放松，保持一个最舒服的坐姿。我们会隔一段时间面谈一次，我们不会就大家所谈的内容进行分析，不会表扬你，更不会批评你，主观评价的东西都不会有，我们只是一个倾听者。大家把回忆内容告诉我们，我们只是判断内容是否符合要求。如果你只回答了前面两个问题，没有回答第三个问题，我们会提示你。我们并不是帮助你分析人生，只是看你是否按照要求认真地回答了问题，所以，若大家有不想说的秘密可以不说，也没有必要把你想的所有问题都告诉我们，而且你也不必想与你面谈的是哪一位干警。对大家来讲，重要的不是你要向我们汇报哪些内容，而是在这80分钟里你想起了哪些内容，是你自己在对你的人生做具体分析。这个形式是很重要的，可能你内观一周什么都没有想起来，但我们必须有一个程序，每80分钟过去再做回答。再做个比喻，大家好比是登山者，我们只是登山的向导，我们只是在后面看着你的路径是否正确，但是，主角还是你，所以我们不会在你登山的时候推着你前进，重要的是大家按照自己的方式、速度一步一步地往上登。我们只是在你偏离了路线，或者遇到危险时才会提醒你。每次面谈前我们都会问一个问题：这段时间你就谁在哪个阶段进行了回忆？这时候你可以回答：我对与母亲在上小学三年级前这一阶段进行了回忆。然后，你按三个问题的顺序分别回答。在80分钟时间内，每个问题你最多选三件不同事情分别回答，举三个例子。和每位成员面谈的时间会控制在3分钟左右，最多6分钟内把问题回答完。就好像学书法，你可能在家练习了好几十张，你只会拿几张写得好的让我们欣赏。面谈时，我们不会与你对视，你也没有必要看到我们，因为你所说的话只是给自己听的。之前，也有人想要与我们交流，或者希望我们对他的经历予以评价，这都是不必要的，因为你说的话只是让你自己听的。还有人坐在屏风里面大声地回答这些问题，想让我们听清楚，这也没有必要。还有一件事也非常重要，即不必交代发生事情的时代背景，只把事情本身说清楚就可以了，背景与你说的内容并没有关系。还有，回答问题尽可能简练些，比如说，我与她约会的时候我迟到了，就说迟到了就可以了，没必要说那天很堵车，或者找一些其他的理由，这些都是没必要的。比如说我给他添了许多麻烦，但是他给我添的麻烦更多，这些都不必解释。这一周时间你只是把自己当作一个普通的内观者来体验内观过程，心中不要有其他杂念，这样效果肯定要好些。大家不要抱着学习或研究内观的想法，只是作为一个体验者参与即可，也不要观察我们怎么说和怎么做，这些等到内观结束后，自己再去思考回顾。如果一开始你抱着更多的目的观察内观，可能会影响你的内观体验效果。我们首先请你回顾小学前，妈妈给你做了什么饭或者什么事，其实这些事情都跟你现在的职业没有很大的关系，如果你过多地去考虑这些问题与你现在的职业有什么关系，很可能会影响你的内观体验。做内观的时候请大家不要做笔记，因为这样做可能会影响你的内观效果。平时我们做笔记都是为了防止遗忘，比如说你回忆洗澡，你把它记在了笔记本上，当你回忆洗澡这件事时，可能很多细节你就不再去回忆，导致遗漏许多细节。我们希望你不要记在笔记本上，而是要记在脑子里。比如洗澡的时候，妈妈给我冲淋浴，先给我洗头，洗发水进到了我眼睛里，妈妈给我擦掉，帮我搓背，帮我准备好睡衣穿上。这些你用"洗澡"两个字概括，洗澡的很多细节都会想不起来了。回答三个问题不需要大家做笔记，等到下个阶段我们会把笔和纸带给你，到那个时候，大家再按照我们的指示去做笔记。在屏风中尽可能保持安静，动作要轻一些，在做内观体验时请不要做与内观无关的事情。再有，不要与其他人有任何形式的交流。大家都是一个人一个房间，不过可能会打照面，那个时候也请大家不要说话、交流，包括"早上好""晚安"这样的问候，也包括眼神的交流都不要有。请大家想象你现在只是住在山上的一间小屋里，只有你自己。但是你肯定知道你的身边是有人的，你还是要保持安静，也需要其他同伴相互支持。内观中出现交流会直接影响到内观效果，不但会影响到你也会影响到对方，因此内观中要自觉地不去相互说话和交流。特别是到第四天的时候，大家可能想把自己的感受与大家分享一下，这时也一定要忍住不交流。内观室里有洗手间，大家可以随时去，但是大家注意走路、开关门都要轻声些，尽量不要影响到别人。也许隔壁那个人正在回忆当年妈妈化妆时化妆品、香水的味道，很可能由于你的动作过大，导致他对往事的回忆被打断。

早上起床到晚上睡觉，包括吃饭、洗澡、上厕所都是在做内观，躺着睡不着也是在做内观。白天没有一个具体的时间让大家休息，休息由大家自己调节，休息不能持续很长时间，中途大家可能会想睡觉，真是睡着的话，我们也不会打搅你，不会把你叫醒。当然，你要是睡好几个小时的话，我们会把你叫醒。身体不舒服或生病了，请直接告诉我们。

进入内观的第一天、第二天大家会感觉不是很适应，到了第四天、第五天，会渐入佳境。前两天可能是最难熬的两天，这是很常见的现象。大家只要熬过这段时间，就不会有不适应的感觉了。当你回忆起你不想回忆起的往事时，让你回答你给他添了什么麻烦、让你换位思考时，你可能不愿意回忆。这个时间是一个困难时段，你一定要坚持。如果你回忆的是你尊敬的人、你喜欢的人，你的心情可能要好些，若是回忆起你讨厌的、不喜欢的或者看不起的人或事情，可能就会遇到一些问题。内观是观察和回顾你自己经历中发生的事实，如果一个人90%的时间在给你添麻烦，10%的时间你在给他添麻烦，这90%的时间就可以完全忽略不计，这与你关系不大，你只回忆这10%的时间你们是如何相处的就可以了。

还有人不断地讲，内观后我准备如何改变自己，讲这些都是与内观没有任何关系的，你只需按照我们的要求去做就可以了，对提出的三个问题认真地回答，本身就是在积极地内观。其实，就跟登山一样，你只是坐在路边的大石头上冥思苦想：我什么时候才能登上峰顶呢？这完全是徒劳的，你只能一步一步往上爬才能够越来越接近山顶。

一周之后，你再回顾内观的这一周，才能体验到真正的收获。因此，做之前就去想何时能够登上山顶，会影响内观效果，你只要按照要求一步一步往前走，尽到自己最大的努力，也就达到了内观的实际效果。每个人的内观体验不尽相同，只能在内观结束后大家谈各自的体会时，再去检验内观的成果。可能要等到3年后，你才能体会到内观带给你的真正的影响。所以，你现在想一周后，自己会有什么样的变化和收获，只是在浪费时间。请大家把精力都用在回答好三个问题上。内观对大家来说是一次非常难得的体验，许多人都没有这样的机会，所以请大家珍惜这一机会，体验内观并有所收获。从某种角度来讲，也祝贺大家有这样的体验机会，去认认真真地、系统地回忆过往。

大家回到屏风后做内观的时候，尽量不要闭上眼睛。因为，闭着眼睛做内观，一是可能会犯困，再有就是很难回忆起事情的细节。

附录六

内观练习指导语

下面我们做一个简单的练习，希望对于大家开始内观有所帮助。

接下来我会给大家一些指导语，请大家跟着我的指导语来尝试着做内观，也许我的指导语会干扰到大家，大家暂时作为一种练习先跟着我一起做。请你回忆一下以下内容，在上小学之前，你住在什么样的房子里？从你住的房间向外张望，看看你家附近有哪些景色？道路都铺得非常平整吗？道路对面的地方也有房子吗？有多少车辆从你家房前通过呢？请你回忆一下，你家附近有没有你平时玩耍的地方，如广场、公园或者是一间房子？你还记得你邻居家的小朋友吗？接下来请大家走进自己的房间，你家的房子，厨房在哪里？客厅在哪里？你的房间在哪里？请你回忆你当时睡在哪个房间？你的房间里还有其他的人和你一起睡觉吗？5岁的时候谁和你住在一起呢？如果小时候你一直跟妈妈生活在一起的话，请你回忆起妈妈，如果妈妈不在身边的话，请你回忆起奶奶或者是外婆或者是爸爸。你5岁的时候，当时那个人多大年龄？当时那个人的年龄和现在你的年龄相比谁大谁小呢？比你年长还是比你年轻呢？当时那位年轻的母亲或者那个年轻的人，他们为你做过些什么呢？请你尽量具体地去回忆起一些事情来。如果这个人为你准备了午餐或者是晚餐，请你详细地想一想，当时你吃了哪些饭菜？你过生日的时候，他有没有为你做过些什么呢？过春节的时候呢？还有其他在你上小学之前这个人为你做的事情吗？有没有为你洗过头发？有没有帮你梳过头发？接下来请你回忆一下在上小学之前你有没有为他做过些什么？你可能为他捶过肩，可能替他去买过东西。接下来请你回忆，你有没有给他添过什么麻烦？你很贪玩儿，天黑了之后还没有回家，让他非常担心。半夜你尿床了，然后妈妈起床为你换尿布。类似这样的问题请你花一个小时时间去详细地回顾，之后面谈的老师会到你的房间去，面谈的老师会问你，刚才的这段时间，你就谁、什么时候进行了回顾。这个时候请你回答，刚才这段时间，我就我的母亲或者是我的父亲，在小学入学之前这段时间进行了回顾。然后就请你连着回答她/他为我做了些什么，列举两三件事，我为她/他做的事情也列举两三件，然后我给她/他添的麻烦也列举两三个。这个时候老师会说，"谢谢你，接下来请你继续回顾上小学一年级到三年级之间你和她/他发生的事情"，然后离开。接下来请大家继续回顾上小学的前三年和这个人之间发生的事情。她/他为你做了什么事情，比如说你早上起来之后到要去上学之前这段时间她/他做了些什么？是你自己起床的吗？还是她/他叫你起床的呢？是她/他为你准备的早餐吗？然后你从学校回到家里到你睡觉之前这段时间她/他为你做了些什么呢？晚餐是她/他准备的吗？你洗完澡之后看到干净的衣服摆在那里，那么你的衣服是谁帮你洗的呢？你生病的时候，或者是受伤的时候，她/他为你做了些什么呢？接下来请你回顾你为她/他做的事情。她/他让你做的事情也可以，比如说你代他去买东西了。她/他没有让你去做什么但是你却替她/他分忧了，替她/他去做了一些什么样的事情，能不能回忆起一些来。接下来请你回答你为她/他添过什么麻烦？在你上下学的前三年，有没有给他添过麻烦呢？比如说有一天你不想去学校，让她/他担心了。你非常挑食让她/他担心了。你有没有说过让她/他伤心的话，有没有做过让她/他伤心的事情？刚刚做好的热气腾腾的饭菜，准备在那里，但是你却做自己的事情，久久不来吃饭，饭菜渐渐地凉了，这样的事情有没有做过呢？还有她/他想让你帮忙的时候你却逃了，不愿意帮她/他。还有没有其他的你给她/他添的麻烦呢？差不多这个时候导引师还会到你那里去，按照刚才的方式进行提问。刚才这段时间，你就谁、什么时候的自己进行了回顾呢？回答完这个问题之后请你接着回答她/他为你做的事情有哪些，你为她/他做的事有哪些，我给她/他添的麻烦有哪些。之后我们会让大家继续回顾，回顾小学四年级到六年级这段时间，你和这个人之间的关系。谢谢大家，请睁开眼睛。刚才正好练习了20分钟左右，就按照这样的方式，大家回到自己的房间去继续做内观。如果没有这20分钟的时间，可能你过去的很多事情已经忘掉了。能用这些时间帮助大家拾起这些记忆，非常有意义。大家接下来回到自己的房间去回顾从你出生到上小学之前这段时间你和这位重要的人之间的事情。

附录七

内观面接标准流程

在每次内观面接开始时，内观导引师会问你：

"请问刚才这段时间，你经由谁、检视了什么时候的自己？"

你需要回答：

"我就我的××（人物）检视了××（时间段）的自己。

第一，他/她为我做了什么？……（具体事件）

第二，我为他/她做了什么？……（具体事件）

第三，我给他/她添了什么麻烦？……（具体事件）"

在回答的陈述中，请尽量在事件中明确"谁""什么时候""在哪里""什么事情"，而不需要介绍事件背景和其他无关信息。

最后，内观导引师会说：

"请在接下来的时间里，就接下来的××（时间段），继续检视自己。"

至此，本次面接结束。

请注意，这是内观中很重要的设置，请牢牢记住它！

附录八

养育费计算说明

这个环节是计算一下从你出生开始，一直到你能经济独立，不再用家里的钱为止，为使你能够长大，受教育，在衣、食、住、行、教育、就医、娱乐等方面，家里爸爸妈妈、爷爷奶奶、外公外婆所付出的金钱。

需要注意的是，当年的物价水平、生活费、医疗保障和现在不一样。

例如，当年你出生，可能由于爸爸妈妈的工作有福利或国家的保障，你的出生医疗费用是不要钱或收费非常低的，其实这都是爸爸妈妈勤奋地工作换来的福利，并非真的不要钱，这也都是你的父母因为你的出生需要付出的。所以在你计算你的出生医疗费用时，要用现在的费用标准来计算。现在生一个宝宝需要多少钱，估算出最低到最高的金额，然后评估你家当年处于什么样的生活标准，以现在的物价水平来计算。

再举一例，当年你上幼儿园的时候，每年可能花费100元，而现在上幼儿园，如果是公立幼儿园，可能一年的学费就要8000元，如果是私立幼儿园，可能一年就要2万元~3万元。请你评估你当年读的幼儿园的水平，以现在的费用来计算。

还有另一种预估方法，你选择一两项参照物，比如，当年鸡蛋一斤多少钱？爸爸的工资每年是多少？你用当年的物价与现在的物价做比较，算出一个上涨比例，也许是30倍，也许是50倍。用当时的费用乘以上涨的倍数，就可换算成现在的金额。

在计算费用的时候，除了计算这些数字以外，更重要的是可以回想起来"家里为你做了什么"。比如，在计算为你买了一个书桌的时候，你要想书桌上的台灯是什么样的？花了多少钱？桌上摆了哪些书？这些书的名字是什么？花了多少钱？在过生日的时候，家里为你加了什么菜，买了什么生日礼物？花了多少钱？

计算养育费同样要划分各个阶段，从出生到小学前、小学、初中、高中、大学，从大学毕业到现在等不同的阶段来计算。每一个阶段写在一张单独的A4纸上，单独做一个合计，每次面接只计算一个阶段。

你尽管花时间去回顾，仔细地回忆，不要着急，并请你根据每个阶段计算的内容，在以下三个方面检视自己。

第一个方面：家里人，主要是父母为了养育你，挣得这些养育费作出了怎样的努力和付出？这就是内观三个问题中的第一个问题：别人为你做了什么？

第二个方面：自己在哪些方面、哪些地方对家里人的养育和付出非常地珍惜和善加利用。比如，家里人给我们买的食物从不浪费，学习用具从不损坏，图书认真阅读等。这就是内观三个问题中的第二个问题：你为别人做了什么？

第三个方面：自己在哪个方面，哪些地方浪费和没有珍惜家里人的付出。例如，父母辛苦攒钱给你买来了新衣服，你因为不喜欢衣服的款式或颜色，一次都没有去穿；给你买的鞋子你不珍惜，乱踢石头，鞋子很快就坏了；给你买的课外读物，你从没有认真读过等。这就是内观三个问题中的第三个问题：你给别人添了什么麻烦？

请注意，在内观导引师面接的时候，请你简单介绍一下每个阶段养育费的计算情况，每个阶段计算的总额是多少，以及这个阶段你对上述三个方面的检视内容。

这里有一份别人计算的范例供你参考，你可以参考他的思路，来进行自己的养育费计算，当然你也可以用自己的方法估算出来。这只是大概的计算，不一定要精确，但要尽最大可能将所有的花费项目回忆起来。我们先来回顾计算从出生到上小学前这一阶段的养育费，计算完后请将笔或计算器放到屏风外，这样内观导引师就会知道你计算完了。在等待面接期间，请你对计算的内容进行检视，想一想：家人是如何去挣钱的？家人为你做了什么？当初你是怎么对待他们的付出的？

附录九

养育费计算模板

(0~6 岁)

出生费用：当时在医院出生分娩是免费的，现在折合大约 2000 元～3000 元。

牛奶营养费：按当时价格平均每天 0.1 元，当时父亲工资大约 150 元，现在为 9000 元，比值等于 60 倍。因此，$0.1 \times 365 \times 6 \times 60 = 13\,140$ 元。

餐　　费：按当时价平均大约 0.25 元/天。因此，$0.25 \times 365 \times 6 \times 60 = 32\,850$ 元。

居 住 费：按当时政策住房免费，折合现在居住条件大约 400 元/月。自己占 1/3，因此，$400 \div 3 \times 12 \times 6 = 9600$ 元。

教 育 费：没有接受学龄前教育（当时条件不具备），因此，0 元。

煤水电费：当时国家配给，几乎免费，每月固定交 1.3 元。因此，$1.3 \times 12 \times 6 \times 60 = 5616$ 元。

家用电器：当时除电灯以外，几乎没有电器。有一台收音机全家用，价格大约 12 元，均摊到自己身上合 4 元。因此，$4 \times 60 = 240$ 元。

家 具 费：当年家里的家具是租用公家的。一套家具大约 12 元/年，均摊到自己身上合 4 元。因此，$4 \times 6 \times 60 = 1440$ 元。

服 装 费：每年 15 元左右。因此，$15 \times 6 \times 60 = 5400$ 元。

医　疗　费：按当时政策全免费。因此，0元。

压　岁　钱：一般没有。也没有零花钱。因此，0元。

生日费用：家里习惯小孩不过生日，改善伙食吃个鸡蛋。当时每个鸡蛋8分钱。因此，0.08×6×60＝28.8元。

旅行交通费：无。因此，0元。

家庭生活杂费（日用品，如毛巾、牙刷牙膏等）：平均3元/月。因此，3×12×6×60＝12 960元。

其　　　他：零食每月1元左右。因此，1×12×6×60＝4320元。

小　　　计：88 594.8元。

备　　　注：当时父亲工资大约150元，现在为9000元，比值为60倍。以下均按此比值计算。

（小学，6年）

教　育　费：每学期学杂费5元，每年两学期共计10元。因此，5×2×6×60＝3600元。

其他费用：从4年级开始每学期1元。每年2学期，合计2元。因此，2×3×60＝360元。

餐　饮　费：在小学阶段还是同家人一起吃饭，大约平均0.8元/天。因此，0.8×365×6×60＝105 120元。

服　装　费：平均每年20元左右（1年最多一件新衣服）。因此，20×6×60＝7200元。

居　住　费：1971年以后由国家提供的免费房改为公租房，每月3元，家里5口人均摊。因此，3×12×6×60÷5＝2592元。

煤水电费：

　　煤费每月大约1元/人。因此，1×12×60×6＝4320元。

　　水费每月大约0.5元/人。因此，0.5×12×60×6＝2160元。

　　电费每月大约0.6元/人。因此，0.6×12×60×6＝2592元。

家用电器家具费：无家用电器，家具费将之前国家配给的家具折旧购，几乎可以不计。全套一共大约20多元。因此，20×60÷5＝240元。

医　疗　费：办理免费医疗证每人每月0.5元。因此，0.5×12×60×6＝2160元。

零　花　钱：几乎没有，平均每月0.1元。因此，0.1×12×60×6＝432元。

零　食　费：一般没有零食费，平均每月大约1元。因此，1×12×6×60＝

4320 元。

压岁钱：大约每年平均 1.5 元。因此，1.5×60×6＝540 元。

旅行交通费：无。因此，0 元。

生日费用：无，改善伙食约花费 1 元。因此，1×60×6＝360 元。

家庭生活杂费（日用品等）：平均 4 元/月。因此，4×12×6×60＝17 280元。

理 发 费：大约平均 1 月 1 次，0.2 元。因此，0.2×12×6×60＝864 元。

家 教 费：无。

兴趣班费：无。

其　　他（文具等）：6 年总数折现价大约 300 元。因此，300 元。

小　　计：154 440 元。

(初中，3 年)

教育费：

初一每学期学杂费 15 元，每年两学期共计 30 元。因此，30×60＝1800 元。

初二、初三每学期学杂费 20 元，每年两学期共计 80 元。因此，80×60＝4800 元。

家 教 费：无。

兴趣班费：无。

餐 饮 费：平均大约 1.2 元/天。因此，1.2×365×3×60＝78 840 元。

服 装 费：每年 100 元左右。因此，100×3×60＝18 000 元。

居 住 费：每月 3 元，5 口人均摊。因此，3×12×60×3÷5＝1296 元。

煤水电费：平均每月 3 元。因此，3×12×60×3＝6480 元。

家用电器家具费：买一张新床 67 元。因此，67×60＝4020 元。

医 疗 费：每人每月 0.5 元。因此，0.5×12×60×3＝1080 元。

零 花 钱：平均每月大约 2 元。因此，2×12×60×3＝4320 元。

压 岁 钱：平均 5 元/年。因此，5×60×3＝900 元。

生日费用：改善伙食约花费 2 元。因此，2×60×3＝360 元。

旅行交通费：无。因此，0 元。

家庭生活杂费（日用品等）：平均 5 元/月。因此，5×12×3×60＝10 800元。

理 发 费：每月一次，每次 0.25 元。因此，0.25×12×3×60＝540 元。

零食费：每月2元。因此，2×12×3×60＝4320元。

其　　他：无。

小　　计：137 556元。

（高中，3年）

教育费：

学费20元，每年两学期共计40元。因此，40×60×3＝7200元。

杂费15元，每年两学期共计30元。因此，30×60×3＝5400元。

餐饮费：平均大约1.6元/天。因此，1.6×365×3×60＝105 120元。

服装费：每年150元左右。因此，150×3×60＝27 000元。

居住费：每月3元，5口人均摊。因此，3×12×60×3÷5＝1296元。

煤水电费：平均每月3元。因此，3×12×60×3＝6480元。

医疗费：每人每月0.5元。因此，0.5×12×60×3＝1080元。

零花钱：平均每月3元。因此，3×12×60×3＝6480元。

压岁钱：平均每年5元。因此，5×60×3＝900元。

生日费用：无，改善伙食约花费3元。因此，3×60×3＝540元。

理发费：每月一次，每次0.25元。因此，0.25×12×3×60＝540元。

家用电器家具费：无。

旅行交通费：无。

电话费：无。

化妆品费：无。

住宿费：无。

其　　他：无。

小　　计：162 036元

出生至高中毕业费用合计：542 626.8元。

附录十

自我审视 24 条项目明细

序号	项目内容	序号	项目内容
1	对他人说谎	13	嫉妒
2	对自己内心说谎	14	迁怒于人
3	无法真诚道歉	15	偷东西
			有借无还
4	把自己的行为正当化（强辩自己是正确的，为自己辩解）		浪费（金钱、物品、资源）
		16	占用别人的时间（自己可以做的事情让别人帮着做）
	糊弄他人		破坏现场的气氛（泼冷水）
			迟到
5	找借口		让别人听自己的唠叨、牢骚（打很长时间电话）
6	将自己犯的过错推给别人	17	剥夺别人的自由
7	不守承诺（不守约）	18	逃票（不买票，或者买短程票而乘长程车）
	临时毁约	19	伤害他人的心，欺负他人
8	虚荣		无视他人的存在
	自吹自擂（吹牛）	20	自己作弊或帮助他人作弊
	显摆，炫耀	21	开小差（趁他人不注意做自己的事情）
	装作知道或装作不知道		玩弄他人的感情
9	隐藏自己的实力（特意过低地展现自己）		利用他人的真心（善意）
		22	偷听
	夸大自己的实力（特意过高地展现自己）		偷看
10	错误理解别人的好意从而产生忌恨，或对忌恨自己的人同样产生忌恨	23	把公司的电话（邮件）用作私用
			把公司的办公用品带回家
	本来是自己的错却反咬一口		工作时间做私事
11	暗地里做事	24	逃课
12	把别人的秘密说出去		让别人代替点名

附录十一

自我审视 24 条举例说明

1. 对他人说谎

举例：妈妈说："功课做完了才能够去玩。你怎么已经在玩了？"

回答："功课做完了。"（其实没做完）

举例：妈妈说："洗完手才能吃饭。你洗手了没有？"

回答："洗过了。"（其实没洗）

举例：朋友邀请我出去聊聊，我实在懒得出门，于是回答："哎，我工作很忙啊，实在没时间。"

2. 对自己内心说谎

举例：老师说："想选班长的请举手。"自己心里想选，但又不好意思，所以就不举手。

举例：其实心里很渴望转入名校就读，可是自己读书又不够努力，反而告诉自己跟旁人："我现在这所学校也不错，我不想转学了。"

举例：明明很清楚地知道自己拿了不该拿的钱或东西，反而告诉自己："这是我该拿的，没问题。"

3. 无法真诚道歉

举例：跟同学吵架、打架，老师要我们互相道歉，自己嘴巴大声说"对不起"，其实心不甘情不愿。

举例：是为了息事宁人才去道歉，其实心里面只想去应付，而不是真诚道歉。

4.（1）把自己的行为正当化（强辩自己是正确的，为自己辩解）

举例：明明知道自己也有不对的地方，却要强辩，找一堆理由来证明自己是对的。

（2）糊弄他人

举例：糊弄小孩、朋友："如果你不听我的，就会有……不良后果。"

举例：对同事、下属夸大事情的严重性，糊弄他们："如果没有如期达成，结果会非常严重。"

5. 找借口

举例：明明自己迟到，却怪今天特别堵车、出租车不好打。

举例：明明自己工作没有按照计划完成，却将理由归咎于别的单位没有配合好。

6. 将自己的过错推给别人

举例：在工作中检讨某件事情的过失时，我们最先的反应常常是"不是我……"

7. (1) 不守承诺（不守约）

举例：答应单位在一定的时间之内完成某项工作，结果没完成。（在这个不守承诺上，也许我们会找一个借口来为自己解释，同时可能会把责任推给别人，而且可能会对自己无法信守承诺这件事又无法真诚地道歉，或随便口头道歉了事）

(2) 临时毁约

举例：约定好见面，若无法赴约也不提前通知对方，临时通知对方取消见面。

8. (1) 虚荣

举例：苏太太跟大家分享："我一直以为自己不买名牌包包，不穿名牌衣服，自己很不虚荣。后来发现自己很得意自己儿子读的是名校，实际上是用自己儿子读名校来满足自己的虚荣心却不自知。"

(2) 自吹自擂（吹牛）

举例：有时为了面子夸大事实。

(3) 显摆，炫耀

举例：很多是自己不知道的情况下展现的行为。

(4) 装作知道或装作不知道

举例：其实自己不知道，却装作知道，自吹自擂（吹牛）。

举例：装作不知道，其实是刻意要展现。

9. (1) 隐藏自己的实力（特意过低地展现自己）

举例：明明自己有能力承担，但由于自己的自私、冷漠，不愿承担。

(2) 夸大自己的实力（特意过高地展现自己）

举例：明明自己没有某方面的能力，却要令人相信自己有这个实力。

10. (1) 错误地理解别人的好意从而产生忌恨或对忌恨自己的人同样产生忌恨

举例：别人给自己一个建议，自己把它当成别人在批评自己。忠言逆耳，自己把忠言当成逆耳的批评之言，而产生了忌恨。

举例：别人因误会而忌恨自己，自己不但没有设法去化解误会，反而忌恨别人。

(2) 本来是自己的错却反咬一口

举例：恶人先告状。

11. 暗地里做事

举例：有些事情自己不愿意公开，怕被人知道，就暗地里悄悄做。

12. 把别人的秘密说出去

13. 嫉妒

14. 迁怒于人

举例：领导批评了自己，自己只能忍气吞声，却转而给自己的下属脸色看。

15.（1）偷东西

举例：顺手就摘了邻居家院子里果树上的果子，还挺得意地跟小朋友们分享。

举例：不告而取，常常不经意地拿或用别人的东西。

(2) 有借无还

举例：过了好久，发觉书架上有一本书还没还给同学。

(3) 浪费（金钱、物品、资源）

举例：吃东西不吃完，剩下的都浪费了；水龙头一直开着浪费水资源。

16.（1）占用别人的时间（自己可以做的事情让别人帮着做）

举例："妈妈帮我倒一杯水。"

举例：在工作单位推说自己忙，请领导或同事来处理本来自己可以做的事。

(2) 破坏现场的气氛（泼冷水）

举例：有时候自己太随性了，情绪管理不良，使得在不当的场合或不当的时间说不当的话或做不合时宜的事。

(3) 迟到

举例：让很多人等自己，占用别人的时间。

(4) 让别人听自己的唠叨、牢骚（打很长时间的电话）

举例：将自己的情绪垃圾一股脑儿倾倒。

17. 剥夺别人的自由

举例：自己出差、度假，请爸妈照顾孩子或宠物。

举例：在工作上，因为自己的原因，需要同事来加班完成。

18. 逃票（不买票，或者买短程票而乘长程车）

举例：小时候进电影院、乘公车，能成功逃票会挺开心的。

19.（1）伤害他人的心，欺负他人

举例：没有站在他人的立场着想，而有意或无意地伤害到他人。

（2）无视他人的存在

举例：上课时间看别的书。

举例：工作开会时，人坐在那儿开会，却在看手机信息、翻看新闻资讯，完全无视、不尊重会议主持人及其他参会的人。

20. 自己作弊或帮助他人作弊

举例：学生时代，帮别人作弊还得意洋洋。

21.（1）开小差（趁他人不注意做自己的事情）

举例：当学生上课时、在职场上开会时，经常开小差却习以为常。

（2）玩弄他人的感情

举例：利用别人的真心好意，而实现自己的利益。

（3）利用他人的真心（善意）

举例：小孩子时常用撒娇的方式达到自己的目的，但成人呢？

22.（1）偷听

举例：爸爸妈妈越不让小孩知道的事情小孩越想知道，有时便会选择偷听。

（2）偷看

举例：偷看机密资料或他人的私人信件等。

23.（1）把公司的电话（邮件）用作私用

举例：用公司的电话打私人电话。

（2）把公司的办公用品带回家

举例：回家加班的情况越来越普遍了，大家很可能没有注意到，公司的很多办公用品一直留在家里。

（3）工作时间做私事

举例：上班聊天、上网购物等。

24. 逃课

举例：让别人代替点名。

附录十二

自我审视 24 条范例

（0~10 岁）

你所想到的具体事件内容	事件所涉及的项目	实际想到的这类事件次数	估计这类事件的次数
例一：吃饭前，妈妈要求洗手，我不想洗，就说已经洗过了	1（对他人说谎）	5 次	50 次
例二：同学间聊天，我为了显示自己比别人强，就说自己的某个亲戚是个大人物（实际上不是）	1（对他人说谎） 8（虚荣）	2 次	10 次
例三：小时候做完作业需要家长签字，我冒充母亲签名，并因为老师没有发现而暗自得意，认为自己的模仿能力很强	1（对他人说谎） 2（对自己内心说谎） 11（暗地里做事）	3 次	15 次
……	……	……	……

附录十三

自我审视 24 条指导语

现在，由我来为你介绍内观的下一个环节。

我们每个人都会有意或无意地做一些事情，现在就要发挥我们的洞察力，来看看我们过去都做了哪些我们自己不那么注意的事情。而这些事情在我们整个人生当中虽然只是一小部分，无论它有多少，它总是我们人生的一部分。为了便于我们检视自己，这里有一份《自我审视 24 条项目明细》，我们依着这 24 条来提示我们回顾曾经做过的事情。

我举几个例子来说明，小时候，妈妈会说："功课做完了再去玩，你们功课做完了没有?"我们很可能会回答:"做完了。"或者会说:"差不多了。"而其实我们功课没做完。这就是属于第 1 条"对他人说谎"。小时候,经过邻居家,看到院子里的果树上有果子,顺手摘了回来,还跟别人分享这果子。这就属于第 15 条的"偷东西"。妈妈准备了很多东西让我吃,有些菜我不喜欢吃,就偷偷把它给倒掉了,这就属于第 15 条的"浪费"。小时候跟人打架了,老师让跟同学道歉,我们心不甘情不愿地说:"对不起。"心里却想:"我又没错。"这就属于第 3 条"无法真诚道歉"。在家里让妈妈帮我们把某件东西拿过来,明明自己可以去做,却要麻烦妈妈拿,这就属于第 16 条"占用别人的时间"。这里还有一份《自我审视 24条举例说明》,你可以先认真地看一遍,以便加深对 24 条的理解。

当我们想到某一件事情,我们就把相关的内容记录下来。给你一份《自我审视 24 条范例》,请按照范例,将回顾的内容记录在内观笔记上。想起一件事,就把它记录在表格最左边一列的格子中,并把对应的 24 条的项目编号和内容填写在相应的那列格子中。想一想这样的事情发生过几次,有可能还有没想起来的但估计还可能发生过很多次,就把想起来的次数和估计可能发生的次数填写在相应的格子中。例如,你想起小学时因家住得远会常常迟到,那就是第 16 条的"迟到",可能你想起迟到的具体事件有 5 次,但实际上肯定不止 5 次,估计有 15 次,那就在相应的格子中分别填写"上学迟到""第 16 条迟到""5 次""15 次"。

现在我们开始对照《自我审视 24 条项目明细》对上小学前这一年龄段进行检视。下次面接时,请你选择几条来跟我分享。同以前一样,你不必把所有想起来的事都告诉我,你只需要选择几项跟我分享就可以了。

附录十四

自我审视 24 条模板

举例一:上课时看小说:2、4、5、7、9、11、15、19(想起来 5 次,估计 20 次)

自己检视过程如下。

我告诉自己即使上课不听,自己看看也是可以的(2),所以我不听课,看小说是没问题的(4),老师讲得不好,我没有必要听(5)。虽然老师要求我们上课要专心,不要做别的事情,且全班同学包括我都接受,可是我还是上课时看小说（7）。而且我觉得自己看书比听老师讲还管用呢（9）。所以上课偷偷看小说，不让老师知道就好了（11）。现在想起来真是浪费了上课的时间（15）。而且简直是无视老师的存在，也不尊重老师（19）。

举例二：入学训练觉得苦而装病：1、4、5、7、10、14、19（想起来3次，估计5次）

自己检视过程如下。

我没病装病（1），糊弄老师（4），找个"生病"的理由当借口（5），完全没有信守自己要好好接受训练的承诺（7）。当时我还想，天气那么热，老师是在"修理"我们这些学生吗（10）？反而对老师、教官们有恨意（14），实际上是没有看到他们的辛苦，无视他们的存在（19）。

举例三：在内观期间违规说话：6、7、8、10、11、15、19（想起来6次，估计6次）

自己检视过程如下。

在内观期间，我同别的内观者说话（8）。尽管内观导引师再三强调，内观期间不可以说话，也不可以答话，但我还是趁着内观导引师不注意说了话（11）。在开始内观时，我承诺不说话，在内观中却没有遵守自己的承诺（7）。现在内观导引师发现我讲话，我还辩解是对方先讲话，我是不得不回答（6）。

我清楚地知道，这次内观一共有9名内观者，直接服务内观的人也有很多，我根本无视他们的存在和付出（19）。我违反规定与别人说话，让自己的内观没有效果，也浪费了内观导引师的时间（15）。

内观导引师在发现我讲话的时候告诉我，我已经不是第一次讲话了，如果依照我现在的情形，就算在内观中待够7天，这次内观对于我也是无效的。因此，内观导引师很清楚地告诉我，就算留下来，最后的几天对于我也是无用的，为了不浪费我的时间，内观导引师建议我离开。但是当时我还不能够理解内观导引师的好意，认为这种处罚是不恰当的，并对内观导引师产生了愤怒不满的情绪（10）。

附录十五

自我审视24条项目统计表

表一 A

请将各年龄段24条项目中的"估计次数"统计出来，而后汇总在以下表格内。

原生家庭成长期		社会成长期		社会成熟期		总计	
项目编号	估计次数	项目编号	估计次数	项目编号	估计次数	项目编号	估计次数
1		1		1		1	
2		2		2		2	
3		3		3		3	
4		4		4		4	
5		5		5		5	
6		6		6		6	
7		7		7		7	
8		8		8		8	
9		9		9		9	
10		10		10		10	
11		11		11		11	
12		12		12		12	
13		13		13		13	
14		14		14		14	
15		15		15		15	
16		16		16		16	
17		17		17		17	
18		18		18		18	
19		19		19		19	
20		20		20		20	

原生家庭成长期		社会成长期		社会成熟期		总计	
项目编号	估计次数	项目编号	估计次数	项目编号	估计次数	项目编号	估计次数
21		21		21		21	
22		22		22		22	
23		23		23		23	
24		24		24		24	

表一　B

请依统计结果重新排列，将 24 条项目编号的"估计次数"按照从多至少的顺序排列下来。

原生家庭成长期		社会成长期		社会成熟期		总计	
项目编号	估计次数	项目编号	估计次数	项目编号	估计次数	项目编号	估计次数

表二　A

请将各年龄段 24 条项目中的"估计次数"统计出来，而后汇总在以下表格内。

成年早期		成年后期		总计	
项目编号	估计次数	项目编号	估计次数	项目编号	估计次数
1		1		1	
2		2		2	
3		3		3	
4		4		4	
5		5		5	
6		6		6	
7		7		7	
8		8		8	
9		9		9	
10		10		10	
11		11		11	
12		12		12	
13		13		13	
14		14		14	
15		15		15	
16		16		16	
17		17		17	
18		18		18	
19		19		19	
20		20		20	
21		21		21	
22		22		22	
23		23		23	
24		24		24	

表二 B

请依统计结果重新排列，将 24 条项目编号的"估计次数"按照从多至少的顺序排列下来。

成年早期		成年后期		总计	
项目编号	估计次数	项目编号	估计次数	项目编号	估计次数

附录十六

周围人内观模板

回顾对象	他/她为我做的	我为他/她做的	我给他/她添的麻烦

附录十七

经由母亲的二次内观指导语

下面，我们将进入内观中一个新的环节。

在内观的前期，我们请你对母亲进行了三个问题的回顾。现在，我们将请你对母亲进行第二次的回顾。这次的回顾和之前有所不同，我们将请你对从母亲怀孕到你出生的这段时间进行第一个问题的回顾，即母亲为你做了什么。

对于出生前的回顾，你可以采用下面两种方法。一是根据你在成长过程中从家人口中听说到的具体事情去还原当时的事实，二是你根据自己的生活经验去想象母亲从怀孕到你出生的这段时间，她为你做了些什么事情。

在这段时间的回顾过程中，你可以闭上眼睛，想象自己在母亲体内的时候，母亲都为你做了些什么具体的事情呢？母亲刚开始怀孕的时候，你在母亲体内由一个细胞变成两个细胞，由两个细胞变成四个细胞……慢慢地形成了组织和器官。随着你的慢慢长大，母亲的肚子也开始慢慢变大，她逐渐开始出现了反应，她可能会吐，也可能会吃不下东西，而同时她的行动也开始变得越来越不方便，可能她逐渐不能再像以前一样去工作和劳动了。可是你的生长是不会停止的，你在母亲的体内不需要吃也不需要自己呼吸，一切都由母亲来照顾你。你逐渐长出了胳膊长出了腿，开始调皮地在她体内动来动去，这个时候母亲是有感觉的，她会不会摸着肚子跟你说话呢？会不会一举一动都小心翼翼呢？会不会刻意去吃些什么和做些什么以保证你的健康成长呢？你仍旧在母亲的体内一点一点长大，母亲的行动也越来越笨重和迟缓。终于，到了你从母亲体内出来面对新世界的那一天，母亲在那一天又经历了怎样的过程呢？请你不要着急，慢慢去回想。如果你在回顾过程中仍有时间，你可以继续回想，在你出生后母亲会不会为你清洗，喂你吃奶？你从小婴儿一点一点地长大，在你会爬的时候，母亲在你的身边做了什么具体的事情？她有没有牵着你的小手蹒跚学步、教你说话呢？那么下面，就请你按照这样的方式对母亲进行第二次的回顾。

附录十八

集体内观指导语

现在我们大家一起做集体内观，请大家选择一个舒服的姿势坐好，放松下来，闭上眼睛。（停顿~缓慢）

7天的内观体验渐渐接近尾声了。（停顿~缓慢）

7天以来，我们打开了自己记忆的录像机，认真、仔细地观察了一幕一幕的"事实"，一遍一遍地审视着自己的人生历程。从呱呱坠地的婴儿，一步一步地成长，小学、中学、步入社会，一直到现在。（停顿~缓慢）

（此段可选择）随着人生场景的慢慢展开，陪伴我们成长的母亲、父亲、爷爷、奶奶、兄弟姐妹、妻子、丈夫，以及我们的孩子、邻居、同学、朋友、同事，还有很多很多人，他们的形象越来越清晰，越来越亲切，越来越温暖。跟随着养育费的计算、24条自我的审视，我们一遍一遍地梳理着自己的人生，件件往事历历在目，发人深思，令人觉醒。

7天以来，我们不仅体验着自己的悲欢离合，也越来越深切地感受着身边的亲人、同伴们的喜怒哀乐，越来越深刻地认识到他们所付出的爱，越来越清楚自己的责任。你是否准备要为他们做些什么呢？（停顿~缓慢）你是否想好了从哪里开始呢？（停顿~缓慢）

7天的内观即将结束，在不久的将来，我们的生命也会结束。现在，请你想象一下20分钟以后，你还有20分钟的时间活在这个世界上，永别的时刻即将到来。

你在一间房间里，想见你的人或者你想见的人在房间外等着见你。

请你从在内观中回顾过的亲人、家人中选择一位你最想见的人让他/她进来。（停顿~缓慢）

你有一点时间和他/她谈话，请和这位亲人或家人进行最后的谈话。（停顿~缓慢）

请回顾从出生到现在，这个人为你做的一切。如果你想表达对这个人的感谢，这是最后的机会。（停顿~缓慢）

也请你回顾过去你为这个人做过什么。如果还有一些时间，你将为这个人做些什么？可是你的时间已经不多了。（停顿~缓慢）你有没有给这个人带来很多麻烦呢？如果你想向他/她道歉，现在是最后的机会。（停顿~缓慢）

请和这位家人告别。（停顿~缓慢）其他人还在门外等候。把另一个人请到房间里来。（停顿~缓慢）

在你的生活中，这个人为你做过什么？（停顿~缓慢）你为这个人做过什么？（停顿~缓慢）你是不是曾经也对这个人有过不满，有过憎恨，有过愤怒？（停顿~缓慢）你能原谅这个人吗？你能接纳你和他/她之间所发生的一切吗？（停顿~缓慢）还是要带着对他/她的憎恨离开这个世界？（停顿~缓慢）你有想请这个人原谅的事情吗？这是你跟他/她道歉的最后机会了。（停顿~缓慢）

请和这个人告别，下一个人在等着。

把下一个人请进你的房间，从这个人和你认识到现在，他/她为你做过什么？（停顿~缓慢）你为这个人做过些什么呢？（停顿~缓慢）你给这个人带来了哪些麻烦？（停顿~缓慢）请和这个人告别。

请把其他人一个一个地请进来，和他们告别。（停顿~缓慢）

你的生命还剩下最后7分钟，你还有什么话想对他们说吗？（停顿~缓慢）或者和他们其中的一些人再交谈。请跟他们告别。（停顿~缓慢）

如果还有时间的话，你还想做些什么呢？如果你还有些话想对其中的某个人说，请那个人进来，对他/她说出你想说的话。

如果你还有很多时间可以继续活着的话，你想怎样生活？你还想为他们做些什么？（停顿~缓慢）

可是你现在只剩下最后两分钟的时间，请和所有人告别。（停顿~缓慢）

你的生命还剩下30秒，请跟那些人做最后的告别。（停顿~缓慢）

10秒，你现在看不见了，听不见了。你离开了这个世界。（停顿~缓慢）

谢谢！请慢慢睁开眼睛。

现在起身回到各自的内观空间继续做内观。

附录十九

内观案例报告

内观日期： 　　年　月　日 至 　　年　月　日

一、基本情况（内观罪犯填写）

姓名： 　　性别： 　　年龄： 　　民族： 　　宗教信仰：

学历： 　　婚姻状况： 　　家庭成员：

父亲： 　　文化程度： 　　职业： 　　年龄：

母亲： 　　文化程度： 　　职业： 　　年龄：

父母关系： 良好 　　一般 　　很差

对服刑生活满意与否： 　（1）满意 　　（2）尚可 　　（3）不满意

不满意表现在：_____

_____

_____

满意表现在：_____

_____

_____

近期重大生活事件：_____

_____

_____

早期重大生活事件：_____

_____

_____

希望通过内观使自己获得哪些心理帮助：_____

_____

_____

实际有哪些收获：_____

_____

_____

对于内观的建议：_____

_____

_____

二、案例情况（内观导引师填写）

1. 面接日记摘要（内观导引师填写，对每日的内观进行简要摘录，并对重要困难点以及转折点进行简要说明）

第一日：_____

_____

_____

第二日：_____

_____

_____

第三日：_____

_____

_____

第四日：_____

_____

_____

第五日：_____

_____

_____

第六日：_____

_____

_____

第七日：_____

_____

_____

累计面谈次数：_____

2. 内观者问题摘要（包括过去和现在生活中的困扰问题、创伤事件、童年期依恋关系状况、重大健康史、和哪位亲人存在重大关系问题、导致内观者难以自省的主要人格问题以及相关的心理分析）

_____

_____

_____

_____

_____

3. 资源（包括自我力量、应对方式、自我的能力和社会支持系统等）

_____

_____

_____

_____

_____

4. 目前的稳定性（目前情绪是否稳定、有无人际冲突倾向、有无危害监管安全稳定以及重新犯罪的隐患）

_____

_____

_____

_____

5. 内观体验后的效果评估

_____

_____

_____

_____

内观导引师：　　　　　　　　　年　　　月　　　日

第二章
经史合参

第一节　什么是经史合参

经史合参，又称"内视践行学习法"，这一方法将优秀传统文化与学习者的自身过往相结合，通过二者相结合的参悟理解做人做事的道理，进而达到自我检视、知行合一的目的。

历史上的文化社会情境，不管时代如何变化，其精华还是可以置入当代生活情境中的。经由"经史合参"的方式，入乎其内、出乎其外地体验《论语》的内义，再对照自己的身心、生活和事业，确定今后要走的路线和方向，就可以从经典中有所领悟，启发智慧，而后再从个人的人生经历中，去验证经典中的智慧。

第二节　经史合参项目的操作

一、操作流程

（1）学前问卷：通过问卷调查，引导学员根据问题进行学习前的自我反思，梳理自己的想法。

（2）诵读经典：我们要了解传统文化，首先必须了解儒家的学术思想；要讲儒家的思想，首先便要研究孔孟的学术；要讲孔子的思想学术，必须先要了解《论语》。（《论语别裁》）

这篇《学而》，包括了孔门当年教学的目的、态度、宗旨、方法，等等。（《论语别裁》）

《论语·学而篇》原文（注音版）

子　曰：学而时习之，不亦说（yuè）乎？有朋自远方来，不亦乐乎？人不知而不愠（yùn），不亦君子乎？

有子曰：其为人也孝弟（tì），而好犯上者，鲜（xiǎn）矣。不好犯上而好作乱者，未之有也。君子务本，本立而道（dào）生。孝弟（tì）也者，其为仁之本与（yú）？

子　曰：巧言令色，鲜（xiǎn）矣（yǐ）仁。

曾子曰：吾（wú）日三省吾身：为人谋而不忠乎？与朋友交而不信乎？传不习乎？

子　曰：道（dào）千乘（shèng）之国，敬事而信，节用而爱人，使民以时。

子　曰：弟（dì）子入则孝，出则弟（tì），谨而信，泛爱众，而亲仁，行有余力，则以学文。

子夏曰：贤贤易色；事父母，能竭其力；事君，能致其身；与朋友交，言而有信。虽曰未学，吾必谓之学矣。

子　曰：君子不重则不威，学则不固。主忠信，无友不如己者，过则勿惮改。

曾子曰：慎终追远，民德归厚矣。

子禽问于子贡曰：夫子至于是邦也，必闻其政，求之与（yú）？抑与（yǔ）之与（yú）？

子贡曰：夫子温、良、恭、俭、让以得之。夫子之求之也，其诸异乎人之求之与（yú）！

子　曰：父在，观其志；父没（mò），观其行；三年无改于父之道（dào），可谓孝矣。

有子曰：礼之用，和为贵；先王之道（dào），斯为美。小大由之，有所不行。知和而和，不以礼节之，亦不可行也。

有子曰：信近于义，言可复也；恭近于礼，远耻辱也。因不失其亲，亦可宗也。

子　曰：君子食无求饱，居无求安，敏于事而慎于言，就有道（dào）而正焉，可谓好学也已。

子贡曰：贫而无谄，富而无骄，何如？

子　曰：可也。未若贫而乐，富而好礼者也。

子贡曰：《诗》云：如切如磋，如琢如磨。其斯之谓与？

子　曰：赐也，始可与言《诗》已矣！告诸往而知来者。

子　曰：不患人之不己知，患不知人也。

（3）抄写经典：按照规则进行抄写，要求不能写连笔字，要一笔一画进行书写，不能出格，如有写错字、漏字、多字，包括标点符号写错，都必须另起一行，从第一句第一个字从头写，要求逐字书写。

（4）抄写经典分享：分享抄写经典的心得体会，就自己有感触的内容及其他人分享的心得进行分享和讨论。

（5）解读经典：第一步诵读古文，对上百位学员在20多期的读经班里总结出的在读完《论语别裁》和《孔子和他的弟子们》后，从南师原书中摘录出来的最有感触的原文进行诵读。然后对这些学员根据自己的理解，结合目前在工作和生活当中的经验总结出来的白话文进行诵读。诵读过程中有两种方法可供选择：可以选择先读书上的内容，再读别人的原文摘录当参考；也可以先读左侧别人的原文摘录当参考，然后再读书。而后再把有感触的内容写在空白处。白话文部分也可以先不写，可慢慢累积，等对文章有更深入的了解后再写也可以。建议使用铅笔进行书写。读经典的过程要尽力做到制心一处，惟精惟一。最后对书中的本末、终始进行分析。

（6）读经典的分享：对自己读经典的过程中产生的感悟以及听到其他人分享产生的感悟进行分享和讨论。

（7）整理白话文：根据之前对经典的诵读和理解，整理白话文。

（8）编写剧本：根据整理出的白话文，进行剧本的编写。

（9）分角色排练：完成白话文剧本后开展分角色排练，确定角色后进行剧本的排练。

（10）进行表演：在反复排练体会后，进行表演，努力在表演中进行体悟。

（11）集体分享：将自己在排练和表演的过程中领悟到的内容进行分享，并对他人的分享进行反馈。

二、经史合参方案

(一) 学习之前——问卷

大家好，很高兴您能来到这里学习。请您用心地填写问卷，跟着问题的引导来自我反思一下。回答没有对错，只是为了帮助您更好地梳理自己的想法。

(1) 您所了解的本次活动是什么？

(2) 您对参加本次活动有什么期待？

(3) 您是否有以下的这些烦恼？请在相应选项后打"√"。

与亲戚朋友越来越远？

与孩子隔阂越来越深？

与同事矛盾越来越多？

一片真心得不到回应？

生活中总是遭遇不顺？

(4) 您的工作生活中还有什么其他的烦恼或者困惑吗？

(二) 读经典

《论语·学而篇》原文（注音版）

子　曰：学而时习之，不亦说（yuè）乎？有朋自远方来，不亦乐乎？人不知而不愠（yùn），不亦君子乎？

有子曰：其为人也孝弟（tì），而好犯上者，鲜（xiǎn）矣。不好犯上而好作乱者，未之有也。君子务本，本立而道（dào）生。孝弟（tì）也者，其为仁之本与（yú）？

子　曰：巧言令色，鲜（xiǎn）矣（yǐ）仁。

曾子曰：吾（wú）日三省吾身：为人谋而不忠乎？与朋友交而不信乎？传不习乎？

子　曰：道（dào）千乘（shèng）之国，敬事而信，节用而爱人，使民以时。

子　曰：弟（dì）子入则孝，出则弟（tì），谨而信，泛爱众，而亲仁，行有余力，则以学文。

子夏曰：贤贤易色；事父母，能竭其力；事君，能致其身；与朋友交，言而有信。虽曰未学，吾必谓之学矣。

子　曰：君子不重则不威，学则不固。主忠信，无友不如己者，过则勿惮改。

曾子曰：慎终追远，民德归厚矣。

子禽问于子贡曰：夫子至于是邦也，必闻其政，求之与（yú）？抑与（yǔ）之与（yú）？

子贡曰：夫子温、良、恭、俭、让以得之。夫子之求之也，其诸异乎人之求之与（yú）！

子　曰：父在，观其志；父没（mò），观其行；三年无改于父之道（dào），可谓孝矣。

有子曰：礼之用，和为贵；先王之道（dào），斯为美。小大由之，有所不行。知和而和，不以礼节之，亦不可行也。

有子曰：信近于义，言可复也；恭近于礼，远耻辱也。因不失其亲，亦可宗也。

子　曰：君子食无求饱，居无求安，敏于事而慎于言，就有道（dào）而正焉，可谓好学也已。

子贡曰：贫而无谄，富而无骄，何如？

子　曰：可也。未若贫而乐，富而好礼者也。

子贡曰：《诗》云：如切如磋，如琢如磨。其斯之谓与？

子　曰：赐也，始可与言《诗》已矣！告诸往而知来者。

子　曰：不患人之不己知，患不知人也。

(三) 抄写经典

抄写经典的规则如下。

（1）不能写连笔字，要一笔一画地写。

（2）不能出格。

（3）如有写错字、漏字、多字，包括标点符号写错，都必须另起一行，从第一句第一个字从头写。

（4）一个字一个字地书写。

（四）抄写经典心得分享记录

我的心得：

让我有感触的其他人分享的心得：

（五）分句诵读经典

古文

子曰：学而时习之，不亦说乎？有朋自远方来，不亦乐乎？人不知而不愠，不亦君子乎？

范例：过往学员由南师原书中摘录出来，令他们最有感触的原文

学问不是文学，文章好是这个人的文学好；知识渊博，是这个人的知识渊博；至于学问，哪怕不认识一个字，也可能有学问——做人好，做事对，绝对的好，绝对的对，这就是学问。（《论语别裁》）

范例：下面白话文是用南师的话对此进行阐述（综合南师所说）

学问不是文字，也不是知识，学问是从人生经验上来，做人做事中去体会的。"观过而知仁"，我们看见人家犯了错误，自己便反省，我不要犯这个错误，这就是"学问"，"学问"就是这个道理，所以他这个研究方法，随时随地要有思想，随时随地要见习，随时随地要有体验，随时随地要能够反省，就是学问。开始做反省时也不容易，但慢慢有了进步，自有会心的兴趣，就会"不亦说乎"而高兴了。

学问之道，在于造就一个人之所以为人，以及人要如何立身处世的道理。立身就是自立，处世就是立人，因此为学的精神，要做到随时随地，在事事物物上体认。洞明世事，练达人情，无一而非学问，遂使道理日渐透彻，兴趣日渐浓厚，由好之者而变为乐之者，才是学而"时"习之到达了"悦"的程度。

只要有学问，自然有知己。你不要怕没有人知道，慢慢就有人知道。要知道，"德不孤，必有邻"，只要学问真有成就，自然会如响斯应，当然会有志同道合的良朋益友，互相过从。有一个知己来了，那是非常高兴的事情。

做学问的人，乃至一辈子没有人了解，也"不愠"。"不愠"这个问题很重要。人能够真正做到为学问而学问，就不怨天、不尤人，就反问自己，为什么我站不起来？为什么我没有达到这个目的？是自己的学问、修养、做法种种的问题。自己痛切反省，自己内心里并不蕴藏怨天尤人的念头，

这样才是君子。

古文

子曰：学而时习之，不亦说乎？有朋自远方来，不亦乐乎？人不知而不愠，不亦君子乎？

读《孔子的课堂》，让您有感触的内容：

请用自己的话来阐述南师对这一古文的理解：

古文

有子曰：其为人也孝弟，而好犯上者，鲜矣。不好犯上而好作乱者，未之有也。君子务本，本立而道生。孝弟也者，其为仁之本与？

范例：过往学员由南师原书中摘录出来，令他们最有感触的原文

中国人谈"孝"字，"父慈子孝"是相对的，父亲对儿子付出了慈爱，儿子回过头来爱父亲就是孝。"兄友弟恭"，哥哥对弟弟好，弟弟自然爱哥哥。我们后来讲孝道："你该孝，天下无不是的父母。"这说法有问题，天下的确有些"不是的父母"，怎么没有"不是的父母"呢？（《论语别裁》）

温故可以知新，由此慎思明辨，便可以知道未来的世界应该是如何的了。（《孔子和他的弟子们》）

范例：下面白话文是用南师的话对此进行阐述（综合南师所说）

为学的精神与态度，既已了解，那么，为学又学的是什么呢？

为学的目的，在于养成人性最基本的"孝弟"。为学问的目的，是在完成一个人之所以为人，就是以孝与弟，作为学问的基本。为什么呢？"孝"是为人儿女者，上对父母的一种真性情的表现，也就是天性至爱的升华，这是一个为学的纵向中心，所谓承先启后，继往开来，是贯穿上下的。"弟"是指对兄弟姊妹，乃至朋友社会人群真诚的友爱，这是为学的横向中心，所谓由亲亲、仁民，而至于爱物。弟也就是友弟，也就是人与人之间友爱的基础。"孝弟"的人有深厚的感情，这种人是不好捣乱的。一个人有真性情，就不会犯上作乱，不好犯上而好作乱的，这是不可能的，因为这种人有分寸、有限度。

古文

有子曰：其为人也孝弟，而好犯上者，鲜矣。不好犯上而好作乱者，未之有也。君子务本，本立而道生。孝弟也者，其为仁之本与？

读《孔子的课堂》，让您有感触的内容：

请用自己的话来阐述南师对这一古文的理解：

古文

子曰：巧言令色，鲜矣仁。

范例：过往学员由南师原书中摘录出来，令他们最有感触的原文

每个人都喜欢被"戴高帽子"，人若能真正修炼到被"戴高帽子"感觉不舒服，而人家骂我，也和平常一样，这太不容易。所以知道了自己的缺点和大家的缺点，待人的时候，就不会被表面化的"巧言令色"所迷惑。（《论语别裁》）

你说素来不要名、不要钱，只讲学问，就有人来跟你谈学问。要注意，"上有好者，下必甚焉"，他那个学问是拿来做工具的，所以除了要懂"巧言令色，鲜矣仁"这个道理以外，我们做学问要踏实，不能"巧言令色"。（《论语别裁》）

仁是性情心性的最高境界，有体有用，必须要笃实履践才能做到。（《孔子和他的弟子们》）

范例：下面白话文是用南师的话对此进行阐述（综合南师所说）

"仁"之一字，是我们传统文化里一个至高无上的精神，尤其是儒家的学问，以完成一个人达到仁的境界为宗旨。

"巧言"是指巧辩之言，有些人很会说，讲仁讲义比任何人都讲得头头是道，但是却不脚踏实地；"令色"是指阿谀的态度，态度上好像很仁义，但是假的。"鲜矣仁"是指很少有人真能做到"仁"的境界，因为那是假的。

仁不在于学理上的巧言思辨和外表的做作，仁是性情心性的最高境界，有体有用，必须要笃实履践才能做到。

我们做学问要踏实，不能"巧言令色"。

古文

子曰：巧言令色，鲜矣仁。

读《孔子的课堂》，让您有感触的内容：

请用自己的话来阐述南师对这一古文的理解：

古文

曾子曰：吾日三省吾身：为人谋而不忠乎？与朋友交而不信乎？传不习乎？

范例：过往学员由南师原书中摘录出来，令他们最有感触的原文

曾子这几句话，为什么要摆在这里？严格地说，这些学问不是文学，要从做人做事中体会出来，才知道它难，这就是学问。（《论语别裁》）

这个"忠"字从字形上看，是"心"在中间，有定见不转移。（《论语别裁》）

学问只讲个人修养是否可以？不是的，扩而充之就是社会问题、政治问题。（《论语别裁》）

《学而》一篇，以"孝""弟""忠""信"四个字为学问的准则。"孝弟"是内以持己，忠信是外以致用，内外备至，体用兼圆，这是孔门教学完成仁的境界的最高准则。（《孔子和他的弟子们》）

范例：下面白话文是用南师的话对此进行阐述（综合南师所说）

为学的宗旨，在于完成一个"仁"字。学不至仁，便无成就。我这个人做学问很简单，每天只用三件事情反省自己："为人谋而不忠乎？"替人家做事，是不是忠实？所谓的"忠"是指对事对人无不尽心的态度——对任何一件事都尽心地做，这叫"忠"。如果我答应的事忘了，就是不忠，对人也不好，误了人家的事。"与朋友交而不信乎？"与朋友交是不是言而有信？讲了话都兑现、都做得到？"传不习乎？"第三点是老师教我如何去做人做事，我真正去实践了没有？那才是学问的用力重点。

古文

曾子曰：吾日三省吾身：为人谋而不忠乎？与朋友交而不信乎？传不习乎？

读《孔子的课堂》，让您有感触的内容：

请用自己的话来阐述南师对这一古文的理解：

古文

子曰：道千乘之国，敬事而信，节用而爱人，使民以时。

范例：过往学员由南师原书中摘录出来，令他们最有感触的原文

所谓敬事而信，不仅对事而言，须知领导治国者，信己又须信人，疑

人不用，用人不疑。（《孔子和他的弟子们》）

"俭"字不仅指财政经济而已，消费精神，不爱惜人力，社会奢侈风气的形成等，都是不俭所致，都是不知节用的结果。节用是为什么呢？不是为我，而是为"爱人"。（《孔子和他的弟子们》）

范例：下面白话文是用南师的话对此进行阐述（综合南师所说）

学问之道，就止于此而已吗？不然！学以致用，立身必然关系处世。那么出以致用的学问，又是如何呢？儒者一旦有学而致用的一天，其以内圣之道治理千乘之国时，只需扩充平常学养所得，就是治国者的真学问了。也就是说，只要扩充平常以孝事父母的至情，对一事一物而无不敬，便是大有用于天下了。"敬"，是信的根本，所以治国者，必须要做到敬事而信的程度，无论对事或对人，都要用全部心力去做，能够诚敬之极的话，自然就可以立信于天下了。"节用而爱人"，"节用"指经济政策的措施，对经济要能够节省，是经济原则。"节用"是为什么呢？不是为我，而是为"爱人"。第三点"使民以时"，在农闲时使用民力，避免影响农业生产。进而指用人时应该把握时间，用人要在时间上恰到好处。

古文

子曰：道千乘之国，敬事而信，节用而爱人，使民以时。

读《孔子的课堂》，让您有感触的内容：

请用自己的话来阐述南师对这一古文的理解：

古文

子曰：弟子入则孝，出则弟，谨而信，泛爱众，而亲仁。行有余力，则以学文。

范例：过往学员由南师原书中摘录出来，令他们最有感触的原文

所谓做学问是要从人生的经验中去体会，并不是读死书。（《论语别裁》）

那就是"君道""师道"的综合，爱天下人就如爱自己一样。（《论语别裁》）

他当时并非愁虑国家天下的衰乱问题，只是忧虑传统文化真精神的断绝，因为这是随处可见的事实。（《论语别裁》）

但是谈到这"谨"字要注意，不要变成小气。谨慎与拘谨是两回事儿，有些人做人很拘谨，过分了就是小气。（《论语别裁》）

范例：下面白话文是用南师的话对此进行阐述（综合南师所说）

以上讲到做学问的目的、态度和方法，接着讲学问的道理，提出以"孝弟"为教化中心的目的。

所谓"弟子"，古代称学生为"弟子"，中国古代，老师将学生看成自己的儿子一样。孔子告诉我们说，这个学生在家里是个孝子；出门在外面与兄弟分开了，对朋友、对社会、对一般人能够友爱，扩而充之爱国家、爱天下，做人非常谨慎，一切都言而有信。同时又有伟大的胸襟，能够爱人，对同志的友爱，扩而充之，对其他人的友爱，再亲近有学问道德的人做朋友，躬亲履践而达到"仁"的境界，才是学问的要紧关头。如果为学能到这个程度，还有多余的精神和能力，就可以学习文学或其他的知识了。

古文

子曰：弟子入则孝，出则弟，谨而信，泛爱众，而亲仁。行有余力，则以学文。

读《孔子的课堂》，让您有感触的内容：

请用自己的话来阐述南师对这一古文的理解：

古文

子夏曰：贤贤易色；事父母，能竭其力；事君，能致其身；与朋友交，言而有信。虽曰未学，吾必谓之学矣。

范例：过往学员由南师原书中摘录出来，令他们最有感触的原文

"事父母，能竭其力"是讲孝道。这句话有一个问题产生了，子夏为什么提到"竭其力"呢？重点在这个"竭"字。过去一般人讲到对父母的孝顺，是"非孝不可"。其实"事父母，能竭其力"主要是指态度而言，孝敬父母只要是发自内心、竭尽全力就可以，量力而为地行孝，方为真孝。（《论语别裁》）

"与朋友交，言而有信"，你既已答应帮忙朋友完成一件事，答应了就言而有信，尽心尽力。不可以表面上愿意帮忙，作出很恭敬的样子，背地里却一切不同意，反而捣乱扯腿。（《论语别裁》）

"原心不原迹"，尽自己的心力做到了就是孝。（《论语别裁》）

范例：下面白话文是用南师的话对此进行阐述（综合南师所说）

跟着再提为学的态度，并一再指出"孝弟""忠信"的重要性，用以证明孔门为学的目的。

看到一个人，学问好，修养好，本事很大，令人肃然起敬，态度也自然随之而转；在家能竭心尽力地爱家庭，爱父母；在社会上做事，对人、对国家，放弃自我的私心，所谓许身为国；对朋友言而有信。能够做到这样，尽管这个人没有读过一天书，我也说这人做人真有学问。

到此就更明白孔门学问的重心在此，至于知识的追求，那只是学问的余力罢了。

古文

子夏曰：贤贤易色；事父母，能竭其力；事君，能致其身；与朋友交，言而有信。虽曰未学，吾必谓之学矣。

读《孔子的课堂》，让您有感触的内容：

请用自己的话来阐述南师对这一古文的理解：

古文

子曰：君子不重则不威，学则不固。主忠信，无友不如己者，过，则勿惮改。

范例：过往学员由南师原书中摘录出来，令他们最有感触的原文

他们认为对年轻后代要"重"，可是他们不知道"重"是怎么解释，以为把脸上的肉挂下来就是"重"。（《论语别裁》）

接着"无友不如己者"，照他们的解释，就是交朋友不要交不如我们的。这句话的问题来了，他们怎么注解呢？"至少学问道德要比我们好的朋友"……假如孔子是这样讲的，那孔子就是势利小人了。（《论语别裁》）

范例：下面白话文是用南师的话对此进行阐述（综合南师所说）

到了这里，对于为学的道理，原则上的都已说过了，以下都是为学的探讨，或为学的修养方法。

为学问要做君子之儒的基本修养，首先就要自重。自重的意思，是重视自己和尊重他人的人格与为学的精神。一个人没有自信，也不自己重视自己，不自尊，这个学问是不稳固的，这个知识对你没有用，因此我们必须建立起自己的人格、自己的信心来。我们处世以忠信为主，处世交友，不要傲慢看不起人。对任何一个人，都要重视他的长处，尊重他的优点，那样，你就不会轻视别人了，也就会觉得，没有任何朋友不如自己了。能够这样虚心处世，当你重视他人，发现自己过错的时候，勇于改过，不怕困难地努力改过迁善，才是真正地为人为学了。

古文

子曰：君子不重则不威，学则不固。主忠信，无友不如己者，过，则勿惮改。

读《孔子的课堂》，让您有感触的内容：

请用自己的话来阐述南师对这一古文的理解：

古文

曾子曰：慎终追远，民德归厚矣。

范例：过往学员由南师原书中摘录出来，令他们最有感触的原文

菩萨畏因，凡夫畏果。（《论语别裁》）

因正则果圆，那是处理事物的不易法则。（《孔子和他的弟子们》）

历来都把这句话作为圣人以孝治天下的一句格言，把它放在敬事祖宗的头上，以为"慎终"是丧祭的时候祭之以礼的表现，"追远"是祭祀列祖列宗，不可不诚的意思。能够做到这样，则民风道德就可归于敦厚了。这种解释，大体为历来所公认，当然无可厚非。不过，从文字意义来讲，它是明明白白地告诉你，凡事如要想得到一个良好的结果，要想慎其终，就要预先注意良好的开始。（《孔子和他的弟子们》）

范例：下面白话文是用南师的话对此进行阐述（仅供您参考）

说到这里，必须把为学的"孝弟""忠信"，内圣外用的方法，作一根本的确定，引出学问方法的一个定论：慎终追远，民德归厚矣。

"终"就是结果，"远"就是最初的原因。"一个人要想有好的结果，就要有好的开始。"真要注意学问的人，对每一件事，在有动机的时候就做好。欲慎其终者，先追其远，也就是开始就要慎重。大家认识了这个道理，社会道德的风气，自然都归于厚道严谨。

古文

曾子曰：慎终追远，民德归厚矣。

读《孔子的课堂》，让您有感触的内容：

请用自己的话来阐述南师对这一古文的理解：

古文

子禽问于子贡曰：夫子至于是邦也，必闻其政，求之与？抑与之与？

子贡曰：夫子温、良、恭、俭、让以得之。夫子之求之也，其诸异乎人之求之与！

范例：过往学员由南师原书中摘录出来，令他们最有感触的原文

人读了历史，要我们通达，透彻了解世故人情，要知道远大……对于世局的变化，未来的发展，要有眼光，要看得长远。（《论语别裁》）

五经的修养，要做到温柔敦厚而不愚。所谓敦厚，对别人的缺点，容易包涵，容易原谅，对别人的过错，能慢慢地感化他。（《论语别裁》）

礼很重要，过分讲礼就迂腐了，所以"礼"要恰到好处。（《论语别裁》）

范例：下面白话文是用南师的话对此进行阐述（综合南师所说）

讲说学问之道的话太多了，未免有点严肃近于刻板。于是在这里便引出一则学以致用的趣味文章，很像谈禅的机锋，也是最高雅的幽默。孔子周游列国，每到一个邦国，就问其政治，好像是急于求个从政的机会似的，弄得弟子子禽也都有点怀疑起来，不知他的心思了。

子禽问子贡："喂！子贡！我问你，我们老师，每到一个国家，都要打听人家的政治，他是想做官，还是想为人家提供一点什么建议，使这些国家富强起来？"子贡答得很妙！他说："我们的老师的修养，以及为人的境界，已经达到温和而不争夺，善良而不凶暴，恭敬而不轻率，节俭而不肯浪费的境界了。假如你认为老师是为了求官做，也恐怕与一般人的求官、求职、求功名的路线两样吧。"

古文

子禽问于子贡曰：夫子至于是邦也，必闻其政，求之与？抑与之与？

子贡曰：夫子温、良、恭、俭、让以得之。夫子之求之也，其诸异乎人之求之与！

读《孔子的课堂》，让您有感触的内容：

请用自己的话来阐述南师对这一古文的理解：

古文

子曰：父在，观其志；父没，观其行。三年无改于父之道，可谓孝矣。

范例：过往学员由南师原书中摘录出来，令他们最有感触的原文

所以古人说，读书要顶门上另有一只眼。宗教里有的神像，多一只眼睛，名为智慧眼。我们要用"智慧之眼"去看，就很容易了解了。（《论语别裁》）

"子曰：事父母几谏，见志不从，又敬不违，劳而不怨。"（《孔子和他的弟子们》）

历来有人将其解释为，父亡三年之中，仍然无改于父母在世时候的志业，即为孝。这样一来，便有变醍醐为毒药的味道了。为什么呢？第一，未免太笼统；第二，也太不合理。换言之，假如父亲在世时，他的行为是不对的，你也要跟他一样，做三年不对的事吗？（《孔子和他的弟子们》）

范例：下面白话文是用南师的话对此进行阐述（综合南师所说）

下面言归正传，引出孔子对"孝"考验的一种方法。古人的文字"志"为"意志"之意，它包括了思想、态度。"观"字，就是观察考验的意思。父母在面前的时候，要言行一致。就是父母不在面前，背着父母的时候，乃至于父母去世了，也要言行一致，诚诚恳恳，说到做到，这就是孝子。

古文

子曰：父在，观其志；父没，观其行。三年无改于父之道，可谓孝矣。

读《孔子的课堂》，让您有感触的内容：

请用自己的话来阐述南师对这一古文的理解：

古文

有子曰：礼之用，和为贵；先王之道，斯为美，小大由之，有所不行。知和而和，不以礼节之，亦不可行也。

范例：过往学员由南师原书中摘录出来，令他们最有感触的原文

中国传统文化的"礼"，讲做人应遵循的伦理道德，讲做人应该遵循的准则。（《论语别裁》）

"礼"不光是礼貌、礼节，还包括了形而上的哲学和形而下人生上的一切运用。（《论语别裁》）

范例：下面白话文是用南师的话对此进行阐述（仅供您参考）

父母的行为，有时也并非绝对都是对的，这就必须善于运用礼乐之教了。

"礼"的作用，是在折中一切是非矛盾，使之中肯。"和为贵"，就是调整均衡。所以说，先王重礼教，是因为礼是一种美化人文社会和人生的方法。无论大小的事，在善恶是非上，碰到行不通的时候，就要知道礼的作用，可以折中的，便中和了它，但过分地调整就错了。所以礼义的基本精神，是调节一件事物，中和一件事物，但是有一定的限度，超过了这个限度，就要重新调整它。不过中和又会发生另一冲突和矛盾，所以中和的本身又具有另一新的中和之因存在，这个便要靠礼来调节了。如果你不知道用礼来节制的话，有时的确是会行不通的。

古文

有子曰：礼之用，和为贵；先王之道，斯为美，小大由之，有所不行。知和而和，不以礼节之，亦不可行也。

读《孔子的课堂》，让您有感触的内容：

请用自己的话来阐述南师对这一古文的理解：

古文

有子曰：信近于义，言可复也；恭近于礼，远耻辱也。因不失其亲，亦可宗也。

范例：过往学员由南师原书中摘录出来，令他们最有感触的原文

中国的"义"字有两个解释，儒家孔门的解释讲："义者宜也"，恰到好处谓之宜，就是礼的中和作用，如"时宜"就是这个意思。（《论语别裁》）

所谓"恭"，就是内心对事情的庄重认真，并不是看见人敬礼就是恭；人恭敬不恭敬，表面态度虽然重要，更重要的是内心的态度。因此恭敬就是礼。（《论语别裁》）

因此可知"因不失其亲，亦可宗也"这一句，就是《雍也》篇中的"能近取譬，可谓仁之方也已"。都是教人为学由浅近开始，而渐及于远大也。（《孔子和他的弟子们》）

范例：下面白话文是用南师的话对此进行阐述（综合南师所说）

因为讲礼之用，再引出一则有子的论为学的方法。为什么中国文化提倡仁、义、礼、智、信？"信"有什么好处？

是因为"信"相近于"义"，可以使言行相符，讲到便能做到。义是

礼之宜，是仁的发挥应用，也就是信的宗极。"恭敬"的"恭"字，是相近于礼的，待人接物，遇事恭敬处理，便可以避免因错误所带来的耻辱，所以礼就是恭敬的宗极。"因不失其亲"，意思是人绝对无私是做不到的，助人的心行，由近而远，渐渐扩及他人。"亦可宗"，像这个样子，也可以宗仰。凡是言行之初，目的动因不必骛之高远，陈义理想不必太过高明，必须择其可以亲切而能做得到的，这也就是学问的宗旨了。

古文

有子曰：信近于义，言可复也；恭近于礼，远耻辱也。因不失其亲，亦可宗也。

读《孔子的课堂》，让您有感触的内容：

请用自己的话来阐述南师对这一古文的理解：

古文

子曰：君子食无求饱，居无求安，敏于事而慎于言，就有道而正焉，可谓好学也已。

范例：过往学员由南师原书中摘录出来，令他们最有感触的原文

说明学问的道理，并不是只读死书，而是注重现实人生中的做人处世。（《论语别裁》）

古人的书本，书本上就是"有道"，从书本上去修正做人做事的道理，这个样子就叫好学。（《论语别裁》）

真正追求学问的人，绝不会在生活困惑时，就放弃了学问的修养和造诣。（《孔子和他的弟子们》）

范例：下面白话文是用南师的话对此进行阐述（综合南师所说）

本篇到此，将近全篇的结论，所以又引用孔子关于为学态度的一则话，以示儒者的风格。

"食无求饱"，尤其在艰难困苦中，不要有过分的、过于奢侈的要求。"居无求安"，住的地方，只要适当，能安贫乐道，不要贪求过分的安逸、贪求过分的享受。"敏于事而慎于言"，包括了一切责任、一切应该做的事，要敏捷——马上做。"慎于言"，不能乱说话。"道"就是指学问、修养，谦虚好学，肯向有道之士讨教求证，这样就叫好学。

这种为学的态度，也是反映为学的目的，人活着，不是仅仅为了生活，而是为了做一个高尚的人，一个纯粹的人，一个有道德的人，一个脱

离了低级趣味的人。一个人的胸襟意境，能够升华到这种程度，才真正是学问的本色了。

古文

子曰：君子食无求饱，居无求安，敏于事而慎于言，就有道而正焉，可谓好学也已。

读《孔子的课堂》，让您有感触的内容：

请用自己的话来阐述南师对这一古文的理解：

古文

子贡曰：贫而无谄，富而无骄，何如？

子曰：可也。未若贫而乐，富而好礼者也。

子贡曰：《诗》云：如切如磋，如琢如磨。其斯之谓与？

子曰：赐也，始可与言《诗》已矣！告诸往而知来者。

范例：过往学员由南师原书中摘录出来，令他们最有感触的原文

所以要做到真正的平凡，在任何位置上，在任何环境中，就是那么平实、那么平凡，才是对的。（《论语别裁》）

范例：下面白话文是用南师的话对此进行阐述（综合南师所说）

上文已经说了孔子论为学的本色，于是就引出子贡的一段探讨学问的话，作为陪衬，以显示儒者学问修养的境界。

子贡说："一个人贫贱时，对别人并无谄媚的态度；在富贵之中，也没有骄傲的神气，这样的修养，你看怎么样？可以说是够得上有学问了吧？"孔子说："你说的，当然也算是很好的了，可是远不如胸中平平淡淡，使贫与富、谄与骄的相对观念，都荡然无存。如此，虽然贫亦不改其乐，纵使富也非常好礼，这才是真正的平易踏实了。"

子贡听了孔子的话，便有醍醐灌顶的感觉，于是就赞美说："如切如磋，如琢如磨。学问之道，犹如做一件精巧的东西那样，要小心地切了又磋，磋了又切，经过精细的琢磨，才能完成一个精美的东西。"他又说："关于这两句诗的含义，我现在也由此而懂得了。"

孔子听了便说："子贡啊！现在才真正可以和你谈谈《诗》的作用和意境了，因为我刚刚提示了你一个道理，你自己就能够推演出别的道理来。有了这样的见解，如果告诉你过去的历史和经验，你就可以想象未来是什么样子了了。"

古文

子贡曰：贫而无谄，富而无骄，何如？

子曰：可也。未若贫而乐，富而好礼者也。

子贡曰：《诗》云：如切如磋，如琢如磨。其斯之谓与？

子曰：赐也，始可与言《诗》已矣！告诸往而知来者。

读《孔子的课堂》，让您有感触的内容：

请用自己的话来阐述南师对这一古文的理解：

古文

子曰：不患人之不己知，患不知人也。

范例：过往学员由南师原书中摘录出来，令他们最有感触的原文

大概人们都有的一个通病，就是总觉得自己了不起，往往我们说错一句话，脸红了，但三秒钟以后，脸就不红了，自己马上在心里头找出很多的理由来支持自己的错误，认为自己完全对，再过个把钟头，越看自己越对。人，就是这样，总怪人家不了解自己，在对于自己是不是了解别人这个问题上，就不去考虑了。

这个结论的重点就是你为什么在心中怨恨？不要怕人家不了解你，最重要的是你是否了解别人。（《论语别裁》）

范例：下面白话文是用南师的话对此进行阐述（综合南师所说）

最后引用孔子一则关于为学的精神和风格的话作为结论，恰恰与开始的一则互相呼应，有首尾相顾之妙。

为学之道，在于自己为学问而学问，并不在于求人知道的。而且只要你真有学问，也不愁没有人知道你。最可怕的，是自己不知道别人有学问啊！不要怕人家不了解你，最重要的是你是否了解别人。

古文

子曰：不患人之不己知，患不知人也。

读《孔子的课堂》，让您有感触的内容：

请用自己的话来阐述南师对这一古文的理解：

（六）编写剧本

剧本开头的旁白（范例）：

春秋时期，整个中国的人口只有几百万人，孔子就有三千弟子。今天，众弟子又和往常一样，席地而坐，求学论道。首先孔子就教示了为学的精神与态度。

背景及人物介绍：

当时的社会环境（《论语别裁》）：春秋战国时期是中国历史上的大动荡、大发展、大变革时期，战争频繁，诸侯争霸，文化方面百家争鸣。

有子：有子名有若，孔子的学生，字子有，少孔子四十三岁，孔子死后，学生们怀念孔子，因有子的学问好，曾请他讲课。

曾子：名参，少孔子四十六岁，曾子在当时孔子的学生中比较鲁，鲁就是拙一点，并不是笨，只是人比较老实，不太说话，后来嫡传孔门道统，著有《大学》。

子夏：子夏比孔子少四十四岁，他的名字叫卜商，以文字见长，有很高的文学素养，又很虚心自谦，为人低调。孔子死后，在战国开始的初期，他讲学河西，战国时期一般对时代有影响的大学者，蒙受他的影响很大。

子禽：名亢，又字子元，少孔子四十岁。

子贡：名赐。子贡是孔子弟子中最出色的一个人物，子贡在孔门弟子中，不但是学问家，也是外交家、政治家，以现代观念来讲，也是工商界的巨子。

学员先分配角色，完成自己角色的白话文剧本。然后进行排练，每个人都要轮流扮演每个角色的白话文和古文版本，准备表演。重点是让学员通过扮演不同的角色来体会不同角色的心理，让大家更深入地体会不同角色的不同性格特点，加深理解。

第二部分

愤怒控制训练

第一章
项目介绍

第一节　项目背景

通过大样本调研，从日常观察评估、问卷及心理测评、访谈评估等方面开展数据分析，发现轻刑暴力犯呈现以下几个特点。

（1）文化程度偏低，思维缺乏灵活性。

据统计，初中以下文化程度占比约90%，其中文盲及小学文化占大多数。表现在认识能力上，思维缺乏灵活性，不善于把握事物的内在逻辑，处理问题的方式简单、直接。

（2）情绪稳定性差、冲动易怒。

情绪容易波动和多变，心理承受力差，易受环境影响。容易激动，易激惹，具有投射性思维，易出现敌对和猜疑心理。

（3）个性多偏执，人际关系不稳定。

敏感、多疑、不信任，易怀疑别人要伤害、欺骗或利用自己，遇挫折或失败时，则埋怨、怪罪他人，易与他人发生争辩、对抗；人际关系不良，与人际交流有关的自我敏感及反相期望。极易因愤怒情绪失控引发攻击行为，易与他人产生冲突、纠纷。

第二节　项目论证

通过查阅国内外罪犯矫正机构及专家学者的专业研究报告、论文等大量资料，对于暴力犯矫正的现状，以及相应的原理及方法有了较为全面的了解。结合对象特点，最终选定了美国的戈尔茨坦等人研发的《十周愤怒控制训练课程》作为基本框架来设计项目。

一、愤怒的概念和特点

愤怒是人类在受到挫折时产生的一种紧张而不愉快的原始情绪。愤怒具有以下特点：第一，愤怒分为不同的程度。从轻微不满、生气、激怒到大怒、狂怒等。第二，愤怒是一种最原始的基本情绪。第三，愤怒产生的直接原因是遭受挫折。第四，对愤怒的处理因人而异。第五，愤怒可有多种表现形式。通常情况下，不加控制的愤怒情绪会导致攻击行为。

二、愤怒控制的原理与机制

愤怒控制训练是指通过思维、言语、行为方面的训练，增强人对愤怒情绪的自我控制能力的活动。愤怒控制训练起源于苏联心理学家鲁利亚的实验室研究。鲁利亚创立了研究情绪的新方法——共轭法，即把内部隐蔽的情绪过程与外部显现的言语和运动过程联结起来。大量研究表明，内部言语可以调节外显行为。

愤怒控制训练包括"激发因素+身体线索+愤怒减弱因素+提醒话+自我评价"等多个步骤。在训练过程中，首先要帮助受训者懂得，在产生愤怒情绪的情况下，人们是如何错误理解和解释他人行为的。对受训者进行愤怒控制训练有两个目的：第一，减少愤怒唤醒的频率；第二，掌握控制愤怒的方法，在产生愤怒情绪时能够有效控制攻击性行为。

第三节　项目设计及实验研究

一、项目目标

（一）近期目标

帮助认识愤怒情绪与暴力攻击行为之间的关系，学会觉察愤怒情绪，减少愤怒出现的频率，降低愤怒水平。

（二）远期目标

训练并培养对愤怒情绪的自我控制能力，并使之逐渐迁移到日常生活当中，减少攻击行为，降低暴力犯罪发生的风险，促进个体自我成长。

二、入组条件

（1）暴力型或有暴力犯罪史的罪犯。

(2) 18~60 周岁。

(3) 小学及以上文化程度。

(4) 余刑 3 个月及以上。

三、评估工具

(1)《攻击性问卷》。

(2)《冲动性量表（BIS-11）》。

(3)《教育矫治质量评估量表（CCQA）》。

四、训练安排

以《十周愤怒控制训练课程》的主要内容为框架，训练周期设置为十周，每周开展训练 1 次，每次 4 课时。两次训练间隔期间，由民警组织课后练习。

五、训练实施方案

（一）愤怒控制十周训练简介

第一周：用心相聚。介绍项目的有关情况，澄清个体与团体的目标，制定团体规则，签订矫治协议。

第二周：激发因素。识别生活中常见的愤怒激发因素，完成激发因素等级表，正确理解内外激发因素在愤怒中的作用，及时察觉激发因素的存在。

第三周：愤怒 ABC 模式。理解 ABC 模式的含义，学会觉察愤怒情绪来临时的身体线索，掌握《烦恼日志》填写方法。

第四周：减弱因素。学会使用深呼吸、倒着数数、愉快想象等愤怒减弱因素，并在生活实践中不断使用。

第五周：提醒话。了解自我暗示的基本原理、表现与积极作用。探索并完成符合自己的自我提醒话语，并进行训练。

第六周：自我评价。了解、掌握自我评价的原理、表现及积极作用。通过强化训练，逐步建立自己的愤怒控制自我评价系统。

第七周：事先思考。学习掌握愤怒控制的事先思考法。降低愤怒的唤醒水平，减少攻击行为发生。

第八周：愤怒循环。介绍愤怒循环的知识和意义。改变易引发他人愤怒的言语和行为。

第九周：综合评价。帮助成员对已学的各种愤怒控制方法进行评价，找到适合自己的方法。

第十周：结束训练。使用情景模拟，检验成员的愤怒控制能力及使用非暴力行为解决问题的能力。总结个人的收获与成绩，结束训练。

（二）基本方法

（1）技术示范：技术示范是由训练师讲解、演示愤怒控制技术以及现场示范使用这些技术的活动。

（2）角色扮演：角色扮演是指在示范后要求成员根据训练师的示范，在特定情境中练习使用愤怒控制技术的活动。

（3）表现反馈：角色扮演之后，训练师对受训者的表现进行反馈和评价，鼓励成员在训练后开始尝试使用学习到的愤怒控制技术。

（4）课后练习：课后练习包含纸笔练习和行为练习，于每次训练结束后，由训练师安排，由大队民警监督与督促，并作出及时评价。

第四节　效果评估

为检验轻刑暴力犯愤怒控制改造项目的实际效果，工作人员使用了量表测试、个人行为报告等多种方式，力求全面、客观、准确地评价改造效果。对比矫治介入后的改变，一方面产生在认知层面的变化上，如动机水平提高、负性思维减少、合理化及否认下降等；另一方面表现在行为上，如愤怒情绪出现的次数减少及愤怒水平下降，暴力攻击行为显著减少等。

一、量表测试

（一）攻击性测评

通过对实验组《攻击性问卷》的前后测试数据进行分析，发现身体攻击（$P<0.05$）、愤怒唤醒（$P<0.05$）和攻击总分（$P<0.05$）均有明显改善。《攻击性问卷》前后对比见图 2.1.1。

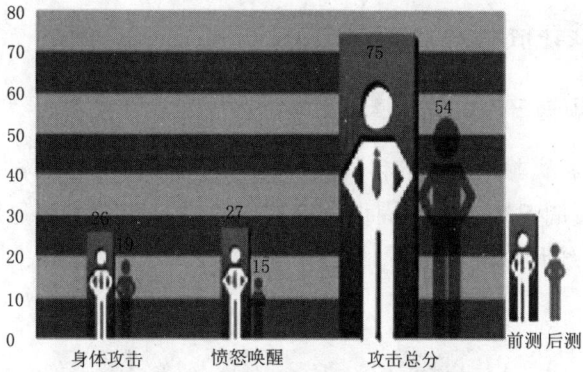

图 2.1.1　攻击问卷前后对比

（二）冲动性测评

通过对实验组进行的冲动性前后测评数据分析，工作人员发现在运动性冲动因子上发生显著改善。冲动性量表前后对比见图2.1.2。

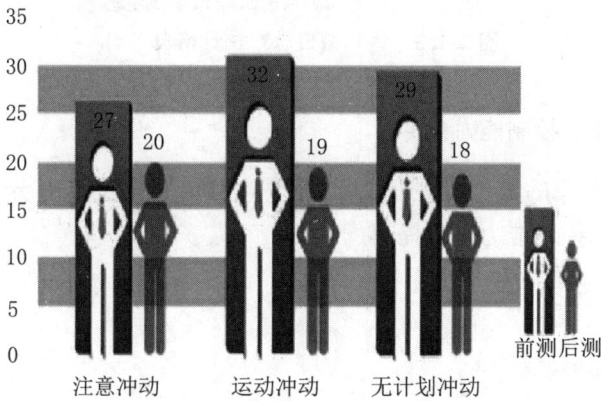

图 2.1.2　冲动性量表前后对比

（三）教育矫治质量评估

通过对实验组罪犯进行教育矫治质量评估的前后测试数据分析，工作人员发现他们的心理健康、负性思维、偏差行为、人身危险这 4 个因子均呈现显著差异。

二、自我评估

（一）《烦恼日志》统计情况

根据 20 名实验组罪犯的自我报告，愤怒情绪出现的频率从每周 13 次，逐渐减少到每周 5 次，到十周训练完成时，进一步减少到每周不到 1 次。《烦恼日志》统计情况见图 2.1.3。

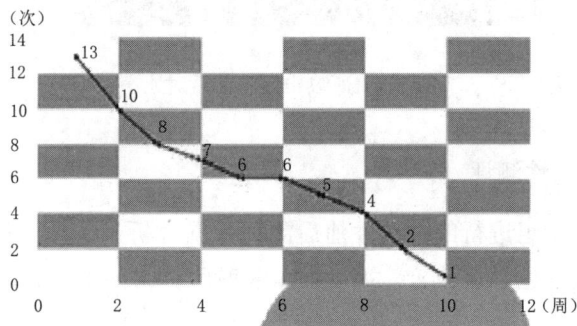

图 2.1.3　《烦恼日志》统计情况（1）

（二）愤怒控制能力自评

实验组罪犯的愤怒控制能力自评平均分由最初的 2.6 分逐渐上升到 7.2 分，愤怒控制能力显著提高。

三．第三方评价

（一）其他罪犯

其他罪犯表示，观察到参训罪犯情绪改善，愤怒情绪出现的频率下降，遇事不再易冲动、发怒，能主动控制自己的情绪和行为。

（二）大队民警

民警表示参训罪犯的愤怒情绪得到了较好控制，态度更加积极，攻击性行为明显减少，违纪率下降。

（三）项目训练师

项目训练师表示，观察到参训罪犯的动机水平明显上升，能够认真参加并投入到学习和训练中，逐渐掌握了一些有效的控制愤怒的方法，并能够在日常生活中使用。

(四) 罪犯家属

实验组罪犯的家属表示，亲人通过参加改造项目，发生了一些积极的变化，主要表现在对待家人的态度上以及对自己违法犯罪行为的认识上。

第二章
证据检索

第一节　愤怒情绪及愤怒控制

在项目研究之初，我们遵循循证矫正的理念，对暴力犯愤怒控制的相关研究情况进行证据检索和筛选，共检索文献 200 多份，查询论文 100 余篇，其中还翻译了加拿大罪犯矫治项目的英文原版资料 1 份，力求全面、系统地掌握国内外相关研究的开展情况。为把握轻刑暴力犯的犯因性问题及改造需求，我们还通过心理测评、问卷调查、个别访谈等形式，广泛收集资料，开展了相关调研。

一、暴力行为的定义

美国疾病控制中心将暴力行为定义为：一个人使用威胁性的或实际上的武力造成了或者非常有可能造成身体或生理上的伤害或死亡。暴力行为者通常是高攻击行为者。（曾玲娟，2001；工伟，2005）

攻击行为又名侵犯行为，通常是指故意伤害他人并给他人带来身体与心理伤害的行为活动，包括身体攻击或言语攻击。攻击按照目的划分为敌意性攻击和工具性攻击。

二、状态愤怒与特质愤怒

Spielberger（1988）提出了"状态—特质愤怒理论"，指出愤怒由状态愤怒、特质愤怒以及愤怒的表达与控制方式组成，这是目前得到广泛认同的观点。Spielberger 认为，愤怒是一种内部心理生理状态，调节个体与环境间的交互作用。它可以是一种与当前情境相关的短暂的、反应性表现形式，即状态愤怒；也可以是一种会产生频繁、强烈情绪的性格倾向，即特质愤怒（Spielberger，1996）。具体而言，状态愤怒（State Anger）是指在某种特定情境下愤怒的感受或体验，其强度从轻度的烦恼（annoyance）或恼怒（irrition）到强烈的狂怒（fury）或暴怒（rage）之间的程度不同，它是作为情绪状态的愤怒。特质愤怒（Trait Anger）是作为更加稳定的人格特质的愤怒，指稳定的、去情境的愤怒体验倾向，如果愤怒情绪诱发的阈限低，则对于竞争、拒绝和不公平容易产生愤怒。愤怒的表达与控制方式描述的是愤怒的表现方式，分为：愤怒表达—向外（Anger Expression-Out），指向其他人或物表达愤怒；愤怒表达—向内（Anger Expression-In），将愤怒指向自身（也就是向内压抑或抑制愤怒）；愤怒控制—向外（Anger Control-Out），控制向外愤怒，以避免对其他人或物表达愤怒；愤怒控制—向内（Anger Control-In），通过使愤怒恢复平静来抑制指向自身的愤怒情绪。

三、愤怒和攻击高度正相关

愤怒情绪失调作为暴力行为一个重要的预测性指标，已经被许多研究所证实，Cornell Peterson 和 Richards（1999）的研究结果表明，在监禁情景下的 3 个月中，愤怒倾向对于青少年攻击行为具有中度预测能力。Sunkhadolsky 和 Ruchkin（2004）的报告显示，在俄罗斯青少年犯和高中生中，攻击行为与愤怒强度显著相关。Black Barn（1993）特别注意了暴力犯中涉及的愤怒，并把它作为犯罪人的一个个体属性。

四、愤怒控制项目优先

暴力犯罪人时常有冲动性攻击，并且愤怒情绪会通过有关威胁和报复锁定计划和脚本来激发他们的伤害行为。Novaco（1997）指出，愤怒在暴力行为的产生中扮演着一个非常重要的角色，愤怒治疗的提供应该对罪犯的临床治疗服务有较高的优先权，将通过调节愤怒来进行临床干预行为作为缓解攻击行为的中心。实证性调研表明，暴力犯的攻击行为大都属于敌意性攻击行为，敌意性攻击往往和内在的愤怒情绪相联系，愤怒情绪失去控制往往会导致攻击行为发生。

五、暴力攻击的高风险因素

解决和预防攻击性行为逐渐成为一个全球性热点问题，Spielberger 曾提出"愤怒—敌意—攻击"模型，认为愤怒是形成敌意和攻击的初始阶段的一种基本情绪。愤怒情绪在暴力行为的产生中扮演着一个非常重要的角色（高迎浩，2005），它是暴力行为的一个重要预测指标（吴雯，2008），是暴力的风险因素之一（王成奎，2005），也是引起其他心理问题（如抑郁、焦虑等）的重要因素（Luutonen，2007）。

六、轻刑暴力犯的主导犯因

通过问卷调查、心理测试、个别访谈及行为观察，我们发现轻刑暴力犯的主要犯因是愤怒情绪易唤醒，缺乏对愤怒情绪的控制能力。与常人相比，他们的愤怒阈值低，愤怒情绪很容易被唤醒，且制怒能力差，容易激发暴力行为。据统计，60%以上的轻刑暴力犯曾有暴力攻击史，95%以上的罪犯表示自己曾在暴力攻击前觉察到强烈的愤怒情绪。

综上所述，轻刑暴力犯的主导犯因是愤怒情绪易唤醒、对愤怒情绪的控制能力弱，针对轻刑暴力犯这一显著而稳定的犯因性问题，开展愤怒控制训练，既是维护监管秩序与安全稳定的需要，又是解决暴力犯犯因问题，降低再犯风险的需要。

第二节　愤怒控制训练的基本原理与方法

一、愤怒控制训练基本原理

愤怒控制训练是指通过思维、言语、行动方面的训练，增强人们对愤怒情绪的控制能力的活动。愤怒控制训练起源于苏联心理学家鲁利亚的实验室研究。鲁利亚发明了研究情绪的新方法——共轭法，即把内部隐蔽的情绪过程与外部显现的言语和运动过程联结起来。研究表明，内部言语可以调节外显行为。

二、愤怒控制训练基本程序

愤怒控制训练是一种包括"激发因素+身体线索+愤怒减弱因素+提醒话+自我评价"等多个步骤的程序。在训练中首先要帮助受训者懂得，在产生愤怒的情绪下，人们是如何错误理解和解释别人的行为的。对受训者进行愤怒控制训练的目的有两个：第一，减少愤怒情绪唤醒的频率；第二，教给他们控制愤怒情绪的方法，使他们在产生愤怒情绪时能够加以控制，防止愤怒情绪的加剧和恶化。

三、愤怒控制训练基本方法

愤怒控制训练是一个由训练师起主导作用的过程，在这个过程中，要求训练师向受训者示范怎样恰当地使用愤怒减弱技术，这是愤怒控制训练的核心。训练师要指导受训者练习愤怒控制的步骤，也就是指导受训者进行角色扮演活动，要对受训者是否成功地按照训练师的示范进行练习给予反馈。要监督受训者在训练课程之后进行练习和实践，也就是要布置课外作业。根据美国的戈尔茨坦等人的研究，愤怒控制训练的基本方法包括以下四种。

（一）示范

示范是由训练师讲解、演示愤怒控制技术以及使用这些技术的具体情境的活动。如果有两名训练师，那么，两个人都可以参加示范，其中一人主导，演示愤怒控制技术，另外一人担任合作者，充当激怒主导者的角色。如果只有一名训练师，也可以在受训者中找一个人担任合作者角色。在这些情况下，进行简单的演示是很重要的，这种演示可以真实地展现在冲突情境中挑衅事件是如何发生的。

（二）角色扮演

角色扮演是指在示范后要求受训者根据示范，在特定的情境中练习如何使用愤怒控制技术的活动。角色扮演的情境，可以是受训者犯因性情境，也可以是日常生活中常见的情境。在训练中，假设一名受训者正处在某种冲突情境中，由这名受训者担任角色扮演的主要演员，他需要在团体成员中选择一个配角演员（合作者）扮演发生冲突的另一方，两人一起扮演在冲突情境中各自的行为反应。然后，训练师通过询问受训者很多问题，包括冲突发生的具体时间、地点等，确定角色扮演的剧情。主要演员要尽可能准确地应用愤怒控制技术演完剧情。

（三）表现反馈

在愤怒控制训练中，表现反馈是很重要的。在每次角色扮演之后，都应当有一段简短的反馈时间，以便让其他受训者评论主要演员使用愤怒控制技术的情况。这种表现反馈活动也给主要演员提供机会，使他们了解自己使用愤怒控制技术影响配角演员的情况，鼓励他们在训练课程之后尝试使用愤怒控制技术。

（四）课外作业

课外作业是指成员在训练课程结束之后需要进行的演练工作。愤怒控制技术不仅要在进行训练的课程期间进行演练，也要在训练课程结束之后加以演练。在两次训练课程之间给受训者布置一定的课外作业是很重要的。

第三节 再犯预防技术的基本假设及名词解释

一、再犯预防技术

再犯预防技术（Relapse Prevention Model）可应用于监狱的矫治中，也可应用于罪犯出狱后的社区矫治中。

"再犯预防技术"中的"再犯"有两种不同用法。当名词用时，它是指"经过一段时间的改善后，又不知不觉陷入以前的状况"；当动词用时，则表示一个行为的发生。再犯预防模式发现案主通常都会有一些因自我控制不良而产生的错误行为，这些行为并不造成严重的再犯后果，因此便把这些错误称为"犯错"（lapses）。犯错并不表示整体的失败。

二、再犯

再犯（relapse）被视为一系列事件中达到目标行为的转变过程，犯错作为一个分歧点：可能回到问题点（再犯），或是保持正面行为的改变，而非困境、矫治失败或回到问题状况。并非所有犯错都会造成再犯，有时也可能从错误中得到经验。例如，当某人试图改变其行为模式时，犯错可对事件的成因（如以前所不知的压力情境）及将来的正确处理方式（如行为改变计划）提供有用的信息。

再犯预防原本是用于改变个体强迫性脱序行为（如药物滥用、赌博等）的治疗技术，后来 Marlatt 及其同事利用再犯预防技术强化个案在问题情境中的自我控制，分析个体在情境中的决定是否会使他再产生强迫性行为，并发展出避开危险情境的技巧，如此，再犯预防技术便成为增强自我管理能力的方法。

第三章
项目研究效果

第一节　愤怒控制项目训练流程

一、宣传动员

对暴力犯开展愤怒控制项目的入组前教育。安排参与项目研发和实操训练的训练师对罪犯进行项目介绍，现场解答罪犯的疑问和困惑，消除罪犯对愤怒控制的误解与模糊认识，提高罪犯参与愤怒控制项目实验的主动性、积极性和自觉性，为项目实验顺利进行营造良好氛围。

二、人员筛选

在宣传动员的基础上，对暴力犯或有既往暴力攻击史的罪犯进行面谈，甄别罪犯主导犯因因素，将筛选出来的罪犯纳入入组范围。

三、动机激发

组织经筛选入组的人员参加为期两周的动机激发团体课程，激发参与者的改造动机，明确个人改造目标，课程结束后签订知情同意书及矫治协议。

四、愤怒控制训练

训练由具有相关资质的民警作为训练师，按照操作手册的要求开展。训练的设置为：每周1次课堂训练，每次150分钟。两次课堂训练的间隙为课后训练期，由大队管班民警督促和指导，以巩固课堂训练的效果。

五、效果评估

·量表测试：《攻击性问卷》

　　　　　　《冲动性量表（BIS-11）》

《教育矫治质量评估量表（CCQA）》

·自我评估：《烦恼日志》

自我愤怒控制指数评估

·第三方观察：班组罪犯评价

大队民警评价

罪犯家属评价

第二节　实证分析愤怒控制项目之成效

项目组通过对 3 年来参加愤怒控制训练的 462 名罪犯的量表测试、自我报告及他人评价的维度，评估改造效果，具体如下。

一、量表测评对比

（一）攻击问卷前后测评结果对比

攻击问卷前后测评结果对比见表 2.3.1。

表 2.3.1　攻击问卷前后测评结果对比

攻击性量表前后测评配对样本 T 检验		N＝412						
		成对差分						
		均值	标准差	标准误	95%置信区间		t	df	Sig.（双侧）
对 1	身体攻击—身体攻击后测	2.252	9.531	.470	1.329	3.175	4.797	411	.000
对 2	言语攻击—言语攻击后测	1.490	6.119	.301	.898	2.083	4.944	411	.000
对 3	愤怒—愤怒后测	2.085	8.429	.415	1.269	2.901	5.021	411	.000
对 4	敌意—敌意后测	2.573	9.615	.474	1.642	3.504	5.431	411	.000

实验组前后测在身体攻击、言语攻击、愤怒及敌意四个因子上均有显著差异。

（二）冲动性量表前后测评结果对比

冲动性量表前后测评结果对比见表 2.3.2。

表 2.3.2　冲动性量表前后测评结果对比

冲动性量表前后测评配对样本 T 检验　　N＝402								
		成对差分						
		均值	标准差	标准误	95%置信区间		t	df	Sig.（双侧）
对 1	注意力冲动性—注意力冲动性后测	−3.306	10.106	.504	−4.297	−2.315	−6.559	401	.000
对 2	运动性冲动—运动性冲动后测	−.388	8.539	.426	−1.225	.449	−.911	401	.363
对 3	无计划冲动性—无计划冲动性后测	.595	8.187	.408	−.208	1.397	1.456	401	.146

实验组前后测在运动性冲动因子上发生显著改善。

（三）教育矫治评估问卷前后测评对比

教育矫治评估问卷前后测评对比见表 2.3.3。

表 2.3.3　教育矫治评估问卷前后测评对比

教育矫治评估问卷前后测评对比　　N＝405				
因子类别	平均值	标准差	T 值	P 值
心理健康	1.46	0.56	2.124	0.021
负性思维	1.18	0.35	2.572	0.008
偏差行为	1.31	0.46	1.323	0.032
人身危险	1.22	0.245	1.562	0.004

实验组在心理健康、负性思维、偏差行为、人身危险四个因子上呈现差异。

二、自我评估报告

（一）《烦恼日志》统计情况

实验组愤怒情绪平均出现次数从初期的每周13件逐渐减少到每周5件，直至结束时的每周不到1件，具体见图2.3.1。

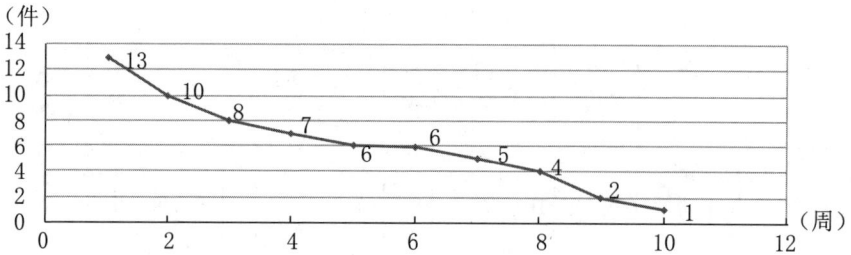

（件）

图 2.3.1　《烦恼日志》统计情况（2）

（二）愤怒控制能力自我评估

实验组愤怒控制能力从5.6分上升到9.2分，愤怒控制能力水平明显提升，具体见图2.3.2。

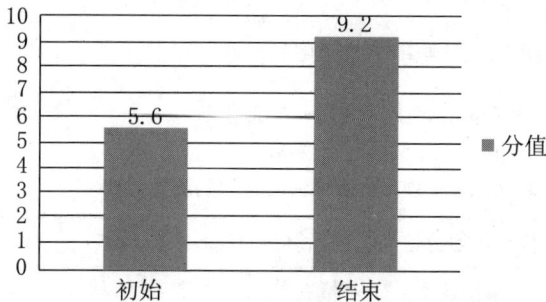

图 2.3.2　愤怒控制能力自我评估

三、第三方行为观察

（一）班组其他成员

95%的实验组罪犯所在的班级成员表示，愤怒控制训练参训人员的情绪普遍得到改善，遇事冲动、发怒的次数减少，因愤怒失控产生的攻击行为明显减少，人际关系也在一定程度上得到改善。

（二）大队管教民警

90%以上的民警表示实验组罪犯的愤怒情绪得到了较好控制，骂人、打架等攻击性行为明显减少，违纪率下降，能够有效进行自我控制，人际关系有所改善。

（三）罪犯家属

通过对家属进行问卷回访，85%的实验组罪犯的家属表示，在会见和亲情通话的时候，能够感觉到亲人的脾气变好，态度变得温和，而且能认识到自己身上存在的问题，并表示会努力改正。

第四章
项目手册

第一节 动机激发课程

第一单元 团体建立

一、目标（90 分钟）

（1）了解团体性质、团体目标。

（2）成员之间相互介绍和认识。

（3）制定团体规则。

（4）澄清成员目标。

二、主要活动

主要过程如下。

（一）领导者说明（20 分钟）

（1）什么是团体，本次团体的性质、目标以及团体的设置。

（2）坚持保密原则。

（3）团体中没有对错之分。

（4）与现实处境无关。

（5）改变不是一蹴而就的，困难和挫折同时也是机会和财富。

（二）热身活动：小小动物园（相识）（30 分钟）

分享讨论：各自选择了什么动物？对动物园里的其他动物有什么好奇？有什么感受？希望这个动物园是什么样子的？

三、规则和目标（40 分钟）

（一）制定团体规则

大家围成一圈，成员依次说出自己对这次团体活动的期望，如"我希望大家都能按时参加""我希望不会有人中途退出""我希望别人能认真倾听我的谈话"。领导者记录，最后进行整理。每名成员在上面签上自己的名字，名字也可以用图画代替。

（二）我的目标

成员分享自己参加团体的目标。

四、课后作业

完成改变动机对照表，参见表 2.4.1。

表 2.4.1 改变动机对照表

想要改变的理由+权重比	想要继续的理由+权重比

第二单元 价值观澄清（一）

一、目标（90 分钟）

（1）澄清成员价值观。

（2）讨论什么是最重要的。

（3）思考为了实现最重要的目标还需要付出哪些努力。

热身：鸡蛋、小鸡、鸡、凤凰，对应昨天、今天、明天和死亡（20 分钟）。

二、主要活动——生命线（60 分钟）

操作过程：

（1）画出一条线段，在线段的最左边标上 0 岁。

（2）在线段最右边标上预计自己死亡的年龄。

（3）找出到目前为止你感觉自己的人生最幸福的一个时间点，并标注。

三、分享讨论

（1）过去时光里最幸福的一个时间节点在哪里？发生了什么？当时的感觉是怎样的？

（2）当死亡的那一刻，你希望是怎样的？真正想拥有的是什么？

（3）什么对你来说才是最重要的？

（4）今天和以前你认为自己想要拥有的东西是否一致？

（5）未来你最想实现的目标是什么？你预计会在哪一年达成？

（6）目标达成时的感觉会是怎样的？

（7）现在的你和预计达成目标之间还有哪些距离？你现在可以做些什么？

四、课后作业

整理并写下参加此次活动的收获、体会、感受。

第三单元　价值观澄清（二）

一、目标

（1）帮助成员了解对其最重要的是什么。

（2）帮助成员看到问题行为对其最重视的价值的影响。

（3）探讨价值观和行为之间的矛盾。

（4）帮助成员觉察矛盾引发的感受。

热身活动：蒙娜丽莎（20分钟）。

二、主要活动：我的五样（70分钟）

操作过程：

写上你的名字，它代表着你的身体，你的记忆，你的过去、现在和未来。写下生命中最重要的五样东西，你可以尽情想象，把内心最珍贵的五样东西写出来就行。请认真看自己写下的五样东西，仔细看，体会一下现在的心情。现在灾难来了，生命中最重要的东西保不住了，你现在必须抛弃一样你认为生命中最珍贵的东西，这也就意味着，这样东西在你的生命中彻底消失了。这时你的纸上只剩下四样东西和一个黑洞。

接下来依次划掉剩下的三样，只留下最后一样（你只能留下一样，留下最珍贵的、最重要的东西，其余的全部放弃）。回味一下整个过程，看看自己的选择。

三、分享讨论

(1) 自己最重要的五样有什么？

(2) 你是怎样选择这五样的？

(3) 在抛弃的过程中你是怎样作出选择的？

(4) 整个过程你有什么样的感受？得到怎样的感悟？

(5) 看到最后的一样，你的感受是怎样的？

四、总结

认真对待生命，珍惜所拥有的；学会选择。

五、课后作业

完成暴力行为损益评价表，参见表 2.4.2。

表 2.4.2　暴力行为损益评价表

收益	损失

第四单元　社会角色

一、目标（90 分钟）

(1) 寻找犯罪行为与自己期待的矛盾点。

(2) 寻找个体对角色的期待与承担角色对象之间的矛盾和差异。

(3) 寻找可以改进的方向。

热身：敬酒令（20 分钟）。

二、主要活动：我的角色（70 分钟）

领导者向成员解释社会角色的概念，并举例说明。

(1) 轮流发言罗列自己的社会角色，如父亲、儿子、丈夫、朋友。

(2) 谈谈自己对这些角色的期待，如我做到什么事情，或是我做到哪些，我就是一个好的……

（3）分享讨论：听到别人分享的，还有自己分享的，你现在的感受、想法如何？

三、总结

（1）个体对社会角色的期待和犯罪行为之间的差异。

（2）个体自己对社会角色的期待和承担角色的对象的期待之间的差异。

（3）选择可以调整的部分有哪些？

（4）我愿意为了我的期待付出多少努力？

四、课后作业

我承担角色的对象的期待和渴望是怎样的？我现在的角色是怎样的？差距或是不同如何去调整？

第五单元　犯因分析

一、目标（90分钟）

（1）确定触发犯罪的主要因素。

（2）寻找犯因问题。

（3）为可能的改变做准备。

（4）评估参加下一阶段矫治训练的可能性。

热身：水果蹲（20分钟）。

二、主要活动：犯因分析（40分钟）

写下与此次违法犯罪有关的情况。

情境：时间、地点、人物、事情

想法：我想……（想法1；想法2；想法3……）

情绪：情绪1（评估情绪程度0~10）、情绪2、情绪3……

身体反应：呼吸、心跳、血压、体温……

行为反应：他怎样……我就怎样……他又怎样……我又怎样……

分享讨论：

（1）你认为是什么导致了最后的暴力行为？

（2）你可以从五个层次中的哪一个进行调整？

（3）为此你愿意付出多少努力？

三、总结（30 分钟）

（1）知道了犯罪的原因对你有什么帮助？

（2）具体可以对你选择改变方向有哪些帮助？

（3）对下一阶段矫治训练进行解释和说明。

（4）自愿决定是否参加下一阶段矫治训练。

四、课后作业

记录一周内引发你愤怒情绪的一件事，并完成以下问题：

（1）当时，我都听到和看到了什么？

（2）对于听到和看到的一切，我对于其意义给予了怎样的解释？

（3）对于我所作出的解释，我产生了什么样的感觉？

第二节　愤怒控制十周训练课程

愤怒控制十周训练课程参见表 2.4.3。

表 2.4.3　愤怒控制十周训练课程表

次数　　内容	主题	主要目标	训练师的准备
第一周 用心相聚	矫治关系 建立	帮助成员了解愤怒的危害和愤怒控制训练的有效性、可行性，提高参与项目改造的积极性： ◎介绍愤怒控制项目 ◎介绍治疗者及成员 ◎治疗初期的目标 ◎同意书的说明及签订团体契约	◎阅读及了解成员的成长经历、违法犯罪经历、心理测试及安全风险评估结论 ◎团体规范 ◎治疗合约 ◎成员基本资料 ◎录音、录影同意书

内容 / 次数	主题	主要目标	训练师的准备
第二周 激惹因素	了解愤怒基本知识，识别愤怒激惹因素	帮助成员了解和掌握愤怒的常识、基础理论：◎掌握项目训练的基本原理和方法 ◎识别和评估激惹因素 ◎建立自己的愤怒激惹因素等级表	◎愤怒控制基本原理及方法讲义、PPT ◎事先学习与掌握愤怒基础知识和名人制怒格言故事若干 ◎搜集愤怒激惹因素的分类和表现等相关知识，便于成员学习和了解 ◎《激惹因素筛查评估等级划分表》 ◎激惹因素等级分值评估标准和方法
第三周 愤怒 ABC 模式	认识愤怒的过程和 ABC 模式	帮助成员认识愤怒的原理和过程，学习 ABC 认知方法：◎了解愤怒的原理和过程 ◎掌握愤怒的等级划分和表现 ◎理解运用愤怒 ABC 解决愤怒情景中的认知偏差 ◎将 ABC 认知方式运用到实际生活中 ◎掌握《烦恼日志》的原理和方法	◎需要事先学习愤怒的原理、过程和等级表现，并制作讲义和 PPT ◎了解 ABC 理论的含义和现实表现，事先收集生活中的实例进行讲解 ◎《诺瓦克愤怒量表》 ◎《烦恼日志》
第四周 减弱因素	学习和掌握愤怒减弱因素	◎帮助成员学习掌握愤怒控制的减弱因素 ◎利用角色扮演训练成员运用减弱因素控制愤怒情绪 ◎学会甄别内外激发因素和相应的应对方法，避免愤怒失控导致攻击行为	◎事先学习与理解愤怒控制的减弱因素的种类、原理和操作方法 ◎每种减弱因素都要准备好成员生活中可以使用的场景和问题，提高针对性 ◎使用角色扮演技术训练成员使用减弱因素 ◎指导成员甄别内外激发因素，有针对性地选择减弱方法

续表

内容\次数	主题	主要目标	训练师的准备
第五周 自我暗示 （提醒话）	练习运用提醒话调节愤怒	◎了解、掌握自我暗示的原理、表现和积极作用 ◎掌握提醒话的技术方法和具体要求 ◎寻找符合自己的自我提醒话，并进行强化训练	◎熟悉自我暗示的原理和60秒强化法操作演示 ◎收集人们日常生活中运用自我暗示的实例，特别是成员的实例 ◎《自我暗示语言采集表》 ◎自我暗示遏制愤怒言语训练
第六周 自我评价	通过自我评价调节情绪	◎了解、掌握自我评价的原理、表现和积极作用 ◎掌握自我评价的技术方法和具体要求 ◎通过强化训练，逐步建立自己愤怒控制的自我评价系统	◎收集生活中自我评价的实例，组织成员进行发掘和研讨 ◎讲解并指导成员检查和建立自我评价体系和评价技术 ◎愤怒控制链贯穿练习
第七周 事先思考	通过事先思考预见不良后果，从而遏制愤怒	◎学习掌握愤怒控制的事先思考的方法 ◎训练使用事先思考减弱愤怒水平	◎预习事先思考的原理技术和句式，准备生活应用实例 ◎准备《烦恼日志》中的事件进行思考训练 ◎引导成员应用事先思考检查自己的问题
第八周 愤怒循环	通过改变自身惹人发怒的行为，阻断愤怒循环刺激	◎帮助成员认识到愤怒是双方的行为，自己也有错误 ◎认清自身存在的易惹别人发怒的不好行为 ◎认真改正不良行为，阻断愤怒循环	◎实现学习和理解愤怒循环的意义，收集成员生活中的实例 ◎《自身不良行为清查表》
第九周 愤怒控制链	通过愤怒控制链训练成果，评价愤怒控制效果	◎帮助成员正确熟练运用愤怒控制链的各种技术 ◎针对具体激惹因素采用不同控制技术 ◎通过角色扮演检验能力的提升	◎熟练掌握愤怒控制链各项技术要领，能够对成员技术运用情况进行指导和评价 ◎准备成员《烦恼日志》中常见的实例，编写技术应用示范脚本

续表

次数\内容	主题	主要目标	训练师的准备
			◎组织成员进行技术示范和交换体验
第十周 愤怒预防	通过事先防范，减少愤怒的发生	◎通过愤怒预防技术，减少发怒行为 ◎通过角色扮演，提升情绪控制水平 ◎通过综合技术训练，巩固愤怒控制训练效果	◎熟悉愤怒预防的原理和技术 ◎准备技术演示的实际案例，贴近成员生活 ◎注重总体技术的训练，提升愤怒控制效果 ◎做好成员项目结题的总结和评估

第一周　用心相聚

一、目标及事先准备

主题	主要目标	训练师的准备
用心相聚	◎帮助成员了解愤怒的危害和愤怒控制训练的有效性、可行性，提高参与项目改造的积极性 ◎介绍愤怒控制项目 ◎介绍训练师及成员 ◎治疗初期的目标 ◎同意书的说明及签订团体契约	◎阅读及了解成员的成长经历、违法犯罪经历、心理测试及安全风险评估结论 ◎团体规范 ◎治疗合约 ◎成员基本资料 ◎录音、录影同意书

二、介绍训练师及成员

由训练师开始介绍自己的称呼方式、角色及在以后训练中的功能，并请团体成员向大家做自我介绍，包括姓名、年龄、爱好、脾气秉性、参加项目训练的目的。第一次的介绍不需要太详细，主要是让成员了解参与训练的意义及目的，并让他们充分地提出问题及想法。

三、介绍改造项目

训练师应该向成员介绍愤怒的基础知识、发怒的危害和愤怒的分级，帮助成员正确、客观、全面了解愤怒的相关知识和危害，激发成员学习愤怒控制技术的动机和愿望，简要介绍愤怒控制技术的起源、发展和原理，深入浅出地介绍改造项目的研发、实践过程和成效，展示重要技术和方法，调动成员参与项目的兴趣和主动性，甄别每个成员参与的程度。

四、训练初期的主要目标

（1）自我表白。

（2）给予及接受回馈。

（3）给予及接受面质。

自我表白意味着一个人能够坦诚地讨论自己愤怒失控及违法犯罪、暴力攻击别人的细节，尤其是当时的想法及感受；对于别人提出的意见和建议，真心地接受并改进是另一个重要的目标，借此你才能够与他人建立良好的关系，进而更好地认识自己。此外，学习适当地面对他人，你将能够学会有效地自我坚持。当你诚心地接受他人的面质时，你才不会忽略自己未察觉到的一些问题。

五、初期常遇到的问题

（1）自我表白。

（2）有效地沟通。

（3）诚实反馈。

（4）控制攻击性冲动。

（5）理智思考。

（6）进行面质。

（7）表达愤怒等级。

（8）察觉愤怒情绪。

（9）观察对方情绪变化。

参考上述问题，根据你对自己的了解，在团体中讨论你可能遇到的问题。

六、知情同意书的说明及签订团体契约

根据团体心理辅导作业规定和模式，由训练师拟定并与成员共同探讨、修改与签订团体契约。

七、课后作业

你对参加愤怒控制训练活动有什么感受和期待？（不少于 500 字）

第二周　激惹因素

一、目标及事前准备

主题	主要目标	训练师的准备
激惹因素	◎帮助成员了解和掌握愤怒的常识、基础理论 ◎掌握项目训练的基本原理和方法 ◎识别和评估激惹因素 ◎建立自己的愤怒激惹因素等级表	◎愤怒控制基本原理及方法讲义、PPT ◎事先学习与掌握愤怒基础知识和名人制怒格言故事若干 ◎搜集愤怒激惹因素分类和表现等相关知识，便于成员学习和了解 ◎《激惹因素筛查评估等级划分表》 ◎制定激惹因素等级分值评估标准

二、愤怒的基本知识

愤怒是人类在受到挫折时产生的一种紧张而不愉快的原始情绪。愤怒产生的基本原因是挫折，愤怒的产生与人需要的满足密切相关，当人的某种目的不能达到时，就有可能产生愤怒。

对愤怒的处理因人而异。愤怒有多种表现形式，在许多情况下，愤怒会通过攻击形式表现出来。通常情况下，不加控制的愤怒情绪都有可能导致攻击行为。

三、愤怒控制训练的基本原理

愤怒控制训练的基本原理是通过思维、言语、行动方面的训练，增强人们对愤怒情绪的控制能力。研究表明，内部言语可以调节外显行为。

四、愤怒控制训练的基本程序

愤怒控制训练包括"激发因素+身体线索+愤怒减弱因素+提醒话+自我评价"等多个步骤的练习。愤怒控制训练首先要帮助成员学会在愤怒情绪产生时及时察觉它，并且看到在处于愤怒情绪时，自己是如何错误理解和解释别人的行为的。愤怒控制训练的目的有两个：（1）帮助成员减少愤怒唤醒的频率。（2）教给成员控制愤怒的方法，使他们在产生愤怒情绪时能够控制并避免愤怒情绪的加剧和恶化。

五、愤怒控制训练基本方法

训练师要指导成员练习愤怒控制的步骤，也就是指导成员进行角色扮演活动，要对成员是否成功地按照训练师的示范进行练习的情况给予反馈。要监督成员在训练课程之后进行练习和实践，也就是要布置课外作业。基本方法包括以下四种。

（1）示范。

（2）角色扮演。

（3）表现反馈。

（4）课外作业。

六、情绪梳理卡

（一）目的

讲解情绪的基本知识，帮助成员了解自己的情绪状态和心理感受，为甄别不同情绪进行先期学习准备。

（二）方法

（1）训练师介绍情绪的基础知识和主要类别，主要内容如下：情绪是无所谓好与坏的，主要看如何去认识和处理自己的各种情绪。不良情绪需要进行管理，管理情绪的方式是可以学习的。相比而言，愤怒情绪更容易失去控制，进而诱发暴力攻击行为。

（2）发给每个成员《情绪梳理卡》，要求成员填写最近的主要情绪状态，梳理自己高兴的事情和心情。

（3）评估自己的情绪常态和调节情绪的小方法。

（4）组织交流分享，帮助成员学会梳理自己的近期情绪，提高情绪察觉和调节能力。

（三）要求

（1）训练师对情绪的介绍要深入浅出、符合成员文化背景和学习能力，避免生涩用语，多用生活化语言和案例。

（2）要对《情绪梳理卡》进行讲解和举例示范，确保成员正确理解和完成，对于有困难的成员要进行个别指导，确保所填信息真实、准确。

（3）训练师对于每个人的情绪梳理卡进行检查，待全部完成后，进行分享交流，对于表现出色的成员及时表扬和鼓励，对于好的方法要进行点评和推广。

（4）确保每个成员都发言交流，特别要鼓励不爱发言的成员交流，促进团队融合。

七、心情涂鸦

（一）目的

帮助成员用绘画的形式描述自己的心情，表达自己的感受和情绪。

（二）方法

（1）将一张 A4 白纸发给每个成员，要求成员将自己近期体验到的主要情绪画下来。

（2）进行展示、讲解和交流，帮助成员了解自己的各种情绪。

（3）教育引导成员学习用书画涂鸦的形式表达自己的心情，将抽象的心情具体展现在纸上，直面自己的心情。

（三）要求

（1）简单介绍心情涂鸦的起源和要求。

（2）示范讲解心情涂鸦的方法。

（3）指导成员回顾情绪、创作心情涂鸦作品，并进行交流分享。

八、激惹因素体验

当……时，你是如何感受的？

（一）目的

提供一种场景，让成员联想与之对应的情绪。帮助成员有效识别自身愤怒的激发因素，并根据激发力度建立自己的激发因素等级清单，做好激发因素防控工作，减少愤怒和攻击行为的发生。

（二）方法

（1）训练师列出很多生活的情境因素，要求成员认真聆听并且想象自己遇到这种情形会怎样感受。

（2）让成员坐在椅子上，进行肌肉放松训练，并闭上眼睛，提供以下情景。

·坐地铁时由于人多拥挤，有一个中年男子不小心踩了你一脚，并且他装作没有看见。（被他人冒犯）

·你期待已久的演唱会还有 5 分钟就要开始了，可你被堵在赶往会场的路上。（堵车）

·你好心救助昏倒在地的老人，却被老人和家人诬陷为肇事者。（被诬陷）

·你和小李上班都迟到了 10 分钟，老板却只扣了你的奖金，而没有扣小李的。（不公正待遇）

·在上课时，别人主动与你聊天被民警发现，却只对你进行了批评教育和扣分处理。（被误解）

·家人可能因为有事，没有来所会见你。（被忽视）

（三）要求

（1）训练师要充分帮助成员进行放松训练，以使其能够以最好的情绪状态参加训练。

（2）训练师可以用视频、语言、文字和角色扮演等多种形式展现激发情境。

（3）训练师也可以让成员结合自己的生活经历，提供新的激发情境。

（4）训练师要指导成员根据各因素对愤怒的激发程度，建立自己的 1~10 或 1~5 激发因素等级清单。

九、课后作业

根据自己的愤怒激发因素，建立愤怒激发因素等级清单。

第三周　愤怒 ABC 模式

一、目标及事前准备

主题	主要目标	训练师的准备
愤怒 ABC 模式	帮助成员认识愤怒的原理和过程，学习 ABC 认知方法 ◎了解愤怒的原理和过程 ◎掌握愤怒的等级划分表现 ◎理解运用愤怒 ABC 解决愤怒情景中的认知偏差 ◎将 ABC 模式运用到实际生活中 ◎掌握《烦恼日志》的原理和方法	◎事先学习愤怒的原理、过程和等级表现，并制作讲义和 PPT ◎了解 ABC 理论的含义和现实表现，事先收集生活中的实例进行讲解 ◎《诺瓦克愤怒量表》 ◎《烦恼日志》

二、愤怒的原理和危害

愤怒情绪是人心理过程的一种状态，如不加以控制易引发暴力攻击行为。

愤怒情绪不利于身体健康。世间万事，危害健康最甚者，莫过于愤怒。《黄帝内经》就明确指出："百病生于气。"愤怒就像在喝酒，一旦你喝了第一杯，就会一杯接着一杯地喝下去，越喝越醉，愤怒就像酒瘾一样，让易怒的人控制不得，一旦陷入愤怒的情绪里就无法自拔。愤怒情绪失控会破坏人际关系。

三、愤怒 ABC 模式

（一）目的

训练师让成员明白、掌握愤怒 ABC 模式，并学会用 ABC 模式分析自己遇到的冲突情境；有效识别愤怒的外部和内部激惹因素。

（二）过程

（1）ABC 模式含义。每种冲突情境都有激惹因素（A）、行为（B）和后果（C）这三个部分，称之为 ABC 模式。

（2）激惹因素分类。激惹因素分外部激惹因素和内部激惹因素。①外部激惹因素是指一个人为了激怒别人而进行的行为。外部激惹因素可以是言语性的，如恶毒的辱骂；也可以是非言语性的，如推搡别人，向别人作出挑衅的姿势。②内部激惹因素主要是指个人在面临外部激惹因素时产生的思维活动和自我语言。

（3）愤怒激发的机制。研究表明，在大多数情况下，引起愤怒唤醒和攻击行为的往往是外部激惹因素。不过，内部激惹因素对个人是否产生愤怒情绪和攻击行为也是很重要的。外部激惹因素和内部激惹因素相互结合，共同引起高度的愤怒唤醒和攻击行为。

（三）要求

（1）训练师要详细讲解本部分概念和内容，它对于后续训练工作的开展具有重要作用。

（2）特别是内外激发因素在愤怒控制中的运行机制，需要阐述清晰。

（3）帮助成员认识到激发因素、愤怒失控和暴力攻击行为三者之间的辩证关系。

四、愤怒识别

（一）目的

帮助成员认识和了解愤怒来临时自己生理和心理上的变化，正确判断自己和他人的情绪状态，做好愤怒预警工作。

（二）过程

（1）分享经验。训练师先向成员分享自身觉察愤怒的心得和方法，如血压上升、心跳加快、一股气堵在心中、太阳穴发胀、肌肉紧张、双手握拳、声调提高、语速加快等。

（2）共同研讨。组织成员交流各自觉察愤怒的方法。

（3）总结归纳。训练师把大家识别愤怒的方法进行归纳总结，按照生理信号、心理信号、情感信号、认知信号进行分类，帮助成员系统掌握愤怒识别方法。

（三）要求

（1）训练师要进行自我开放，为成员研讨愤怒信号进行技术示范，最好结合生活实例进行，便于成员学习理解。

（2）对于成员研讨中出现的新的线索和信号，要进行及时甄别、确认并点评。

（3）对于研讨的结果，要进行分类规范，力求让成员系统掌握愤怒的识别方法。

五、《烦恼日志》

（一）目的

通过《烦恼日志》技术帮助成员熟悉、剖析和记录自己生活中的烦恼事件的时间、地点、缘由、感受、处理方式、后果和现在的影响，找到自身愤怒的激发因素。

（二）过程

（1）训练师向成员展示《烦恼日志》的样品，要求每个成员朗读其中的不同条款。

（2）解释《烦恼日志》的重要性。一是它提供过去一周中发生的冲突的精确细节。二是能够帮助成员懂得：什么因素使他们愤怒？他们如何处理了这些冲突情境？这方面的信息可以促使他们发生转变，不再产生坏情绪。三是它可以提供在以后的训练课程中进行角色扮演的内容或者素材，因为使用真正发生过的情境作为角色扮演的素材，会产生更好的效果。

（三）要求

训练师要求成员要在《烦恼日志》上填写遇到的问题情境、解决的方法以及在这种情境中如何产生愤怒或攻击行为的情况。到这个时候，训练师要使每个成员都要学会如何准确填写《烦恼日志》，使每个成员都能够把自己最近遇到的烦恼填写进去。然后，可以检查《烦恼日志》，纠正对讲解的错误解释。要让成员记住，在事件发生之后，要尽可能迅速地填写《烦恼日志》。可以为成员提供一个文件夹，使他们能够很好地保存《烦恼日志》。

六、愤怒的测量

（一）目的

帮助成员使用《诺瓦克愤怒量表》测查自己的愤怒程度，了解自己的愤怒指数，做好愤怒情绪的准确评估。

（二）过程

（1）训练师向成员介绍《诺瓦克愤怒量表》的来源、测试和计分方法。

（2）训练师将量表发给每个成员，并监督指导成员完成测试工作，确保测试真实、准确。

（3）训练师待到成员全部测试完毕，指导成员进行自我统计计分，宣布各测试分数测试结果，组织成员结合生活实例进行研讨。

（三）要求

（1）训练师对量表的介绍要简洁、通俗，让成员明确测量方法和要求，确保操作正确。

（2）对于成员完成量表要进行观察和指导，避免成员应答错误或不理解题目而胡乱应答。

（3）训练师在公布测试结果时，要结合分数进行举例说明，帮助成员正确理解愤怒分数的实际意义。

七、课后作业

（1）填写《情绪表达性问卷》，思考自身情绪表达方式。

（2）填写《烦恼日志》。

第四周　减弱因素

一、目标及事前准备

主题	主要目标	训练师的准备
减弱因素	◎帮助成员学习掌握愤怒控制的减弱因素 ◎利用角色扮演训练成员运用减弱因素控制愤怒情绪 ◎学会甄别内外激发因素和相应的应对方法，避免愤怒失控导致攻击行为	◎事先学习与理解愤怒控制的减弱因素的种类、原理和操作方法 ◎每种减弱因素都要准备好成员生活中可以使用的场景和问题，提高针对性 ◎使用角色扮演技术训练成员使用减弱因素 ◎指导成员甄别内外激发因素，有针对性地选择减弱方法

二、情绪识别

（一）目的

帮助成员学习不同情绪的表情和行为特征，通过观察、识别，提高对于情绪的识别能力。

（二）过程

（1）展示图片，猜表情。训练师将收集到的人类表情图片逐一呈现给成员，要求成员对情绪进行识别，特别是对愤怒、忧伤、恐惧等不良情绪的识别，提高成员对表情的识别能力，通过表情识别他人的情绪状态。

（2）表情研讨。你自己在活动中对表情的识别正确率如何，能够准确识别愤怒吗？你自己在日常生活中是如何表达愤怒情绪的？你周围的朋友是用什么方式表达愤怒的，你能知道他在生气吗？

（3）角色扮演。每个成员选取一个自己的经典表情要其他人猜猜看，以此锻炼成员的情绪表达和识别能力。

（三）要求

（1）训练师要利用 PPT 展现人类不同情绪的表情和肢体语言，要求成员准确识别愤怒情绪。

（2）研讨中要启发成员展现自己的愤怒表达形式，提高别人对自己的识别水平。

（3）利用角色扮演强化成员对他人愤怒或其他表情的识别。

三、减弱因素

（一）目的

帮助成员识别愤怒后，采取有效办法减弱愤怒唤醒，降低攻击行为爆发，增强自我控制和个人力量。

（二）过程

（1）减弱因素介绍。

愤怒情绪的减弱因素主要有三种。训练师要指导成员在了解愤怒的激惹因素、身体线索之后，学会使用减弱因素。要根据成员在角色扮演中使用减弱因素的表现，给予反馈。

（2）减弱因素愤怒唤醒训练。

①深呼吸。进行缓慢吸入的呼吸，可以使成员在压力情境中作出比较适度的行为反应。可以举例向成员说明深呼吸的积极作用。例如，运动员在比赛之前进行深呼吸从而缓解自己的紧张情绪。要提醒成员注意自己的愤怒信号，告诉他们如何通过深呼吸缓解紧张情绪，减轻紧张的身体症状。然后，训练师进行示范，让成员进行角色扮演，并根据"激惹因素+身体线索+深呼吸"的顺序，对角色扮演的情况给予反馈。

②倒着计数。在压力情境中缓解紧张情绪、增强个人力量的第二种方法是无声地按照一定速度倒着计数，如从20数到1。可以指导成员，在可能的情况下，一边倒着计数，一边离开具有挑战性的人或冲突情境。倒着计数是一种自动降低愤怒唤醒水平的策略，这种策略的使用可以使个人获得一定的时间，思考如何作出最有效的反应。训练师可以通过示范，让成员进行角色扮演，并根据"激惹因素+身体线索+倒着计数"的顺序对角色扮演的情况给予反馈。

③愉快想象。缓解紧张情绪的第三种方法是在宁静的场景中进行想象。例如，想象"正躺在海滩上，阳光温暖，微风轻拂"。要鼓励成员想象能够获得宁静与放松的场景。训练师进行示范，让成员进行角色扮演，并根据"激惹因素+身体线索+愉快想象"的顺序对角色扮演的情况给予反馈。

（三）要求

（1）训练师在进行减弱因素讲解时，都要进行实例讲解和技术示范，确保每个成员都能够正确理解如何使用减弱因素。

（2）训练师要求每个成员确定一个激发因素情境，分别使用不同减弱因素进行训练，体会不同减弱因素的实际效果，并最终选择对自己最有效的减弱因素。

（3）同时对角色扮演中成员技术使用情况和效果进行点评和反馈，促使每个成员正确使用减弱因素。

四、愤怒减弱我会做（技术演示）

（一）目的

帮助成员将愤怒减弱技术运用到自己的生活中，提高愤怒控制能力。

（二）过程

（1）训练师根据成员的《烦恼日志》记载的冲突问题，创设冲突情境。

（2）要求成员进行角色扮演，体验冲突情境和情绪感受。

（3）指导成员使用减弱因素控制愤怒情绪。

（4）组织成员进行活动分享，交流使用减弱因素的心得和体会。

（三）要求

（1）训练师情境创设要符合成员生活实际，便于成员进行角色扮演。

（2）要选择技术掌握较好的成员进行示范和分享，带动其他成员学习应用。

（3）训练师要指导成员选择对自己最有效的减弱方法，并进行生活化训练。

五、课后作业

在未来一星期内，至少使用三种减弱因素处理可能会引起愤怒的冲突情境。完成《烦恼日志》，在《烦恼日志》中描述使用减弱因素处理冲突情境的情况，并注明使用了哪一种减弱因素。

第五周　提醒话

一、目标及事前准备

主题	主要目标	训练师的准备
提醒话	◎了解、掌握自我暗示的原理、表现和积极作用 ◎掌握提醒话的技术方法和具体要求 ◎寻找符合自己的自我提醒话，并进行强化训练	◎熟悉自我暗示的原理和60秒强化法操作演示 ◎收集人们日常生活中运用自我暗示的实例，特别是成员的实例 ◎《自我暗示语言采集表》 ◎自我暗示遏制愤怒言语训练

二、"60秒PR法"自我暗示

（一）目的

鼓励成员进行自我暗示，改变自我形象，增强自我力量感和控制感。

（二）背景

美国的一位心理学家设计了"60秒PR法"的放松方法。它要求一个人每天花60秒钟以讲演的形式简洁地描述自己的天赋和能力以及自己应该达到的成功目标。这种方法的实质就是做积极的自我暗示。根据行为科学的理论，一个人对自己失去信心、垂头丧气、沮丧忧郁，必然会产生一种厌恶和否定自己的自卑情绪。要克服这种不良情绪，就要时常赞美自己的优点和长处，鼓励自己在人生道路上勇敢奋进，对未来充满信心和希望，以塑造出全新的自我形象。

（三）过程

（1）训练师要求成员每天早晨起床后和晚上睡觉前，各用一分钟左右的时间进行积极的自我暗示。

（2）在自我暗示的前半部分，要选择一些积极、肯定并富有激励性的语言，并固定下来。

（3）天天背诵做到反复强化。例如，"我正在进行愤怒控制训练，我一定有能力控制好愤怒情绪的"，"我是有能力的，我在各方面都会越来越好"。

（四）要求

（1）训练师要向成员介绍自我暗示的原理和作用，使成员相信自我暗示的积极效果。

（2）指导成员学习掌握"60秒PR法"的放松方法，形成自我激励的语言。

（3）训练师要帮助成员建立起日常训练机制，鼓励成员坚持训练，才能取得实际效果。

三、自我提醒话

（一）目的

帮助成员学习了解提醒话的基本知识和原理，掌握自我提醒的方法。

（二）方法

（1）原理介绍。提醒话是指能够用来帮助个人成功应对各种压力情境的自我语言活动。在体育运动和其他许多活动中，都有使用提醒话的例子。例如，在篮球运动中，运动员在投罚球时，他可能会自言自语地说："弯曲膝盖，投篮成功。"可以让成员列举一些他自己常用的提醒话——自言自语的话。

（2）生活实践。训练师可以举例讲解，让成员写出一个清单，列出他们最近日常生活冲突情境中使用过的提醒话，这些提醒话可以从《烦恼日志》中寻找。

（3）通用提醒话。一些提醒话可以普遍使用，适用于所有的愤怒情境。例如，"别着急！""放松！""冷静！""镇定！"

（4）示范提醒话。训练师可以向成员示范如何在冲突情境中使用提醒话，以便增强自我控制和个人力量，同时要提醒成员，应避免使用内部激惹因素。例如，在受到别人欺负时，要对自己说"冷静！"而不要对自己说"打他！"训练师最初可以让成员大声地说出提醒自己的话。随着训练的进行，要达到成员能够无声地对自己说提醒话的目标。可以通过逐步训练实现这个目标。

（三）要求

（1）训练师要明确提醒话技术在控制愤怒链条中的重要作用，让成员高度重视自我提醒话的训练。

（2）训练师要启发成员结合既往经历，梳理、总结自己的常用提醒话，分析使用情景和效果，特别是负性激发内部因素的提醒话要禁止使用。

（3）帮助成员学习掌握正向控制愤怒的提醒话，并组织成员进行训练，提高成员在日常生活中使用提醒话的水平。

四、愤怒控制训练

（一）目的

帮助成员学习和巩固前期学到的知识和技术，并进行生活化连锁训练，提高愤怒控制技能的整体操作水平。

（二）过程

（1）确定技术路线。训练师要根据"激惹因素+身体线索+愤怒减弱因素+提醒话”的顺序，示范角色扮演。

（2）确定扮演情境。让成员根据《烦恼日志》中记录的冲突情境进行角色扮演。

（3）进行角色分工。在角色扮演中，主要演员要进行下列工作：识别外部激惹因素和内部激惹因素；识别愤怒线索；使用愤怒三种减弱因素；自言自语地说提醒话。

（4）技术指导。如果主要演员在说提醒话方面有问题，训练师可以在适当时间平静地提供例子，供其参考。

（5）循序渐进。角色扮演的重点是，要逐渐从大声说提醒话过渡到小声说提醒话，最后达到心中无声地说提醒话的效果。训练师要根据成员的表现情况，对角色扮演的情况给予反馈。

（三）要求

（1）训练师要根据成员的技术水平选择角色扮演的主题场景、主要角色和演员。

（2）对于成员使用愤怒控制技术进行指导，特别是提醒话的使用指导。

（3）要安排多重角色扮演，让每个成员都有上台演示的机会。

五、冲突“三部曲”

（一）目的

帮助成员了解愤怒情绪产生的具体过程，学习控制愤怒的理性思维方法和行为模式。

（二）过程

（1）原理介绍。训练师向成员介绍冲突情景产生的“三部曲”，帮助成员分析自己的愤怒激发因素和处理方式，使其学会正确思考问题。

（2）技术操作。什么因素引起某个问题？什么因素加剧这个问题使其演变成为冲突？在这个过程中个人有什么行为反应？产生了什么后果（包括对自己和对别人的后果）？

（三）要求

（1）冲突“三部曲”是转变成员错误暴力认知的重要环节，要使成员掌握冲突产生的关键环节。

（2）训练师要结合生活实例，介绍"三部曲"操作步骤，阐明技术要点，特别是激惹因素分析、行为观察和后果预判环节，使成员能够正确使用冲突"三部曲"分析生活中的冲突情境，作出正确的分析和判断。

（3）训练师要特别强化对事件后果的预判分析，为进一步学习事先思考奠定基础。

六、课后作业

练习使用冲突"三部曲"来处理自己最近一次产生的愤怒情绪。

第六周　自我评价

一、目标及事前准备

主题	主要目标	训练师的准备
自我评价	◎了解、掌握自我评价的原理、表现和积极作用 ◎掌握自我评价的技术方法和具体要求 ◎通过强化训练，逐步建立自己愤怒控制的自我评价系统	◎收集生活中自我评价的实例，组织成员进行发掘和研讨 ◎讲解并指导成员检查和建立自我评价体系和评价技术 ◎愤怒控制链贯穿练习

二、自己的愤怒水平

（一）目的

帮助成员了解自己的愤怒水平，知道自己存在的问题和改进方法。

（二）过程

（1）训练师将调查问卷发给每个成员。

（2）指导成员根据自身实际作答。

（3）完成后对照标准进行分数解释，帮助成员了解自己的脾气特点，以及脾气不好的程度。

（4）组织研讨，为脾气不好的成员提供改进方法，并进行具有针对性的指导。

（三）要求

（1）训练师要熟悉问卷内容，并向成员进行系统讲解，确保成员正确理解和作答。

（2）对于愤怒水平不同的成员要与之进行交流，归纳、总结影响他们各自愤怒水平的因素。

（3）对愤怒水平高的成员进行有针对性的辅导，提高其对愤怒情绪的觉察能力。

三、自我评价

（一）目的

培养成员愤怒控制训练的自我奖赏和学习系统。

（二）原理

自我评价是一种可以对成员发挥多种作用的评价方式，其作用如下：（1）判断自己处理某种冲突的情况；（2）如果处理得好就奖励自己（自我奖赏）；（3）帮助自己发现能够更好地处理冲突的方法（自我训练）。

（三）过程

（1）训练师指导自我评价是通过使用与冲突情境之后的情感和思想有关的提醒话进行的。

（2）技术示范。训练师可以说一些话，使成员能够借用这样的提醒话进行自我奖赏。例如，"我真的保持了冷静""我确实控制住了自己""我真的没有发火"等。或者当成员在冲突情境中不能保持自我控制时，可以借用这样的提醒话来训练自己。例如，"我需要更多关注我的线索"。

（3）自我实践。可以让每一个成员根据《烦恼日志》的记录，写出一系列在冲突情境中可以进行自我奖赏和自我训练的提醒话。可以个别地或者集体地讨论这些提醒话。

（四）要求

（1）训练师要讲清楚自我评价的奖赏作用，以提高成员的重视程度。

（2）对自我评价技术重点演示，确保成员准确掌握自我评价的方法。

（3）汇总成员日常生活中常用的自我奖赏和自我训练的提醒话，进行巩固训练。

四、愤怒控制训练

（一）目的

帮助成员系统巩固训练愤怒控制技术，并综合运用，提高个体愤怒控制能力。

（二）过程

（1）确定技术路线。训练师要根据"激惹因素+身体线索+愤怒减弱因素+提醒话+自我评价"的顺序，示范角色扮演。

（2）突出技术要点。在示范过程中，要强调自我奖赏性提醒话和自我训练性提醒话。

（3）筛选训练主题，并让成员根据《烦恼日志》中记录的冲突情境进行训练。

（4）确定扮演步骤。让主要演员按照下列步骤进行角色扮演：识别外部激惹因素和内部激惹因素；识别愤怒线索；使用愤怒三种减弱因素；自言自语地说提醒话；评价自己的表现，进行相应的奖赏和训练。训练师要根据成员的表现情况，对角色扮演的情况给予反馈。

（三）要求

（1）训练师帮助成员回顾愤怒控制链的主要环节和技术。
（2）安排掌握技术较好的成员参与扮演。
（3）对于扮演中的表现及时点评，技术不到位的及时纠正。
（4）对于技术薄弱的成员也要安排扮演机会，以便进行现场纠正，提高技术水平。

五、课后作业

自我评价的提醒话有哪些？

第七周 事先思考

一、目标及事前准备

主题	主要目标	训练师的准备
事先思考	◎学习掌握愤怒控制的事先思考的方法 ◎训练使用事先思考减弱愤怒水平	◎预习事先思考的原理技术和句式，准备生活应用实例 ◎准备《烦恼日志》中的事件进行思考训练 ◎引导成员应用事先思考检查自己的问题

二、《情绪温度计》

（一）目的

帮助成员了解情绪的觉察和评估方法，使用量化的形式了解愤怒的温度和心理感受。

（二）过程

（1）训练师讲解情绪测量的基本知识，指出情绪也是可以测量的，帮助成员树立观察、测试和评估情绪的信心。

（2）训练师将《情绪温度计》问卷发给每个成员，指导其如实填写，帮助成员了解自己的愤怒原因、发泄方式以及心理变化，提高个体对情绪的察觉力度。

（3）训练师将《情绪温度计》结果告知成员，要求进行交流分享，测查成员对自己情绪愤怒状态的觉察能力。

（4）结合实际帮助成员梳理缓解愤怒情绪的小办法。

（三）要求

（1）训练师要熟悉情绪的基础知识，并结合生活实际给成员讲解清楚。

（2）加强对成员测量问卷填写的指导，对于成员提出的问题及时予以解答，从而确保测查结果真实、可靠。

（3）训练师要注重对成员愤怒缓解方法的总结、指导，以提高成员的愤怒控制水平。

三、事先思考

（一）目的

通过事先思考的减弱因素，进一步降低成员的愤怒唤醒水平，减少攻击行为的发生。

（二）过程

（1）基本概念。事先思考是通过判断目前行为可能引起的后果来控制冲突情境中产生愤怒情绪的一种方法。训练师可以提 ABC 模式，让成员认识到，事先思考可以帮助他们在采取行动之前推断可能发生的后果，这对他们是有利的。

（2）结果选择。训练师要区别短期结果和长期结果，鼓励成员更多地考虑长期结果。例如，反映短期结果的话是"如果我现在给他一拳，他就会闭嘴"；反映长期结果的话是"如果我现在给他一拳，我就会因违纪被禁闭 10 天"。可以要求成员列出一个清单，记录在过去的生活经历中特定的攻击行为对自己和他人产生的短期结果和长期结果。

（3）最后，训练师要解释攻击行为的内部后果和外部后果。例如，外部后果包括被处分、被禁闭，甚至加刑等；内部后果包括自我感觉不好、失去自尊等。训练师也可以谈谈社会后果，如失去朋友、被群体排斥等。让成员尽量多地列举攻击行为的各种消极后果，包括消极的外部后果、消极的内部后果、消极的社会后果；同时，让他们列举使用自我控制后产生的各种积极后果。

（三）要求

（1）训练师要将攻击的不利后果充分讲解到位，建立起长期后果的愤怒攻击约束机制。

（2）鼓励成员遇到冲突多考虑长期结果，抑制愤怒攻击冲动。

（3）鼓励成员多想自我控制的积极后果，树立自我控制愤怒的自信心。

四、"如果——那么"式的思维方式

（一）目的

使用固定句式训练成员的事先思维方式。

（二）过程

（1）训练师使用《烦恼日志》中记录的冲突情境作出"如果——那么"式事先思考的示范。例如，"如果我进行攻击行为，那么，就会发生因违纪被禁闭 10 天的后果"。

（2）帮助成员进行角色扮演，并根据成员在"如果——那么"式事先思考表演中的表现给予反馈。

（3）要强调指出，消极后果是提醒人们不进行攻击行为的额外的提醒物。

（三）要求

（1）"如果——那么"式事先思考要注重训练，使成员养成习惯，遇到问题首先事先思考。

（2）训练师要提醒成员多进行攻击行为消极后果训练，能够有效抑制愤怒和攻击行为。

（3）训练师将不利的后果进行总结、归纳，制成攻击行为不良后果清单，发给每个成员进行警醒教育。鼓励成员多想自我控制的积极后果，树立自我控制愤怒的自信心。

五、愤怒控制链

（一）目的

帮助成员系统掌握愤怒控制整体技术，提高技术使用水平。

（二）过程

（1）训练师对到现在为止的愤怒控制链进行示范："激惹因素+身体线索+愤怒减弱因素+提醒话+自我评价"。

（2）指导主要演员按照上述步骤，对《烦恼日志》中记录的冲突情境进行角色扮演，尝试使用愤怒减弱因素和事先思考。

（3）训练师要根据成员的表现情况，对角色扮演情况给予反馈。

六、课后作业

记录《烦恼日志》。

第八周　愤怒循环

一、目标及事前准备

主题	主要目标	训练师的准备
愤怒循环	◎帮助成员认识到愤怒是双方的行为，自己也有错误 ◎认清自身存在的易惹别人发怒的不好行为 ◎认真改正不良行为，阻断愤怒循环	◎实现学习和理解愤怒循环的意义，收集成员生活中的实例 ◎《自身不良行为清查表》

二、愤怒循环

（一）目的

帮助成员认识到自身存在的容易激惹他人愤怒情绪的言语和行为，学习改正自身容易激发别人愤怒的言语和行为，从自身改起，中断愤怒循环。

（二）过程

（1）愤怒循环。到目前为止，所有的工作都集中在别人让自己产生愤怒时怎么办的问题上。这一课开始研究愤怒循环，或者说自己如何使别人产生愤怒情绪的问题。

（2）技术示范。训练师可以列举可能使别人产生愤怒情绪的例子。例如，谩骂别人、拿别人的相貌开玩笑、推搡别人。

（3）生活实践。让每个成员思考并列举三种可能会使别人产生愤怒情绪的事情。

（三）要求

（1）训练师可以让所有成员都达成这样的协议：在未来的一星期内，通过使用事先思考的程序，改变这些问题行为。例如，"如果我这样做，那么，这个人就可能会愤怒，事情就会失去控制"。

（2）指导成员改变某种行为，也可以避免一些冲突，使成员变得受人喜欢或者拥有更多的朋友。

三、愤怒控制链

（一）目的

帮助成员学习和巩固愤怒控制技术和操作步骤，提高愤怒控制技术应用水平。

（二）过程

（1）训练师组织成员进行角色扮演，演练已经讲过的各种愤怒控制技术。

（2）示范演练。训练师可以示范上述的愤怒控制链："激惹因素+身体线索+愤怒减弱因素+提醒话+自我评价"。

（3）指导训练。指导成员对《烦恼日志》中记录的冲突情境进行角色扮演。主要演员除了使用别的步骤之外，还要使用各种愤怒减弱因素。训练师要根据成员的表现情况，对角色扮演情况给予反馈。

（三）要求

（1）愤怒控制训练是整个活动的核心，也是愤怒控制技术生活化迁移的重要形式，训练师要强化训练内容和形式，加强对个体愤怒控制技术的指导。

（2）训练师要设定不同的场景，选择不同的演员进行角色扮演和技术示范，提高每个成员的能力水平。

（3）训练师要注意常见冲突情境的心理剧本的收集和研究，形成经典训练情景和技术要点，提高角色扮演的规范化和科学化。

四、课后作业

记住已经达成的协议，在未来的一个星期中，至少要改变所识别出的三种行为中的一种。

第九周　愤怒控制链

一、目标及事前准备

主题	主要目标	训练师的准备
愤怒控制链	◎帮助成员正确熟练运用愤怒控制链的各种技术 ◎针对具体激惹因素采用不同控制技术 ◎通过角色扮演检验能力的提升	◎熟练掌握愤怒控制链各项技术要领，能够对成员技术运用情况进行指导和评价 ◎准备成员《烦恼日志》中常见的实例，编写技术应用示范脚本 ◎组织成员进行技术示范和交换体验

二、差异性情绪表达

（一）目的

帮助成员学习情绪表达和模仿，体验情绪表达的差异性。

（二）过程

（1）成员两人一组，一人扮演照镜子的人，要作出各种表情，一人扮演镜中成像。

（2）要模仿对方的样子，一轮表演完成后，两人互换角色。

（3）分享讨论：扮演镜中人模仿别人的表情时，自己是否也有情绪变化？通过这个练习，你感悟到什么？

（三）要求

（1）训练师要帮助成员认识到情绪表达的个体差异性，学会正确识别别人的情绪和表达自己的情绪。

（2）掌握情绪表达学习的方法和技巧，提高情绪表达的能力。

三、技能演示

（一）目的

帮助成员复习巩固学到的各类愤怒控制技术，使其掌握自身控制愤怒的技能。

（二）过程

（1）训练师可以指导成员对《烦恼日志》中记录的冲突情境进行角色扮演。

（2）在角色扮演中使用整个愤怒控制链："激惹因素+身体线索+愤怒减弱因素+提醒话+自我评价"。

（3）训练师要根据成员的表现情况，对角色扮演情况给予反馈，要特别注意成员是否综合使用了所有的步骤和技术。

（三）要求

（1）训练师要系统回顾学习到的各种技术和要点，帮助成员巩固练习。

（2）对于成员综合运用各种技术情况进行评价，发现运用不当的及时纠正。

（3）对于技能熟练、效果显著的成员要给予反馈与表扬。

四、评论《烦恼日志》

（一）目的

帮助成员回顾《烦恼日志》并比较评价的实际效果。

（二）过程

训练师检查填写完《烦恼日志》，继续对成员处理冲突情境的新方法给予强化。将成员在训练之初填写的《烦恼日志》与最后一个星期所写的《烦恼日志》进行比较，观察分析其中的变化。

（三）要求

（1）训练师要帮助成员系统分析、回顾《烦恼日志》的历程和效果。

（2）指导成员对《烦恼日志》进行比较研究，看烦恼的数量是否在减少。

（3）将《烦恼日志》技术继续应用到自己的生活实践中。

五、技术综述

（一）目的

回顾所有愤怒控制技术，帮助成员系统掌握技术要点，提高综合运用水平。

（二）过程

训练师简要重复在这个计划中学习和演练过的各种愤怒控制技术。

（1）通过自我控制增加个人力量。

（2）使用 ABC 模式。

（3）识别内部激惹因素和外部激惹因素。

（4）使用愤怒减弱因素。

（5）识别愤怒线索。

（6）说提醒话。

（7）进行自我评价。

（8）事先思考。

（9）认识愤怒行为循环。

（10）使用技能演示技术。

（三）要求

（1）对各种技术回顾要全面，技术要点不能遗漏。

（2）对愤怒控制链进行系统介绍和训练，确保愤怒控制联动反馈。

（3）训练师帮助成员总结愤怒控制的有效方法。

六、课后作业

说明你是如何在课后运用愤怒控制技术的。

第十周　愤怒预防

一、目标及事前准备

主题	主要目标	训练师的准备
愤怒预防	◎通过愤怒预防技术，减少发怒行为 ◎通过角色扮演，提升情绪控制水平 ◎通过综合技术训练，巩固愤怒控制训练效果	◎熟悉愤怒预防的原理和技术 ◎准备技术演示的实际案例，贴近成员生活 ◎注重总体技术的训练，提升愤怒控制效果 ◎做好成员项目结题的总结和评估

二、昔日重来（角色扮演）

（一）目的

使用成员自己经历的冲突事件，检验成员愤怒控制技术使用能力，从而减少暴力犯罪。

（二）过程

选择 1~3 个成员的犯罪事实，安排角色进行情景再现，检验当事成员使用"激发因素+身体线索+愤怒减弱因素+提醒话+自我评价"的顺序控制自己愤怒的能力和水平。

（三）要求

（1）选择的案例要有代表性，冲突情境影响暴力犯罪行为，使用新掌握的技术来化解。

（2）组织其他成员进行研讨，分享愤怒控制技术心得，提高生活化水平。

三、情景剧展演

（一）目的

用心理剧形式检验愤怒控制学习效果。

（二）过程

（1）训练师将成员随机划分成 2 组，每组选出 1 名组长。

（2）要求各组根据学习情况，选择愤怒控制技术的重要章节，设计 5 分钟内的技术示范心理剧，展现学习效果。

（3）确定主要演员、剧本和技术要点，并排练演出。

（4）综合评定。请现场观众进行评价打分，评出最佳表演奖和最佳演员奖。

（三）要求

（1）训练师要指导成员进行剧本创作和排练，将生活与技术融合在一起，形成技术示范教学情景剧。

（2）对于好的剧本和演员进行表彰，鼓励成员继续将愤怒控制学习、应用进行到底。

四、课后作业

总结参加十周训练的感受和收获。

附　录

附录一

轻刑暴力犯基本信息及矫治需求调查问卷

此问卷的结果主要用于课题研究，请不要有顾虑。请根据自己的实际情况作答，答案并无对错之分。回答时请注意如下问题。

（1）根据你的实际情况作答，保证真实性。

（2）选择符合你情况的选项填写在【　　】内。

（3）每题只需选择 1 个答案，如没有符合你的选项，请在空白处补充。

第一部分　个人基本情况调查

1. 你的年龄：　　　　　　　　　　　　　　　　　　　　【　　】

（1）未满 18 岁　（2）18～22 岁　（3）23～25 岁　（4）26～30 岁

（5）31～35 岁　（6）36～40 岁　（7）41～45 岁　（8）46～50 岁

（9）51 岁以上

2. 你的民族：　　　　　　　　　　　　　　　　　　　　【　　】

（1）汉族　（2）少数民族（具体民族：　　　　　　）

3. 你的文化程度：　　　　　　　　　　　　　　　　　　【　　】

（1）文盲　（2）小学未毕业　（3）小学毕业　（4）初中未毕业

（5）初中毕业　（6）高中、中专和技校毕业　（7）大专毕业

（8）大学以上

4. 你的婚姻状况：　　　　　　　　　　　　　　　　　　【　　】

（1）未婚　（2）已婚　（3）离婚　（4）同居　（5）丧偶

5. 你的夫妻关系（未婚者不需填写）：　　　　　　　　　【　　】

（1）非常亲密　（2）一般　（3）感情不好　（4）经常吵嘴

（5）常打架　（6）准备离婚　（7）其他

6. 你有兄弟姐妹吗？ 【　　】

(1) 没有　　(2) 有 1 个兄弟姐妹　　(3) 有 2 个兄弟姐妹

(4) 有 3 个以上兄弟姐妹

7. 你与兄弟姐妹的关系如何？ 【　　】

(1) 没有兄弟姐妹　　(2) 关系不好，不怎么来往　　(3) 关系一般

(4) 关系还可以　　(5) 关系很好，经常联络

8. 你的近亲属中有因为违法犯罪被拘留、劳教或判刑的吗？【　　】

(1) 没有　　(2) 有，2 人以下　　(3) 有，2 人以上

9. 判刑之前你的平均月收入约多少？ 【　　】

(1) 0~500 元以下　　(2) 500 元~800 元　　(3) 800 元~1000 元

(4) 1000 元~2000 元　　(5) 2000 元~3000 元　　(6) 3000 元以上

10. 判刑前你的经济生活有困难吗？ 【　　】

(1) 没有困难　　(2) 有些困难　　(3) 非常困难

11. 你在读书时候的成绩： 【　　】

(1) 优　　(2) 良　　(3) 中　　(4) 差

12. 你在学校表现： 【　　】

(1) 好　　(2) 中　　(3) 差　　(4) 很坏

13. 在校表现具体为： 【　　】

(1) 曾经辍学、退学　　(2) 经常逃学、打架

(3) 正常毕业但成绩不好　　(4) 成绩优异毕业

14. 学习期间是否受到过学校的奖励或表扬： 【　　】

(1) 受过多次　　(2) 受过一次　　(3) 没受过

15. 你有吸毒行为吗？ 【　　】

(1) 没有　　(2) 偶尔吸一点　　(3) 经常吸

16. 你吸食毒品的种类是： 【　　】

(1) 传统毒品　　(2) 混合吸食　　(3) 合成毒品

17. 你吸毒的方式是： 【　　】

(1) 独自一人　　(2) 和同伙一起吸　　(3) 娱乐场所　　(4) 网络群吸

18. 你判刑前的住房状况： 【　　】

(1) 租住楼房　　(2) 租住平房　　(3) 住在单位（或工地）

(4) 自有房屋或与亲属同住　　(5) 住宾馆旅店　　(6) 居无定所

(7) 与朋友合住

19. 你所居住的社区或邻里中有无盗窃、吸毒、赌博、酗酒、打架斗殴的现象？　　　　　　　　　　　　　　　　　　【　　】

(1) 没有　　(2) 有一些　　(3) 很普遍

20. 你有喝酒、酗酒行为吗？　　　　　　　　　　　　　　【　　】

(1) 不喝　　(2) 有时喝一点　　(3) 经常喝　　(4) 经常喝醉

21. 你目前的家庭人口是：　　　　　　　　　　　　　　　【　　】

(1) 1 人　　(2) 2 人　　(3) 3 人　　(4) 4 人　　(5) 5 人及以上

22. 你的家庭由几代人构成？　　　　　　　　　　　　　　【　　】

(1) 一代　　(2) 二代　　(3) 三代　　(4) 四代

23. 你的家里除你之外还有违法犯罪的人吗？　　　　　　　【　　】

(1) 没有　　(2) 1 个　　(3) 2 个　　(4) 3 个　　(5) 4 个以上

24. 你幼时成长在：　　　　　　　　　　　　　　　　　　【　　】

(1) 农村　　(2) 城市　　(3) 城乡结合地区　　(4) 居无定所，四处流浪

25. 你在家中的排行是：　　　　　　　　　　　　　　　　【　　】

(1) 行大　　(2) 行中　　(3) 老末　　(4) 独生子（女）

26. 你的出生情况：　　　　　　　　　　　　　　　　　　【　　】

(1) 亲生子（女）　　　(2) 收养子（女）

(3) 私生子（女）　　　(4) 弃婴

27. 在你幼年的时候有无家庭变故：　　　　　　　　　　　【　　】

(1) 无　　(2) 父母一方死亡　　(3) 父（母）离家出走

(4) 父母离婚　　(5) 父母双亡　　(6) 父（母）再婚

28. 你父亲的职业：　　　　　　　　　　　　　　　　　　【　　】

(1) 国家公职人员　　(2) 工人　　(3) 农民　　(4) 个体户

(5) 进城务工人员　　(6) 临时工　　(7) 待业　　(8) 其他

29. 你母亲的职业：　　　　　　　　　　　　　　　　　　【　　】

(1) 国家公职人员　　(2) 工人　　(3) 农民　　(4) 个体户

(5) 进城务工人员　　(6) 临时工　　(7) 待业　　(8) 其他

30. 你父亲的文化程度：　　　　　　　　　　　　　　　　【　　】

(1) 大专以上　　(2) 高中（中专、技校）　　(3) 初中

(4) 小学　　(5) 文盲

31. 你母亲的文化程度：　　　　　　　　　　　　　　　　【　　】

(1) 大专以上　　(2) 高中（中专、技校）　　(3) 初中

(4) 小学　　(5) 文盲

32. 你父亲的政治面貌：　　　　　　　　　　　　【　　　】

(1) 中共党员　　(2) 曾是共青团员　　(3) 民主党派　　(4) 群众

33. 你母亲的政治面貌：　　　　　　　　　　　　【　　　】

(1) 中共党员　　(2) 曾是共青团员　　(3) 民主党派　　(4) 群众

34. 你的父母或抚养人有无以下行为：　　　　　　【　　　】

(1) 很有教养　　(2) 有恶习（如嗜赌、酗酒、吸毒等）

(3) 受过行政处分（如开除、拘留、劳教等）　　(4) 判过刑

(5) 其他

35. 父或母（抚养人）的健康状况：　　　　　　　【　　　】

(1) 健康　　(2) 生理残缺　　(3) 长期卧病在床

(4) 精神疾患　　(5) 其他

36. 你的家族有无精神病史：　　　　　　　　　　【　　　】

(1) 无　　(2) 父亲或母亲　　(3) 祖父母或外祖父母

(4) 兄弟姐妹　　(5) 本人

37. 你的家庭教育：　　　　　　　　　　　　　　【　　　】

(1) 严格教养　　(2) 一般　　(3) 不管　　(4) 溺爱娇惯

(5) 简单粗暴　　(6) 其他

38. 你犯错误时父母的态度：　　　　　　　　　　【　　　】

(1) 说服　　(2) 教育　　(3) 打骂　　(4) 不管

(5) 袒护　　(6) 纵容　　(7) 其他

39. 早年父母是否把你寄养在他处：　　　　　　　【　　　】

(1) 没有，一直与父母生活在一起

(2) 小时由父母短期寄养在他处，后回到父母身边生活

(3) 没有在父母身边生活，成年后回到父母身边

(4) 没有在父母身边生活，成年后未回到父母身边

40. 与别人相比你的家庭缺乏爱和温暖吗？　　　　【　　　】

(1) 不缺　　(2) 缺一些　　(3) 根本没有　　(4) 感到冷酷无情　　(5) 其他

41. 你参加过社会职业技术培训吗？　　　　　　　【　　　】

(1) 没参加过培训　　(2) 参加过 1 次培训　　(3) 参加过 2 次以上培训

42. 你现在有可以谋生的职业技术吗？　　　　　　【　　　】

(1) 没有　　(2) 有（具体是　　　　　　　）

43. 你从事过的工作中职业收入最高的大约为： 【　　】

(1) 500 元以下　　(2) 500 元~1000 元　　(3) 1000 元~2000 元

(4) 2000 元~3000 元　　(5) 3000 元以上

44. 你从事时间最长的一份工作有多久？ 【　　】

(1) 1 个月以下　　(2) 1~2 个月　　(3) 3~6 个月　　(4) 6~12 个月

(5) 1~5 年　　(6) 5~10 年　　(7) 10 年以上

45. 你从事时间最长的一份工作是什么？ 【　　】

(1) 国家公职人员　　(2) 工人　　(3) 农民　　(4) 个体户

(5) 餐饮服务员　　(6) 保安　　(7) 推销员　　(8) 建筑业工人

(9) 其他（具体是　　　　　　　　）

46. 你结束职业生涯的方式是： 【　　】

(1) 正常退休　　(2) 下岗买断　　(3) 被辞退　　(4) 被开除

(5) 自己辞职　　(6) 其他

47. 你在职业生涯中调换过几次工作？ 【　　】

(1) 没有　　(2) 调换过 1 次　　(3) 调换过 2~3 次

(4) 调换过 4~5 次　　(5) 调换过 5 次以上

48. 在被判刑前一年内你有工作吗？ 【　　】

(1) 没有　　(2) 打零工　　(3) 有相对稳定的工作

(4) 已经退休　　(5) 农民　　(6) 自主创业

49. 在被判刑前半年内你有过工作调动吗？ 【　　】

(1) 没有工作　　(2) 正在找　　(3) 有相对稳定的工作

(4) 已经退休　　(5) 农民

50. 你找工作的途径主要是： 【　　】

(1) 政府安排　　(2) 人才市场　　(3) 职业介绍所　　(4) 劳动力黑市

(5) 老乡、朋友介绍　　(6) 亲属介绍　　(7) 报纸、网络招聘信息

51. 你根据自身实际和就业形势，对所从事的工作预期报酬是：【　　】

(1) 1000 元以下　　(2) 1000 元~2000 元　　(3) 2000 元~3000 元

(4) 3000 元~5000 元　　(5) 5000 元以上

52. 根据当前的就业形势和你的自身实际，你希望从事的职业是：

【　　】

(1) 制造业工人　　(2) 建筑工人　　(3) 保安人员

(4) 保洁、环卫工人　　(5) 商业销售物流工人　　(6) 物业工人

(7) 餐饮旅店员工　　(8) 个体户　　(9) 农民

第二部分　生活方式调查

53. 你平时最喜欢的娱乐方式有：　　　　　　　　　　　　　　【　　】

(1) 参加培训、看书　　(2) 看电视、电影　　(3) 逛街、逛公园

(4) 酒吧娱乐　　(5) 上网聊天、玩游戏　　(6) 运动　　(7) 打牌、搓麻将

(8) 歌厅、迪厅娱乐　　(9) 吸食毒品

54. 你每天的工作时间大概是：　　　　　　　　　　　　　　【　　】

(1) 8 小时以下　　(2) 8~10 小时　　(3) 10 小时以上

55. 你每周用于娱乐放松的时间是：　　　　　　　　　　　　【　　】

(1) 2 小时以下　　(2) 2~10 小时　　(3) 10~20 小时

(4) 20~40 小时　　(5) 40 小时以上

56. 你休闲娱乐的频率是：　　　　　　　　　　　　　　　　【　　】

(1) 每周 1 次　　(2) 每周 2~3 次　　(3) 每周 3~6 次

(4) 每周 6 次以上

57. 你的休闲娱乐对象主要是：　　　　　　　　　　　　　　【　　】

(1) 独自进行　　(2) 与家人一起　　(3) 与朋友一起

(4) 与生意伙伴一起　　(5) 与临时认识的人一起　　(6) 与同事一起

58. 你进行休闲娱乐的时间一般是在：　　　　　　　　　　　【　　】

(1) 白天　　(2) 晚上　　(3) 通宵

59. 你在社会上最好的朋友是：　　　　　　　　　　　　　　【　　】

(1) 没有　　(2) 发小　　(3) 同学　　(4) 同事　　(5) 生意伙伴

(6) 邻居　　(7) 看守所、监狱劳教所认识的人

(8) 毒贩子、一起吸毒的人　　(9) 其他（具体是　　　　　　　）

60. 你最信得过的朋友有几个：　　　　　　　　　　　　　　【　　】

(1) 没有　　(2) 1~2 个　　(3) 3~5 个

(4) 6~10 个　　(5) 10 个以上

61. 遇到挫折、困难和棘手的事情时你最想求助的人是：　　　【　　】

(1) 没有，自己扛　　(2) 亲人　　(3) 同学

(4) 毒友　　(5) 同事　　(6) 其他（具体是　　　　　　　）

62. 你的朋友圈子中，有过违法犯罪经历的人多吗？　　　　　【　　】

(1) 没有　　(2) 有一些　　(3) 大部分是　　(4) 几乎全是

63. 你经常和你的朋友在一起吗？　　　　　　　　　　　　　【　　】

(1) 偶尔　　(2) 经常　　(3) 几乎天天

64. 你和朋友在一起一般做什么？　　　　　　　　　　　【　　】

(1) 聊天　　(2) 喝酒　　(3) 娱乐消费　　(4) 赌博

(5) 吸毒　　(6) 其他（具体是　　　　　　　）

65. 朋友邀请你一起进行违法犯罪活动时，你的态度一般会是：【　　】

(1) 拒绝　　(2) 抹不开面子，勉强参与

(3) 哥们仗义，积极参与　　(4) 规劝朋友打消念头

66. 你经常出入高档娱乐场所、歌厅、迪厅、酒吧、地下赌场吗？

　　　　　　　　　　　　　　　　　　　　　　　　　　【　　】

(1) 几乎不去　　(2) 有时去　　(3) 经常去　　(4) 天天去

67. 你相信自己的朋友吗？　　　　　　　　　　　　　　【　　】

(1) 不相信　　(2) 一般信任　　(3) 非常信任

68. 你的朋友曾经伤害过你吗？　　　　　　　　　　　　【　　】

(1) 没有　　(2) 伤害过

69. 你的朋友信任你吗？　　　　　　　　　　　　　　　【　　】

(1) 不相信　　(2) 一般信任　　(3) 非常信任

70. 你曾经伤害过你的朋友吗？　　　　　　　　　　　　【　　】

(1) 没有　　(2) 伤害过

71. 你与你的亲人关系好吗？　　　　　　　　　　　　　【　　】

(1) 已经不来往了　　(2) 走动很少　　(3) 经常来往　　(4) 非常好

72. 你最在意的亲人是谁？　　　　　　　　　　　　　　【　　】

(1) 父亲　　(2) 母亲　　(3) 妻子　　(4) 孩子

(5) 兄弟姐妹　　(6) 其他（具体是　　　　　　　）

73. 亲人对你违法犯罪的改造态度是：　　　　　　　　　【　　】

(1) 无所谓，不抱希望　　(2) 一般性鼓励

(3) 全力支持，永不放弃　　(4) 放任不管

74. 你希望亲人在你回归社会方面提供什么支持？　　　　【　　】

(1) 理解与包容　　(2) 接纳与鼓励　　(3) 生活支持

(4) 事业支持　　(5) 其他（具体是　　　　　　　）

75. 你的亲人能经常来会见或能经常与你通话联系吗？　　【　　】

(1) 不能　　(2) 很少　　(3) 经常

第三部分　初次违法犯罪原因和经历调查

76. 你第一次被法律处罚的种类是：　　　　　　　　　　　　【　　】

(1) 拘留　　(2) 劳教　　(3) 判刑　　(4) 强制戒毒

(5) 收容教育　　(6) 其他（具体是　　　　　）

77. 你第一次被法律处罚时的年龄是：　　　　　　　　　　【　　】

(1) 16 岁以下　　(2) 16~18 岁　　(3) 18~25 岁　　(4) 26 岁以上

78. 你认为初次违法犯罪的主要原因是：　　　　　　　　　【　　】

(1) 不懂法律　　(2) 性格暴躁　　(3) 生活所迫　　(4) 别人陷害

(5) 管不住自己　　(6) 哥们义气　　(7) 对方故意找茬、挑事、欺负人

(8) 其他（具体是＿＿＿＿＿）

79. 你初次违法犯罪时，从事违法犯罪行为的有几个人？　　【　　】

(1) 单独 1 个人　　(2) 2~4 个人　　(3) 5 人以上

80. 你与共同犯案的人之间熟悉吗？　　　　　　　　　　　【　　】

(1) 没有同案　　(2) 发小　　(3) 亲属　　(4) 至交　　(5) 一般朋友

(6) 经其他人介绍的或临时结识的，不熟悉

81. 在团伙中你是主犯吗？　　　　　　　　　　　　　　　【　　】

(1) 单独作案　　(2) 主犯　　(3) 从犯　　(4) 被胁迫参与

82. 你初犯的违法犯罪行为是：　　　　　　　　　　　　　【　　】

(1) 侵财类　　(2) 寻衅滋事　　(3) 敲诈勒索　　(4) 打架斗殴

(5) 淫欲类　　(6) 危害国家安全　　(7) 邪教类　　(8) 妨害公务

83. 你初次违法犯罪处罚结束到第二次被法律处罚间隔期是多长？

　　　　　　　　　　　　　　　　　　　　　　　　　　【　　】

(1) 1 个月　　(2) 1 个季度　　(3) 半年　　(4) 1 年

(5) 2~5 年　　(6) 6 年以上

84. 初次违法犯罪给你带来的心理感受是：　　　　　　　　【　　】

(1) 很刺激　　(2) 很害怕　　(3) 无所谓　　(4) 很后悔　　(5) 其他

第四部分　暴力攻击行为认知形成原因调查

85. 小时候你的父母关系怎么样？　　　　　　　　　　　　【　　】

(1) 很好　　(2) 冷淡、一般　　(3) 偶尔争吵　　(4) 经常争吵

(5) 偶尔打架　　(6) 经常打架　　(7) 很紧张

86. 小时候父母打过你吗？　　　　　　　　　　　　　　　【　　】

(1) 没有　　(2) 极少　　(3) 偶尔　　(4) 经常　　(5) 几乎天天

87. 小时候你被别人欺负或打过吗？　　　　　　　　　　　【　　】

(1) 没有　　(2) 极少　　(3) 偶尔　　(4) 经常　　(5) 几乎天天

88. 小时候你欺负或打过别的孩子吗？　　　　　　　　　　【　　】

(1) 没有　　(2) 极少　　(3) 偶尔　　(4) 经常

89. 长大成人后你被别人欺负、打过吗？　　　　　　　　　【　　】

(1) 没有　　(2) 极少　　(3) 偶尔　　(4) 经常

90. 长大成人后你欺负、打过其他人吗？　　　　　　　　　【　　】

(1) 没有　　(2) 极少　　(3) 偶尔　　(4) 经常

91. 你喜欢看黑社会、黑帮、警匪类的影片吗？　　　　　　【　　】

(1) 不看　　(2) 极少　　(3) 偶尔　　(4) 经常

92. 你羡慕黑帮成员的生活方式和行为模式吗？　　　　　　【　　】

(1) 不羡慕　　(2) 有兴趣　　(3) 非常向往　　(4) 自己的理想生活

93. 你喜欢暴力、血腥的网络游戏吗？　　　　　　　　　　【　　】

(1) 不喜欢　　(2) 一般　　(3) 喜欢，刺激

(4) 沉迷其中无法自拔　(5) 有成就感

94. 有人说暴力是解决问题最直接有效的办法，你怎么看呢？【　　】

(1) 不赞同　　(2) 可以接受　　(3) 非常同意

95. 在采取暴力行为的刹那，你想过用别的方法吗？　　　　【　　】

(1) 大脑一片空白　　(2) 什么也不想　　(3) 只想发泄心中的不满

(4) 没想出别的办法

96. 你认为自己是一个脾气暴躁的人吗？　　　　　　　　　【　　】

(1) 不是　　(2) 是　　(3) 不清楚

97. 假如让你回到违法犯罪事件的当时，你还会采取暴力行动吗？

【　　】

(1) 会的　　(2) 不会的　　(3) 说不好

98. 假如你最在乎的人在现场，你还会采取暴力攻击行为吗？【　　】

(1) 会的　　(2) 不会的　　(3) 说不好

99. 假如对方实力方面明显强于你，你还会采取暴力攻击行为吗？

【　　】

(1) 会的　　(2) 不会的　　(3) 说不好

100. 假如对方实力明显弱于你，你还会采取暴力攻击行为吗？【　　】

(1) 会的　　(2) 不会的　　(3) 说不好

第五部分 暴力攻击行为矫正替代需求调查

101. 你认为导致自己暴力攻击的主要原因是什么？ 【   】

(1) 自己脾气暴躁   (2) 不知道怎么解决问题   (3) 对方挑衅

(4) 显示自己实力，满足心理需求   (5) 哥们义气，帮朋友忙

(6) 获取经济利益

102. 暴力攻击时，你使用工具吗？ 【   】

(1) 不用，只用拳脚   (2) 枪支   (3) 刀具   (4) 棍棒

(5) 砖块、酒瓶   (6) 其他（具体是   ）

103. 你使用的工具是如何获得的？ 【   】

(1) 自带   (2) 朋友提供   (3) 现场随机找   (4) 从对方处抢夺

104. 你有携带棍棒、刀具的行为习惯吗？ 【   】

(1) 从不带   (2) 偶尔   (3) 有时   (4) 经常

105. 你认为诱发自己暴力攻击行为的原因是： 【   】

(1) 性格偏执   (2) 情绪管理不好   (3) 不会解决问题

(4) 人际关系紧张   (5) 暴力行为习惯   (6) 哥们义气

106. 你认为自己最需要解决的问题是： 【   】

(1) 性格偏激   (2) 情绪控制   (3) 人际关系

(4) 问题解决   (5) 哥们义气   (6) 暴力思维

107. 你对自己的生活状态满意吗？ 【   】

(1) 满意   (2) 说不好   (3) 不满意

108. 你入监后，你的亲人能经常来所会见吗？ 【   】

(1) 不会见   (2) 偶尔会见   (3) 经常会见   (4) 每月都来会见

109. 你后悔当初的暴力行为吗？ 【   】

(1) 非常后悔   (2) 有点后悔   (3) 无所谓   (4) 不后悔

110. 你现在想改变自己的暴力行为吗？ 【   】

(1) 不想   (2) 说不好   (3) 想改变   (4) 非常想改变

111. 你从小到大饲养过小动物吗？ 【   】

(1) 没有   (2) 养过很短时间   (3) 养过很长时间

(4) 现在（截至入监前）还在饲养

112. 你从小到大种植过花草绿植吗？ 【   】

(1) 没有   (2) 种植过很短时间   (3) 种植过很长时间

(4) 现在（截至入监前）还在种植

113. 你现在和班里罪犯之间关系怎么样？ 【　　】

(1) 不好　　(2) 一般　　(3) 还可以　　(4) 很好

114. 你和责任班民警关系怎么样？ 【　　】

(1) 不熟悉　　(2) 不好　　(3) 一般　　(4) 较好　　(5) 很好

115. 你在大队遇到困难和问题，最希望找谁帮忙？ 【　　】

(1) 班内有威望的罪犯　　(2) 老乡　　(3) 班长

(4) 值班员　　(5) 同案罪犯　　(6) 责任班民警

(7) 大队领导　　(8) 科室领导　　(9) 所领导

116. 你刑满释放时，最希望谁来接你？ 【　　】

(1) 亲人　　(2) 朋友　　(3) 同案　　(4) 自己一个人走

(5) 在监狱结识的朋友

117. 你认为这里的改造生活对你改过自新有帮助吗？ 【　　】

(1) 没有　　(2) 有一点　　(3) 有一些　　(4) 有很大帮助

118. 预测一下自己回归社会后，还会因为暴力行为重新违法犯罪吗？

【　　】

(1) 不会　　(2) 不一定　　(3) 会的

附录二

暴力型罪犯冲动攻击行为风险筛查量表（修订版）

大队：　　班组：　　姓名：　　年龄（周岁）：　　岁

犯罪类型：　　入宫次数：　　次　日期：　年　月　日

指导语：此问卷是一项调查问卷，主要做研究之用。仔细阅读每一个问题，根据自己的真实情况尽可能地回答下列问题，并按照问题描述与你的符合程度，在相符合的分值上画圈。

情况描述	完全不符合	比较不符合	不确定	比较符合	完全符合
1. 我小时候经常被父母打骂	1	2	3	4	5
2. 我小时候常被其他人欺负	1	2	3	4	5
3. 我认为暴力是解决问题的有效办法	1	2	3	4	5
4. 我愿意为自己的朋友"两肋插刀"	1	2	3	4	5

续表

情况描述	完全 不符合	比较 不符合	不确定	比较 符合	完全 符合
5. 我喜欢看黑帮题材的影视作品	1	2	3	4	5
6. 我是在父母的棍棒教育下长大的	1	2	3	4	5
7. 我在暴力攻击中看到了自己的力量	1	2	3	4	5
8. 我在暴力攻击中心里的压抑得到宣泄	1	2	3	4	5
9. 在生活中看到有人打斗，我会感到兴奋并围观	1	2	3	4	5
10. 成为行侠仗义、除暴安良的侠客是我的一个梦想	1	2	3	4	5
11. 弱肉强食的丛林法则适用于人类社会	1	2	3	4	5
12. 以血还血、以牙还牙是我的处世原则	1	2	3	4	5
13. 我认为以暴制暴可以有效解决暴力问题	1	2	3	4	5
14. 现在社会危险无处不在，自己需要携带防身工具才能感到安全	1	2	3	4	5
15. 我的朋友认为我是一个性格暴躁的人	1	2	3	4	5
16. 周围熟人觉得我争强好胜	1	2	3	4	5
17. 如果遇到不公平的事，我就会忍不住表达不满	1	2	3	4	5
18. 我喜欢抬杠，总是和意见不同的人争执	1	2	3	4	5
19. 爱招惹是非是我的一大特点	1	2	3	4	5
20. 我有时会无缘无故地发火	1	2	3	4	5

续表

情况描述	完全 不符合	比较 不符合	不确定	比较 符合	完全 符合
21. 我遇到挫折的时候，总想摔东西或打人	1	2	3	4	5
22. 如果有人敢打我，我一定立即加倍回击	1	2	3	4	5
23. 在争执、打斗中，我总想抢主动、占上风	1	2	3	4	5
24. 我比一般人更容易和别人打起来	1	2	3	4	5
25. 即使是别人无意中轻轻碰到了我，我也会立即找到他理论	1	2	3	4	5
26. 朋友们都说我是一个很难相处的人	1	2	3	4	5
27. 我和别人相比，火气总是大很多	1	2	3	4	5
28. 我喜欢挑战所谓的权威和规则	1	2	3	4	5
29. 骂人是我缓解不好心情的一种手段	1	2	3	4	5
30. 如果意见被人否定，我会生气而冲动打人	1	2	3	4	5
31. 愤怒来时，就需要不加控制地自由发泄	1	2	3	4	5
32. 我做事情往往冲动而为，很少深思熟虑	1	2	3	4	5
33. 如果让我做不喜欢的事情，我会断然拒绝	1	2	3	4	5
34. 我不喜欢和小孩在一起，会感到无所适从	1	2	3	4	5
35. 当我愤怒时，如果亲人或朋友在场，我会克制自己，不攻击他人	1	2	3	4	5
36. 我心情不好时，看到别人兴高采烈，会感到很愤怒，有攻击冲动	1	2	3	4	5

续表

情况描述	完全 不符合	比较 不符合	不确定	比较 符合	完全 符合
37. 我愤怒时，会控制不住大喊大叫发泄怒火	1	2	3	4	5
38. 当自己情绪不好时，为宣泄不满，我往往故意激惹别人与自己发生冲突	1	2	3	4	5
39. 心情不好时特别不喜欢别人打扰我，否则我会与之起冲突	1	2	3	4	5
40. 我做事情总是任性而为，不计后果	1	2	3	4	5
41. 我难以控制自己的坏情绪	1	2	3	4	5
42. 我经常处于紧张的心理状态	1	2	3	4	5
43. 我的攻击行为总是受别人故意刺激而发生	1	2	3	4	5
44. 我感觉自己在解决人际纠纷方面很吃力	1	2	3	4	5
45. 被别人激怒是我发生攻击行为的主要原因	1	2	3	4	5
46. 因为我不知道该如何解决分歧，所以就选择了暴力攻击	1	2	3	4	5
47. 如果别人表现得对我特别好，我会怀疑他们别有用心	1	2	3	4	5
48. 我时常感到自卑，害怕别人嘲笑自己	1	2	3	4	5
49. 我会为我的意见不被接受而感到愤怒	1	2	3	4	5
50. 自己好朋友召集自己参与打架，碍于面子不好拒绝	1	2	3	4	5
51. 自己的暴力行为和饮酒过量有关	1	2	3	4	5

续表

情况描述	完全 不符合	比较 不符合	不确定	比较 符合	完全 符合
52. 我攻击别人完全是形势所迫，被逼无奈	1	2	3	4	5
53. 认为暴力回击是对暴力之人的最佳应对方式	1	2	3	4	5
54. 我从不暴力攻击我的亲朋好友	1	2	3	4	5
55. 我更容易暴力攻击冒犯自己的陌生人	1	2	3	4	5
56. 面对亲朋好友被别人攻击，我不能容忍，必须帮忙回击	1	2	3	4	5
57. 每次暴力攻击后，我都会感到后悔	1	2	3	4	5
58. 我不会攻击正当执法的国家执法人员	1	2	3	4	5
59. 路见不平，即使与己无关，我也要干预	1	2	3	4	5
60. 我想改变令自己苦恼的暴脾气	1	2	3	4	5

附件三

暴力犯入组初筛访谈提纲

1. 简要叙述问题史。
2. 当你愤怒的时候你会做些什么？
3. 愤怒给你的生活带来的影响是什么？
4. 你认为你的问题有多严重呢？［1（一点也不严重）~10（非常严重）］
5. 它在多大程度上困扰着你呢？［1（一点也不困扰）~10（非常困扰）］
6. 如果愤怒是你的主要问题所在，你现在怎么看待它？
7. 在愤怒控制团体中你认为怎么做才会对你最有帮助？
8. 对你来说，如果这个问题不存在的话，你会有什么不同？
9. 你愿意加入团体吗？［1（一点也不愿意）~10（非常愿意）］

10. 你的期望/目标：_____

附录四

愤怒控制训练项目参与者知情同意书

愤怒控制训练项目应用心理学专业研究成果和现代改造技术，由具有专业资格认证的训练师带领，帮助你认识愤怒情绪的危害，识别愤怒情绪与暴力攻击行为之间的关系，学会觉察并控制自己的愤怒情绪，减少愤怒出现的频率，降低暴力出现的风险。

本训练项目周期设置为十周，每周 1 次团体训练，每次 150 分钟。两次训练的间隔为课后训练期，由大队民警帮助你进行课后练习。

参加愤怒控制训练项目需要你做到：

1. 积极参与团体活动的每一个环节，包括课堂练习和课后作业。
2. 遵守团体内参与者共同制定的规则。
3. 认真完成各类必要的测量问卷。

如无其他问题，请签名表示同意。

签名：

年　　月　　日

附录五

情绪梳理卡

姓名：　　　　　　　　　　　　时间：

1. 最近让我感觉高兴的事情是_____

当时我的心情是_____

现在想起这些事，我的心情是_____

2. 最近让我感觉不高兴的事情是_____

当时我的心情是_____

现在想起这些事，我的心情是_____

3. 每当我心情好的时候，我会觉得_____

4. 当我心情糟糕的时候，我会觉得_____

5. 我的心情总是_____

6. 分享一个自己控制愤怒的小方法（举例说明）_____

_____

附录六

诺瓦克愤怒量表

指导语：请阅读下列 25 种可能的烦恼情形，估计一下这种情形通常惹恼或激怒你的程度，按下列表述选择符合你的分值。

0——你感到没有什么烦恼或烦恼很小。

1——你感到有点烦恼。

2——你感到恼怒（中度的）。

3——你感到相当愤怒。

4——你感到非常愤怒。

1. 我打开了刚买的一个设备，插上电，却发现它根本就不工作。（　　）

2. 我被一名修理人员敲诈，他要挟我。（　　）

3. 我被单挑出来改正错误，而其他人的行为没有被察觉。（　　）

4. 我的车陷进了泥浆里或雪窝里。（　　）

5. 我正在和某人说话，而他却不回答我。（　　）

6. 有人谎称他们有某种东西，而事实上他们却没有。（　　）

7. 在咖啡店，我正费力地把四杯咖啡往自己的桌子前端时，有人撞到了我，咖啡溅了出来。（　　）

8. 我已经把衣服挂好了，但是却有人把它们碰到了地上，而且没有把它们捡起来。（　　）

9. 从我进店的那一刻起，售货员就一直在跟着我。（　　）

10. 我已经安排好和某人一起出去，但是这个人却在最后一刻爽约了，把我一个人晾在那里。（　　）

11. 我被人开玩笑、被人奚落。（　　）

12. 红灯了，我的车停下来，而后面的家伙却不停地冲我按喇叭。（　　）

13. 我在停车场偶然转错了弯儿，有人冲我叫道："你会开车吗？"（　　）

14. 有人犯了错，却拿这件错事责备我。（　　）

15. 我正想集中精力，但是我周围的人却在用脚打拍子。（　　）

16. 我把某本重要的书或某个重要的工具借给某人，他却不还给我。（　　）

17. 我这一天很忙，但是和我在一起住的人却抱怨说，我本来答应做某件事情，可是我却忘记做了。（　　）

18. 我想和我的同伴或同事讨论某个重要的事情，但是他却不给我机会表达感受。（　　）

19. 我和某人在讨论时，他/她坚持要讨论我们所知甚少的话题。（　　）

20. 当我和某个人进行讨论时，另外一个人却坚持要进来插话。（　　）

21. 我需要赶快到某个地方去，但是前面的汽车却在限速 40 公里/小时的区域里以 25 公里/小时的速度往前开，我没法开车。（　　）

22. 我踩在一块嚼过的口香糖上。（　　）

23. 当我路过时，受到了一小群人的嘲笑。（　　）

24. 匆匆忙忙要去某个地方，结果我的一条很好的休闲裤被一个锋利的东西剐破了。（　　）

25. 我用最后一枚硬币打公用电话，但拨完之后掉了线，而我没有硬币了。（　　）

附录七

情绪表达性（人格心理学）

请根据下面这些描述，选择符合你的程度的相应分数。

1 一点都不符合；2 有点不符合；3 不大符合；4 有点符合；5 比较符合；6 非常符合。

1. 我认为自己是一个很爱表达情绪的人。＿＿＿＿＿

2. 人们认为我不是一个情绪化的人。＿＿＿＿＿

3. 我隐藏自己的感情。＿＿＿＿＿

4. 我常被别人认为是冷漠的。＿＿＿＿＿

5. 人们可以看出我的情绪状况。＿＿＿＿＿

6. 我在别人面前表现情绪。＿＿＿＿＿

7. 我不喜欢让别人知道我的情感如何。＿＿＿＿＿

8. 我能在别人面前哭。＿＿＿＿＿

9. 即使我的情绪非常激动，我也不会让别人看出我的情感。＿＿＿＿＿

10. 别人不容易看出我的情感怎样。_____

11. 我不是一个爱表达情绪的人。_____

12. 即使我正在体验着强烈的情感，我也不会把它们表现出来。_____

13. 我掩藏不住自己的情感。_____

14. 别人认为我是一个很情绪化的人。_____

15. 我不对别人表达我的情绪。_____

16. 我的真实情感与别人所认为的不同。_____

17. 我抑制自己的感情。_____

2、3、4、7、9、10、11、12、15、16、17 为反向计分，即当你回答的为 1 时，则计为 6 分，同样 2＝5；3＝4；4＝3；5＝2；6＝1。然后把总得分加起来。得分越高，越倾向于乐于表达情绪。

你的分值是：_____

附录八

愤怒情绪自测问卷

这个部分的问题是测试在令人愤怒的情境下，你出现愤怒情绪的可能。

1. 下面哪种情况最符合你？（　　　）

A. 我经常发脾气，即使是一件芝麻小事。我知道我有时候不对，但就是难以开口向别人道歉。

B. 要使我生气很不容易，在大发雷霆的时候，我通常还自觉有点可耻。

C. 我没有什么脾气，从来没有真正生过气。不过，当别人有愚蠢又幼稚的行为时，我会不高兴。

2. 下面哪种情况最符合你？（　　　）

A. 虽然我自己在愤怒时不会摔东西，但是我喜欢看电影里的这类镜头，因为那些只是虚构的情节，却使我有发泄情绪的满足。

B. 我不喜欢电影里的愤怒镜头，正如我不喜欢生活中的愤怒情景一样。

C. 我在看电影里的愤怒镜头时，会有强烈的认同感——确切地说，这些镜头常常使我想到要在自己的生活中发泄脾气。

3. 下面哪种情况最符合你? (　　)

A. 当我发脾气时我会大吼出声,让每个人知道我的愤怒。

B. 当我生气时,我一句话也不说,好像变了一个人似的。

C. 我尽量不发脾气,而且尽量想办法解决眼前令我生气的事情。

4. 下面哪种情况最符合你? (　　)

A. 当我的情感受到伤害时,我需要几个小时之后才能把它说出来。

B. 当我的情感受到伤害时,我当场就说出来。

C. 当我的情感受到伤害时,由于过于痛心,也许我永远不会把它说出来。

5. 下面哪种情况最符合你? (　　)

A. 我很怕人家发脾气,我经常想办法平息他们的怒气,要不然就干脆走开。

B. 当别人对我发脾气时,我会听听他要说些什么,然后设法使他冷静下来,好让彼此能够谈一谈。

C. 别人发脾气时不会吓着我——我觉得别人发脾气是应该的,因为我也会发脾气。

评分标准:

1. A—5分; B—3分; C—1分。

2. A—3分; B—1分; C—5分。

3. A—5分; B—1分; C—3分。

4. A—3分; B—5分; C—1分。

5. A—1分; B—3分; C—5分。

结果分析:

1. 5~10分,几乎无可置疑地,这种低分数表示,你由于某种理由而怕生气——不但自己怕生气,也怕别人生气。假如你的分数是7分或7分以下,你甚至自以为自己属于那种"从来不生气"的人,不过,你可能在欺骗自己。

2. 11~17分,这确实是普遍而正常的分数,你往往知道自己在生气,而且适当地表现出来。大致上,你不是个容易发脾气的人,不过,因为你想做个理性的人,可能会稍稍压制脾气,不让自己把情感强烈地表现出来。

3. 18分以上,很明显,你在愤怒的表达上并无任何困难。换句话说,该发脾气就发脾气，不加以抑制。这有时是件好事，因为过分抑制自己的愤怒是有损健康的，只是你可能看起来令人害怕，让人觉得你有敌意，有时你甚至感觉到真的无法控制自己的情绪，这很可能会伤害身边的人。小心为要。

附录九

情绪温度计

请根据自己的经验来填写以下问题。

1. 在什么情况下生气，生谁的气？（请列举出自己曾经历的 4 件最让自己生气的事情）

第一件事：

第二件事：

第三件事：

第四件事：

2. 你有多生气？（　　）

A. 有点生气　B. 相当生气　C. 非常生气　D. 气炸了

3. 你采取的行为方式是否合适？（　　）

A. 合适　B. 不合适

4. 问题是否得到解决？（　　）

A. 是　B. 否

5. 请你结合自己的实际情况，列举出愤怒的危害有哪些。

附录十

烦恼日志

日期：　　　　　　　上午/下午/晚上

1. 你在什么地方？＿＿＿＿＿＿＿＿＿＿＿＿＿＿＿＿＿＿

2. 发生了什么事情？（　　）（1）有人把我推倒；（2）有人冲我喊叫；（3）有人指使我去做一些事情；（4）有人在做我不喜欢做的事情；（5）有人开始和我打架；（6）有人找茬和我争执；（7）我做错了一些事情；（8）其他。

3. 涉及的人是（　　）。

4. 你的感觉如何?(　　)(1) 愤怒;(2) 沮丧;(3) 恐惧;(4) 丢脸;(5) 平静;(6) 难过;(7) 其他。

5. 你是怎么做的?(　　)(1) 打别人;(2) 争吵;(3) 深呼吸;(4) 怀恨在心;(5) 哭喊;(6) 倒着计数;(7) 视而不见;(8) 大喊;(9) 走开;(10) 和朋友谈论;(11) 被压制;(12) 巧妙处理;(13) 跑着逃开;(14) 耍小孩脾气;(15) 改变思考方式;(16) 和别人谈论;(17) 摔东西;(18) 其他。

6. 接下来发生了什么事?

_____

7. 你的感受在多大程度上毫无保留地表达出来了?

1	2	3	4	5
完全没有表达	有一点表达	很大程度地表达	充分表达	过度表达

8. 你认为自己处理得如何?

1	2	3	4	5
非常不满意	有一点满意	满意	很满意	非常满意

9. 请写下其他你想要说的话:_____

附录十一

团体心理咨询单元效果测评表

对于今天的团体活动,你有什么想法?有什么感受?请依照真实情况回答。

1 完全不符合;2 比较不符合;3 不确定;4 比较符合;5 完全符合。

1. 我能认真投入此次团体活动。1　2　3　4　5

2. 我能在此次团体活动中向别人表达我的看法。1　2　3　4　5

3. 本次团体活动的主题符合我的需要。1　2　3　4　5

4. 我在此次团体活动中学到了愤怒控制方法。1　2　3　4　5

5. 我觉得大家相互信任而且坦诚。1　2　3　4　5

6. 我能够及时察觉自己的愤怒情绪。1　2　3　4　5

7. 我能够准确识别别人的愤怒情绪。1　2　3　4　5

8. 我能够将学到的方法用到愤怒控制中。1　2　3　4　5

9. 我觉得自己的愤怒和攻击得到有效控制。1　2　3　4　5

10. 我很喜欢参加愤怒控制训练活动。1　2　3　4　5

11. 我感受最深的活动是＿＿＿＿＿＿＿＿＿＿＿＿＿＿＿＿＿＿

12. 我认为需要改进的地方是＿＿＿＿＿＿＿＿＿＿＿＿＿＿＿＿

附录十二

Buss 和 Perry 攻击问卷中文版

指导语：下面的 30 个问题有关您的行为和思考方式，想了解每个问题所描述的情况在多大程度上符合您的情况。请您从"不符合""较少符合""一半符合""基本符合""完全符合"五个答案中，选择一个最符合您情况的答案。答案不存在对与错，请不要花太多的时间思考每个问题，如果您不大清楚如何回答，请尽量估计。

1 不符合；2 较少符合；3 一半符合；4 基本符合；5 完全符合。

1. 某些情况下我会控制不住自己而打人。

2. 我不同意朋友的意见时，就当面反对。

3. 我的脾气一点就着，但一会就好。

4. 我的嫉妒心较强。

5. 很烦躁时，我会想到伤害自己。

6. 如果有人故意找我麻烦，严重时我会揍他。

7. 我喜欢否定他人的意见。

8. 事情不顺利时，我的烦躁会表现出来。

9. 我觉得我遇到的不公平的事较多。

10. 很生气时，我会因不小心而受伤。

11. 如果有人打我，我会还击。

12. 当人们干扰我时，我会毫不客气地指责他们。

13. 我生气时，感觉自己像个火药库，随时会爆炸。

14. 陌生人对我过于友好时，我怀疑对方另有目的。

15. 特别激动时，我会忽视自身安全。

16. 我比别人打架稍多一些。

17. 当人们与我意见不同时，我会忍不住与其争论。

18. 我难以控制自己的脾气。

19. 我对某些事情感到耿耿于怀。

20. 很自责时我会惩罚自己。

21. 必要时，我会用武力维护自己的权利。

22. 我很容易与人发生争吵。

23. 看到不顺眼的事，我容易发火。

24. 我认为有"朋友"说我的坏话。

25. 情绪不好时，我会作出诸如大量吸烟、喝酒或不注意饮食等危害自身健康的行为。

26. 如果周围人为难我到一定程度，我会和他们动手打架。

27. 我会无缘无故发脾气。

28. 当别人对我特别好时，我会觉得他们有所企图。

29. 我很生气时，会当他人的面摔东西。

30. 我怀疑有人在背后嘲笑我。

附录十三

冲动性量表（BIS-11）

指导语：在不同的情况下，人们的行为和思维方式也不一样。这是一个测验你的行为和思维方式的量表。请仔细阅读每一个问题，并在右侧选出合适的答案，在方框内画勾，请快速如实回答。

1. 我认真地计划事情。　　　　从不□　偶尔□　经常□　一直□

2. 我做事不需要考虑。　　　　从不□　偶尔□　经常□　一直□

3. 我很快就可以作出决定。　　从不□　偶尔□　经常□　一直□

4. 我总是把事情想得很简单。　从不□　偶尔□　经常□　一直□

5. 我不太专心。　　　　　　　从不□　偶尔□　经常□　一直□

6. 旅行前，我会事先计划好。　从不□　偶尔□　经常□　一直□

7. 我有自制力。　　　　　　　从不□　偶尔□　经常□　一直□

8. 我容易集中注意力。　　　　从不□　偶尔□　经常□　一直□

9. 我定期存款。　　　　　　　从不□　偶尔□　经常□　一直□

10. 观看演出或开会时，我会不
    停地变换姿势。　　　　　　从不□　偶尔□　经常□　一直□

11. 我总是谨慎地思考问题。　　从不□　偶尔□　经常□　一直□

12. 我对职业保障有所准备。　　从不□　偶尔□　经常□　一直□

13. 我说话不经思考。　　　　　从不□　偶尔□　经常□　一直□

14. 我喜欢想复杂的问题。　　　从不□　偶尔□　经常□　一直□

15. 我做事冲动。　　　　　　　从不□　偶尔□　经常□

16. 解决需要思考的问题时，我容
    易感到厌倦。　　　　　　　从不□　偶尔□　经常□　一直□

17. 我一时兴起就行动。　　　　从不□　偶尔□　经常□　一直□

18. 我是一个不容易改变想法的人。从不□　偶尔□　经常□　一直□

19. 我常常住在不同的地方。　　从不□　偶尔□　经常□

20. 我常冲动地买东西。　　　　从不□　偶尔□　经常□　一直□

21. 我一次只能思考一个问题。　从不□　偶尔□　经常□

22. 我的花销大于收入。　　　　从不□　偶尔□　经常□　一直□

23. 思考问题时，常常有外来思
    维进入我的脑海。　　　　　从不□　偶尔□　经常□　一直□

24. 在看戏或听讲座时，我感到
    坐立不安。　　　　　　　　从不□　偶尔□　经常□　一直□

25. 我喜欢智力游戏。　　　　　从不□　偶尔□　经常□　一直□

26. 我常为自己的将来做准备。　从不□　偶尔□　经常□　一直□

BIS-11中文版使用说明

该表共有26个项目，采用1~4分四级评分法。26个项目中，有11个为反向测评题目。量表的统计分为总分和各维度得分，得分越高说明冲动性越高。量表的结构分为三个维度：注意力冲动性（包括5、8、10、18、23、24）、运动冲动性（包括2、3、4、15、17、19、20、21、26）、无计划冲动性（包括1、6、7、9、11、12、13、14、16、22、25）。

附录十四

攻击性测评问卷

大队：　　　　　姓名：　　　　　测验时间：

指导语：大家好，现在我们进行一项问卷调查，请尽可能根据自己的真实情况回答下列问题与你的符合程度，并在符合你程度的选项上打勾。其中 1 完全不符合；2 比较不符合；3 既符合又不符合；4 比较符合；5 完全符合。

1. 我会在必要的时候采取武力保护自己。　　　　1　2　3　4　5
2. 当人们对我特别好时，我会怀疑他们的真正目的。　1　2　3　4　5
3. 当我和朋友的意见不合时，我会公开告诉他们。　1　2　3　4　5
4. 我曾经气得发疯以至于砸烂了许多东西。　　　1　2　3　4　5
5. 当人们与我意见不合时，我会忍不住与他们争论。　1　2　3　4　5
6. 不知道为什么，有时我会对一些事情感到特别痛苦。　1　2　3　4　5
7. 我偶尔会产生难以控制的想揍一个人的冲动。　　1　2　3　4　5
8. 我是一个性情平和的人。　　　　　　　　　　1　2　3　4　5
9. 对那些过度友善的陌生人，我会心存怀疑。　　1　2　3　4　5
10. 我曾威胁过我认识的人。　　　　　　　　　　1　2　3　4　5
11. 我非常容易发火，但也容易平静下来。　　　　1　2　3　4　5
12. 如果受到足够的刺激，我可能会揍另一个人来出气。1　2　3　4　5
13. 当人们让我烦恼时，我会告诉他们我对他们的想法。1　2　3　4　5
14. 我有时会陷入嫉妒当中。　　　　　　　　　　1　2　3　4　5
15. 我永远也想不出一个合适的打人理由。　　　　1　2　3　4　5
16. 有时候我觉得自己在生活中受到了不公平的待遇。　1　2　3　4　5
17. 我难以控制自己的脾气。　　　　　　　　　　1　2　3　4　5
18. 当我遇到挫折时，我会让自己的愤怒表现出来。　1　2　3　4　5
19. 有时，我感到人们在背后笑话我。　　　　　　1　2　3　4　5
20. 我经常发现自己和别人意见不合。　　　　　　1　2　3　4　5
21. 如果有人打我，我会回击。　　　　　　　　　1　2　3　4　5
22. 有时，我感到自己像一个随时要爆炸的火药筒一样。1　2　3　4　5

23. 别人似乎总能交好运。   1 2 3 4 5

24. 如果有人很用力地推我，我们就会打起来。   1 2 3 4 5

25. 我知道朋友们在背后议论我。   1 2 3 4 5

26. 朋友们说我有点好与人争辩。   1 2 3 4 5

27. 有时我会无缘无故地发火。   1 2 3 4 5

28. 我比一般人更容易与人打架。   1 2 3 4 5

附录十五

五因素正念度量表

指导语：请根据下列等级评定每句话，把最符合您真实情况的等级数字填在句子后面的括号内。1＝一点也不符合；2＝较少符合；3＝有些符合；4＝非常符合；5＝完全符合。

1. 在行走时，我会有意关注身体各部位在行进中的感觉。（　）

2. 我善于用言语描述自己的情感。（　）

3. 我会因为自己有不理智的情绪或不合适的情绪，而责备自己。（　）

4. 我感受到了我的情绪和情感，但我不必对它们作出反应。（　）

5. 在做事的时候，我经常走神，而且很容易被干扰。（　）

6. 在洗澡时，我留心于水淌过身体的感觉。（　）

7. 我能清晰地表达自己的信念、观点及期望。（　）

8. 我没有注意到我在做什么事情，这是因为我在做白日梦，在担忧或分心于外界。（　）

9. 我观察自己的情绪，而不迷失其中。（　）

10. 我告诉自己，我不应该以我现在的这种方式来感受此时的情感。（　）

11. 我留意到食物和饮料是如何影响我的想法、身体的感受和情绪的。（　）

12. 我难以找到词语来表达我的所思所想。（　）

13. 我很容易分心。（　）

14. 我以为我的一些想法是异常的、不好的，我不应该那样想。（　）

15. 我会注意我的一些感觉，比如微风吹拂我的头发、阳光照在我的脸上的感觉。（　）

16. 我很难用合适的言语来表达我对事物的感受。（　）

17. 我会评判自己的想法是好的或是坏的。（　）

18. 我难以把注意力集中到当前发生的事情上。（　）

19. 当我有悲伤的感觉或景象时，我会"退一步"并去感知那些想法或景象的存在，而不被其所控制。（　）

20. 我会注意一些声音，比如时钟的嘀嗒声、小鸟的叽喳声或汽车穿梭的声音。（　）

21. 在困难的情景下，我会暂停一下，不马上作出反应。（　）

22. 在我身体有某种感觉时，我很难找到合适的词语来描述它。（　）

23. 我好像是自动地在做一些事情，并没有完全意识到它。（　）

24. 通常，当我有令人伤感的想法或看到令人伤感的景象时，我能很快恢复平静。（　）

25. 我告诉自己，不应该思考我此刻正在思考的东西。（　）

26. 我闻到了周围一些东西的气味或芳香。（　）

27. 即便在我感到非常不安时，我也能找到词语来表达它。（　）

28. 我草草地做了一些事情，而没有真正地集中注意力在其上面。（　）

29. 当陷入令人烦恼的情绪或情境中，我能够做到只是注意它们，而不作出相应反应。（　）

30. 我想有些情绪是不对的，或者是不合时宜的，我不应该体验到它们。（　）

31. 我注意到了艺术品和自然界中事物的一些视觉元素，如颜色、形状、纹理，还有光和影子。（　）

32. 我总是倾向于用词语来描述我的体验。（　）

33. 当我有令人痛苦的想法或看到令人痛苦的景象时，我通常只是去注意它们，顺其自然。（　）

34. 我总是自动地工作或完成某项任务，而没有意识到我在做什么。（　）

35. 通常当我有些令人困扰的想法或看到令人困扰的景象时，我会根据当时我想的内容或者脑海中出现的景象，来判断自己是对还是错。（　）

36. 我会去注意我的情绪是如何影响我的想法和行为的。（　）

37. 我通常能够非常详细地描述我此刻的感觉。（　）

38. 我发现我自己做事情的时候，不专心在所做的事情上。（　）

39. 当不理智的想法出现时，我会自我否决。（　）

附录十六

耶乐姆疗效因素表

编号	项目	最有帮助	其次有帮助	其他	其次没帮助	最没帮助
1	我与别人分享所有的	5	4	3	2	1
2	我能够说出我的困扰而不会把它放在心里	5	4	3	2	1
3	我不再觉得孤独	5	4	3	2	1
4	我看到别人能够表露尴尬的事和冒其他险而从中获益，这鼓励我去做同样的事	5	4	3	2	1
5	懂得我并不是唯一有这种问题的人，就像所谓"风雨同舟"	5	4	3	2	1
6	团体就好像我的家，有些成员或训练师好像我的父母和亲人，经由团体经验，我了解了过去与父母、亲人间的关系	5	4	3	2	1
7	团体让我了解到我在别人心中的印象	5	4	3	2	1
8	懂得我这么想和这么感觉的理由	5	4	3	2	1
9	我改善与别人相处的技巧	5	4	3	2	1
10	看到其他团体成员改善使我得到鼓励	5	4	3	2	1
11	团体成员建议或劝告我去做某些事情	5	4	3	2	1
12	了解到不论从别人身上得到多少引导和支持，我终究必须对自己的生活方式负责任	5	4	3	2	1
13	可以倾诉我的心事	5	4	3	2	1
14	帮助别人使我更看重自己	5	4	3	2	1
15	发现团体中有我可以模仿的对象	5	4	3	2	1
16	我属于团体，并被团体接纳	5	4	3	2	1
17	在团体中，就某方面来说，好像重新体验和了解了我所成长的家庭生活	5	4	3	2	1
18	懂得别人和我一样有一些不好的想法和感觉	5	4	3	2	1

续表

编号	项目	最有帮助	其次有帮助	其他	其次没帮助	最没帮助
19	发现并接纳以前所不知道或无法接受自己的部分	5	4	3	2	1
20	其他的成员坦诚有和我类似的问题使我得到鼓励	5	4	3	2	1
21	知道团体帮助和我有类似问题的人使我得到鼓励	5	4	3	2	1
22	团体让我有机会学习接近别人	5	4	3	2	1
23	认识到人生有时是不公平与不公正的	5	4	3	2	1
24	团体中有人在生活问题上给我明确的建议	5	4	3	2	1

附录十七

暴力犯愤怒控制训练效果自评问卷

请根据自己参加暴力犯愤怒控制训练项目的实际效果，依据感觉符合自己的程度进行评分。

其中 1 完全不符合；2 比较不符合；3 说不清；4 比较符合；5 完全符合。

1. 我了解本次团体项目矫治的目的。本次团体矫治训练和我有关系。

2. 以班为单位开展矫治活动正合适。

3. 每次团体矫治的时间（90 分钟）正合适。

4. 每周两次的专业矫治活动频率正合适。

5. 团体矫治的场景是温馨的、安全的、不被打扰的。

6. 每次团体矫治时间安排在上午能让我更有精力参加训练。

7. 暴力认知的课程改变了我对暴力攻击的错误认识。

8. "先活动，后分享"的矫治活动程序，对我的学习和改变有帮助。

9. 老师对整个班组成员的态度是平等、接纳、真诚和开放的。

10. 老师对我的态度是尊重、信任、理解、鼓励和支持的。

11. 老师能够带领整个班组成员向着既定目标前进。

12. 我对自己的暴力冲动攻击行为有了新的认识和理解。

13. 我学会了采用非暴力方式思考和解决遇到的问题。

14. 我对团体咨询活动是期待和配合的。

15. 我对这个班组有归属感。

16. 我在班组中感到温馨、被接纳和安全。

17. 班组成员之间是相互信任和合作的。

18. 我对训练师的态度是友善的。

19. 我对班组其他成员是尊重和友善的。

20. 暴力攻击不是解决问题的好方法。

21. 我对自己的情绪有了一定的了解和控制能力。

22. 我能有效控制自己的愤怒情绪，确保自己不发生攻击行为。

23. 暴力犯改造项目对我的改变和帮助很大。

24. 如果给此次矫治活动评分的话，你会打多少分？_____（百分制）

第三部分

积极行为养成

第一章
简　介

一、课程介绍

本课程正是基于以上思考，以儒家思想"内圣外王""积极入世"的文化精髓为基石，借鉴史蒂芬·柯维博士的经典著作《高效能人士的七个习惯》，参考积极心理学之父马丁·塞利格曼的《真实的幸福》以及泰勒·本-沙哈尔博士的《幸福的方法》等著作，结合中国人的思维逻辑和文化传统，以及课程研发者16余年的一线教学实践积累和理论思考，最终整理研发而成。

二、课程架构

该课程沿着"人（个人成长）——从（人际交往）——众（融入社会）"三字逻辑主线，以解决人生实际问题为导向，借助"以终为始，自主抉择，行事高效"三个习惯的练习，旨在提高个人独立自主的能力；借助"双赢思维，有效沟通，创造性合作"三个习惯的练习，旨在提升人际交往中达成互利共赢的能力；借助"顺时应势，不断更新"两个习惯的练习，旨在使个人在融入家庭、集体、国家等社会生活中实现个人价值和社会价值，最后积极拥抱变化，不断探索创新，辅以每周"三省吾身"，开启新人生，在螺旋式上升中提升幸福。通往幸福人生的路上，个人成长是基础，人际交往是途径，融入社会是目标，实现价值是宗旨。

第二章
课程设置

一、前置课程

(一) 教学目标

(1) 认识了解彼此。

(2) 理解课程内容逻辑结构。

(3) 熟悉学习六步骤。

(二) 教学课时

1 课时。

(三) 课前准备

前测问卷《学习效果自评量表》若干，A4 纸若干。

二、认识了解彼此

(一) 活动主题

你是最亮的那颗星吗？

(二) 要求

(1) 尽可能借助文字、图片，甚至语言、动作等多种因素，让别人瞬间记住你的名字、兴趣爱好、特别之处及更多信息。

(2) 设计时间为 3 分钟，每人自我推介展示时间为 1 分钟。

(3) 展示时声音洪亮，演示清楚。

(三) 活动小结

大家在自我推介的时候，虽内容不同，方式各异，但都用实际行动表达了自己想做那颗最亮的星！其实，在每个人心中，都存有一个最亮的自己，都存有那颗最亮的星。那么，怎样让自己心中的那颗星亮起来，而且生生不息？接下来，让我们共同开启通往幸福人生的 9 个积极习惯的学习和训练，相信它们能给予我们智慧和力量，增强自我改变提升的信心，拥抱变化，提升幸福。

三、课程内容结构简介

变化的世界，不变的追求！无论世界如何变化，追求幸福始终是每个人一生永恒的主题，即使人生各异，幸福不同。通往幸福人生的路上，总有一些规律可以遵循，总有一些习惯需要培养。人们常说，我们培养习惯，习惯塑造我们。可见，无论什么人，年龄几何，积极习惯的培养都尤为重要。世间积极习惯各种各样，岂能学完？但总有一些重要的积极习惯，能帮助个人提高独立自主的能力，能引导你在人际交往中学会互利共赢，能给予你智慧和方法轻松高效地融入社会（家庭、集体、国家等），最终实现自我价值和社会价值。

本课程正是基于以上思考，以儒家思想"内圣外王""积极入世"的文化精髓为基石，借鉴经典著作，结合中国人的思维逻辑和文化传统，以及课程研发者 16 年的一线教学实践积累和理论思考，最终整理研发而成。

本课程架构沿着"人（个人成长）——从（人际交往）——众（融入社会）"三字逻辑主线，以解决人生实际问题为导向，借助习惯的练习，最后积极拥抱变化，不断探索创新，辅以每周"三省吾身"，开启新人生，在螺旋式上升中提升幸福。通往幸福人生的路上，个人成长是基础，人际交往是途径，融入社会是目标，实现价值是宗旨。

四、学习六步骤

学习本课程，建议大家按照"觉察——学习——思辨——践行——悟得——固化"六步来推进，即通过自省觉察活动，找到当下正困扰自己的突出问题或困境，以问题为导向，激发改变意愿；然后分别对标 9 个积极习惯，学习练习方法；之后采取"拿来主义"思考辨别该方法的针对性和适用性；然后亲自去实践应用；接着及时回顾、总结，悟得一套适合自己的解决问题的方法；最后坚持应用，固化为一种下意识的自动化习惯。

五、本课总结

共同简要回顾本课内容（略）。"长风破浪会有时，直挂云帆济沧海"，自我改变之舟将成，积极习惯之帆将挂，向着幸福人生的方向，启航！

六、完成前测问卷《学习效果自评量表》

第一节　个人成长

在个人成长过程中，你是否存在如下困惑：对于未来，感觉很迷茫，不知道人活着的价值和意义在哪里，不知道怎样做才能实现真实的价值追求；在具体事件的抉择问题上，患得患失，犹豫不决，即使勉强接受也是意愿不强；行事方面，分不清轻重缓急，抓不住重点，结果荒废时光，碌碌无为。让我们带着这些问题，进行本部分内容的学习，希望你能从中得到启发和帮助。

习惯一　以终为始

教学目标：

（1）理解并能识别什么是工具、工具价值、终极价值。

（2）能利用"向死而生"心灵体验的方法，找回内心深处几个真实的终极价值。

（3）能根据自身真实的终极价值制定阶段性目标，并分别赋以时限。

教学课时：2课时。

课前准备：100元面值人民币若干，A4纸若干。

一、回顾复习，觉察问题

"变化的世界，不变的追求。"共同回顾复习（略）。

曾经、最近或者当下是否存在如下困惑：对于未来，感觉很迷茫，不知道人活着的价值和意义在哪里，不知道怎样做才能实现真实的价值追求。往往是因为你当时遇到了某个问题或事件，才引起你的深刻反思。请简洁、清晰地把这个问题（事件）描述出来：＿＿＿＿＿＿＿＿＿＿

人无目标必迷茫，行无方向必迷失。

二、工具——工具价值——终极价值

理性推理：辨别什么是终极价值。

教师手握几张钞票说："各位，我这里有几张百元大钞，想送给你们

中的几位，谁想要？请举手！"

导语1：我看到了，多数人都"见钱眼开"（顿一下），我也一样，也非常喜欢它。你们想得到这笔"飞来横财"，首先得认真地回答两个问题。

导语2：第一个问题是，当你现在得到这100元，你将怎么花？花钱的场景可以是现场，也可以是设想中社会上的任何一个场景。都买了些什么？为何要买它？感受如何？

导语3：花钱的感觉真好！第二个问题是，当你用钱买到了自己想要的东西后，得到的满足或快乐是短暂的还是持久的？再深一步思考，这100元真正买的是你内心深处什么样的一种价值追求或满足感？这种价值追求或满足感是否不仅能给你带来快乐和意义，而且是持久的？

导语4：如果以上两个问题你都认真思考并找到了答案，请与大家分享。

导语5：恭喜大家！你们在思考和分享活动中，已经能识别且理性看待什么是"工具"，什么是"工具价值"，什么是"终极价值"。如100元钞票是工具；买一束花送给爱人，爱人很开心，花也是工具，爱人开心才是你买花的直接目的，这是工具价值，这种感受往往是短暂的；表达并传递对爱人的感激和深深的爱意，构建温馨的家、爱的港湾，这才是你内心深处真正追求的终极价值，这种价值追求，影响往往是快乐且持久的。

要求：

（1）整个活动，循循善诱，充分触动每个人的神经，调动每个人的思维，使每名学员都参与到思维推理中来。

（2）把握好时间和节奏，每一段活动时间安排既要紧凑，又要有一定弹性，留足适当的时间供学员思考和表达。

活动小结：通过识别活动，归纳总结，给我们的启发有三：一是全新、深刻地理解了工具、工具价值、终极价值的内涵。二是认识到终极价值可能就那么几个，但实现终极价值的工具和工具价值却有很多。正如上例中为达到传递爱意、构建和谐的家这个终极价值，不是只有钱这个工具才能实现。事实上，钱只是众多工具中的一种，比如打个电话，说一些暖心的话，也许比这个效果更好。可见，我们要时刻清楚我们的终极价值，因为它既简单又真实，不为金钱或其他某一种工具所累，甚至沦为其奴隶，到头来，发现得到的并不是自己真正想要的。通往终极价值的路上，它们虽然很重要，但不是唯一。所谓"条条道路通罗马"，用在此处可谓非常贴切。三是无论哪一种终极价值，它带给我们的都应该是"快乐+意义+持久"的感知。事实上，正是这几个核心的终极价值，建构并支撑起我们真实的幸福观。

三、找回内心深处几个真实的终极价值

心灵体验（向死而生）：假如我的生命只剩下 30 天，我最想实现的三个心愿是……实现三个心愿的深处，唤醒找回的是什么样的终极价值追求？请简要谈谈这次心灵体验的过程和感受。

要求：

（1）在体验过程中，播放相应的背景音乐营造氛围。心灵体验时间 5~8 分钟。

（2）在分享交流中，营造开放、平等、尊重、真诚的氛围，依次分享，每人分享交流时间 3~5 分钟。

活动小结：中国有句俗话是"置之死地而后生"，唯有感受到生命的有限和短暂，潜入内心深处，才能唤醒找回那几个核心的终极价值。正如李开复在其著作《向死而生》中写道的，每个人都是在生的路上和死的途中，只是在有限的时间面前，不被完美禁锢，不被浮华绑架，以谦卑和敬畏之心，做最好的自己，才是对生命的热爱和尊重。与大家共勉。

四、围绕终极价值制定阶段性实现目标，并分别赋以时限

制定阶段性目标：请结合自己的三个终极价值，把生命的长度从 30 天拉长到未来的 10 年、20 年、30 年不等，分别结合终极价值拟完成的时限，制定阶段性目标，并分别赋以时限。制定完成后，请谈谈你的感受。

要求：

（1）在制定目标过程中，尽量保持安静，请理性思考，独立完成，时间 8~10 分钟。

（2）在分享交流过程中，注意营造开放、平等、尊重、真诚的氛围，依次分享，每人分享交流时间 3~5 分钟。

活动小结：一份规划就是一份自我宣言，它清晰地告诉我们未来该怎么活，又该怎么走。按照规划，我们才不会轻易偏离轨道，更不会迷失方向。

五、本课总结

共同简要回顾本课内容（略）。实现"国家富强、民族振兴、人民幸

福"是中国人整体的信仰。具体到个人，每个中国人在生活中时时处处都在追求着一个信仰，那就是"幸福"。正如习近平总书记在 2012 年 11 月 15 日讲话中所强调的，人民对美好生活的向往，就是我们奋斗的目标。人民对美好生活的向往即是对当代中国人追求幸福的具体诠释。可见，以幸福为目标，以真实的终极价值为构成要素，阶段性推进，这就是以终为始的真正内涵。"不忘初心，砥砺前行"也正是对以终为始的最好诠释。

六、课后作业

回顾本节上课之初觉察出的具体问题（事件），结合本节课所学的内容和方法，继续完善或完成《学习手册》中的学、思、践、悟、固等环节要求，并简要、清晰地记录在册。

习惯二　自主抉择

教学目标：

（1）能利用"四圈"归类法自主抉择，明晰态度。

（2）掌握并能应用"双火车头原理"解决生活中意愿不强、动力不足的问题（事件）。

教学课时：2 课时。

课前准备：A4 纸若干，网球 1 个，排球 1 个，砖头一块，粉笔若干，一块空阔的场地。

一、回顾复习，觉察问题

"变化的世界，不变的追求。"共同回顾复习（略）。

曾经、最近或者当下你是否有过如下困惑：在具体事件的抉择上，患得患失，犹豫不决，即使勉强接受也意愿不强！往往是因为你当时正遇到了某个问题或事件，才使得你如此焦灼、纠结。请简洁、清晰地把这个问题（事件）描述出来：＿＿＿＿＿＿＿＿＿＿＿＿＿＿＿＿

理想很丰满，现实很骨感。许多时候，看似没有选择，只能被动服从，但是如果跳出"圈"来，也许你会豁然开朗。

二、事件"四圈"归类法

收集事件：闭目，深呼吸，静下心，把所有的思绪都集中于大脑，快速收集最近一周你关心、关注的所有事件，不要犹豫，也不要判断它是否正确或切合实际，想到就简要地把它们记录下来。事件个数 8~10 个，时间 5~8 分钟。

导语 1：世间所有事件，大体可归为四类，它们分别处于不同的区域。区域不同，应对的方式方法也不同。

导语 2：第一类事件，自己能直接控制，比如高兴还是悲伤，认真听课还是假装敷衍等，这些事件几乎完全可以由自己把握主控，处于核心领域，我们不妨称之为"直接可控圈"，应对的方式是积极行动（注意事件本身是否有助于终极价值的实现）。

导语 3：第二类事件，自己能间接影响，比如亲人的情绪，孩子的学习成绩好坏等，这些事件往往表现为自己无法直接主宰和控制，通常是通过自己的努力给予积极或消极的影响。此类事件一般位于"直接可控圈"的外围，我们不妨称之为"间接影响圈"，应对的方式是尽力作为。

导语 4：第三类事件，自己既不能直接控制也不能间接影响，仅仅是关注，比如北斗三号卫星发射、中美贸易摩擦等。此类事件一般位于"间接影响圈"的外围，我们称之为"仅可关注圈"，应对的方式是作为业余兴趣。

导语 5：第四类事件，在自己的兴趣关注范围之外，即自己不感兴趣或不关注的事件，因人而异，比如整日关注自己小生活的人对于国际关系、世界秩序等不感兴趣也不关注。此类事件一般位于"仅可关注圈"的外围，我们称之为"超出关注圈"，应对的方式是忽略无视。

分类归圈：请将刚才收集到的事件，依据上述四类事件的归类特点，分别置于相应的圈内，并思考采取什么样的应对方式。

要求：学员须在 A4 纸上画出上述四个圈，将各个事件按一定顺序依次编号，最后把编号分别填入相应的圈内。分类归圈时间 3~5 分钟，分享交流时间每人 2~3 分钟。

活动小结：由内而外，按照个人可控和影响力从强到弱，分别是直接可控圈——间接影响圈——仅可关注圈——超出关注圈。同样的事件，不同的人分类归圈有可能不一样；即使同一个人，在不同的时期，同一事件也可能被分到不同的圈内。与此同时，我们应以动态发展的眼光看待这四个圈内的事件，在某些条件下，某一事件可能从这个圈跳到另一个圈，它们一直处于动态调整状态。当然，对于不同的圈内事件应采取不同的应对方式。

三、利用"四圈"归类法自主抉择，明晰态度

体验活动：刺激——回应。

活动前教师申明：本次体验活动有危险，而且将有三轮体验过程，一次比一次凶险，严重者有可能受重伤。你可以选择放弃，不参与此项活动；也可以鼓起勇气，接受挑战。一旦决定参加，三轮体验活动必须坚持到底，中途不得放弃退出。

第一轮体验过程：教师拿出一个网球，申明将砸向所有参与体验活动者中的某一个人，这个人不确定，是随机选取。

第二轮体验过程：教师拿出一个排球，申明将砸向所有参与体验活动者中的某一个人，这个人不确定，也是随机选取。

第三轮体验过程：教师拿出一块砖头，申明将砸向所有参与体验活动者中的某一个人，这个人不确定，还是随机选取。

体验分享：所有被砸学员、其他部分学员逐一分享体验的过程、反应和感受。

要求：

（1）除第一轮、第二轮教师真的分别砸向某一个人外，第三轮迅速逼近对象，但不真砸，避免受伤。每一轮活动注意观察所有学员，尤其是被砸学员的表情和反应。

（2）整个活动过程中需要播放快节奏的轻音乐烘托气氛。

活动小结：无论飞过来的是网球、排球还是砖头，不同类别、不同力度的刺激，就好比我们要面对的各类事件。利用"四圈"归类法，首先，要根据自己的实际情况，迅速识别刺激（事件）属于"直接可控""间接影响""仅可关注""超出关注"中的哪一种。如果觉得自己能承受能控制，有勇气有信心接受挑战，那就属于第一类事件，直接选择积极参与；如果犹豫不决，害怕受伤，又没有勇气和信心接受挑战，那就属于第二类或者第三类事件，不用勉强自己，直接选择放弃，然后选择在旁边观战即可。其次，你一旦决定选择接受挑战，就要鼓起勇气坚持到底，即使最终的结局未必如你所愿，甚至可能出现严重的后果，那也是自己的选择，不得怨天尤人。最后，整个过程中，我们无论是选择放弃还是接受挑战，无论接受挑战后取得成功还是以失败告终，这都是自己主动的识别和抉择，不要因当初选择放弃，失去机会而后悔，也不要因接受挑战，但以失败告

终而抱怨。坦然接受自己自主抉择后的各种后果，这就是自主抉择的真义。

四、利用"双火车头原理"解决生活中意愿不强、动力不足的问题（事件）

心流体验：请以本节上课之初觉察出的问题（事件）为例。

（1）畅想：如果这个问题（事件）通过自己的努力得以解决，开启你的多维想象，它将给你带来哪些具体的改变和提升？请调动你的绘画、语言、表情、肢体等多种资源和能力，逐一、具体、形象地将其演示出来，使他人如身临其境，分享你的快乐。

（2）警醒：如果这个问题（事件）没有得到解决，放任自流，以时间为主线，充分发挥你的推理和想象能力，一周、一个月、半年、一年、五年等之后，那时的你又将是什么样子？直到你实在不敢面对和不能接受未来的自己，或者到这个问题（事件）自然消失为止。请同样调动你的绘画、语言、表情、肢体等多种资源和能力，把你最不敢面对和不能接受的未来的自己形象生动地演示出来，警醒自己，告诫他人。

要求：

（1）心流体验阶段：统一分时段进行，即统一的前半时间段开展"畅想"活动，统一的后半时间段开展"警醒"活动，因为氛围不同不宜混杂。根据学员完成情况，前后半段时间各为3~8分钟。

（2）分享交流阶段：逐人上台情景模拟再现。要求表演时入境、入情。演示舞台中央有一个醒目的原点，向前三步是"畅想"后的美好愿景的场景，逐一、真实、生动地表演出来；向后三步是"警醒"后的不敢也不能接受的未来的自己的场景，真实、生动地再现出来。每变换一次场景，需要停顿5秒进行心理调适。"畅想"场景再现时间3~5分钟，"警醒"场景再现时间1~2分钟。

活动小结："畅想"给了我们前进的力量，那是一股股强有力的牵引力，激励我们悦动前行；"警醒"却时刻提醒我们不能放弃，那一个个难以承受之后果，足以催人奋进。我们不妨把这种一拉一推的心流体验活动概括为"双火车头原理"，希望大家以此为例，举一反三。

五、本课总结

共同简要回顾本课内容（略）。所谓自主抉择，就是根据自己的实际情况，主动识别问题（事件）类别，然后作出果断的抉择。既然接受挑战，那就鼓起勇气，对自己说：我想改变！因为，前方有美好的愿景在召唤，后方有难以承受之后果在警醒。当然，要坦然接受自主抉择后的各种结果。总之，我们要有勇气改变可以改变的事情，有胸怀接受不可改变的事情，有智慧来分辨两者的不同。

六、课后作业

回顾本节上课之初觉察出的具体问题（事件），结合本节课所学的内容和方法，继续完善或完成《学习手册》中的学、思、践、悟、固等环节要求，并简要、清晰地记录在册。

习惯三 行事高效

教学目标：

（1）能识别事件"重要"或"不重要"，"紧急"或"不紧急"。

（2）掌握第四代时间管理理论精髓。

（3）以有利和提速实现终极价值为导向，能把大部分时间、精力用在"重要不紧急"事件上。

教学课时：2 课时。

课前准备：A4 纸若干。

一、回顾复习，觉察问题

"变化的世界，不变的追求。"共同回顾复习（略）。

曾经、最近或者当下你是否有过如下困惑：行事方面，分不清轻重缓急，抓不住重点，结果荒废时光，碌碌无为。往往是因为你当时遇到了某个问题或事件，使你感觉无能为力，错过之后又后悔不已。请简单、清晰地把这个问题（事件）描述出来：＿＿＿＿＿＿＿＿＿＿＿

人们常说，干活要干得有价值。行动，要讲效用。

二、识别生活中那些重要、不重要、紧急、不紧急的事件

昨日回眸：闭目，深呼吸，静下心，把所有的思绪都集中于大脑，收集昨天从早上起床到晚上就寝这段时间里，自己都做了哪些事情。请先将这些事情按重要、不重要分类，然后再按紧急、不紧急分类，然后再分别填入相应的象限内（详见图 3.2.1）。尽力回想用在每件事情上的时间大概

是多少，反思在每件事情上所花的时间、精力是否合理，并简要说说你的理由。

分享交流：学员逐个分享。

要求：

（1）回顾过程：教师可多次提醒、明确学员要思考的问题。同时可播放一段轻音乐营造气氛。时间 8~10 分钟。

（2）分享交流：要求学员坦诚分享，声音洪亮，表达清楚。时间为每人 3~5 分钟。

活动小结：生活琐事千万件，总有些事情重要或不重要，紧急或不紧急，因人而异，标准不一。当我们静下心来回顾反思，可能会发现，时间、精力与重要事件配置错位，我们把大把时间、精力用在了不重要不紧急或者不重要紧急事件上，结果荒废了青春年华。生命只有一次，时间不可逆，一定要珍惜。

三、第四代时间管理理论精髓及其在生活中的应用

（1）所有的事件都可以区分为重要或不重要、紧急或不紧急。重要事件是指你个人觉得有价值，即对你追求的终极价值及其阶段性目标具有帮助和提速作用的事件。紧急事件是指你或他人认为需要立刻注意的事件。

（2）时间管理矩阵中（详见图 3.2.1），第一类事件既紧急又重要，需要立即处理。第三类事件既紧急又不重要，但往往被误认为很重要。大部分人把时间和精力放在处理紧急事件（第一象限、第三象限）上，结果往往是碌碌无为。很少有人愿意主动把时间和精力放在不重要不紧急事件（第四象限）上，但又容易把此类事件误认为重要不紧急而悠然自得，缓慢进行。事实上，人应该把大部分时间用在第二类事件（第二象限），如建立人际关系、规划长期目标、防患于未然等事件上来，进而适当减少第一类事件，同时尽可能减少或避免第三类、第四类事件。人人都知道第二类事件很重要，却因尚未迫在眉睫，反而避重就轻。

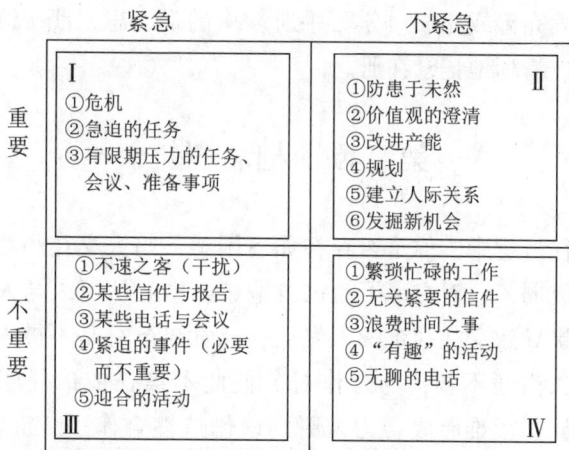

图 3. 2. 1　事务分类与时间管理矩阵分析

（3）人的时间、精力有限。因此，最好的时间管理方法是将焦点放在认为"重要"的象限中（第一象限及第二象限），尤其应着重第二象限（重要不紧急事件）。

问题：反思昨日的事件和时间安排，自己做得怎样？假如昨天的事件将在明天全部重现，你将作何调整？简要说说理由。

分享交流：学员逐个分享。

要求：学员反思时间 3~5 分钟，每人分享时间 2~3 分钟。

活动小结：昨天的事件也许不再发生，审视过去，为的是致力于未来。明天即将开始，从此以后，以有利和提速实现终极价值为导向，找出真正重要的事件，把大部分时间和精力用在"重要"的第一象限、第二象限事件上，尤其着重第二象限。

四、本课总结

共同简要回顾本课内容（略）。若要专注于重要事件，就要尽量减少次要、不重要事件，有勇气对一些不重要事件说"不"，或者授权给他人代办。总之，我们要时常跳出"整日忙碌不知所求"的封闭圈，始终站在有利和提速实现终极价值的高度，统筹推进各项事件，使前进路上的每一个阶段都卓有成效。

五、课后作业

回顾本节上课之初觉察出的具体问题（事件），结合本节课所学的内容和方法，继续完善或完成《学习手册》中的学、思、践、悟、固等环节要求，并简要、清晰地记录在册。

第二节　人际交往

在人际交往过程中，你是否存在如下困惑：与人交往小心谨慎，担心对方强了自己就弱了，对方赢了自己就输了，内心认可人与人交往是一种零和游戏，结果导致交往很难深入发展；感觉自己总是不被人理解，甚至还被误解，与人沟通不畅；与合作对象彼此不信任或信任度差，加之认知、性格等差异，很难形成合力，更别谈创造性合作了。带着这些问题，通过本部分内容的学习，也许你能找到一些提升人际交往成效的方法。

习惯四　双赢思维

教学目标：

（1）了解人际交往中的六种思维方式，理解双赢思维的内涵。

（2）掌握达成双赢的四大步骤，并能应用到谈判交流中，促成互利共赢。

教学课时：2课时。

课前准备：A4纸若干。

一、回顾复习，觉察问题

"变化的世界，不变的追求。"共同回顾复习（略）。

曾经、最近或者当下你是否有过如下困惑：与人交往小心谨慎，担心对方强了自己就弱了，对方赢了自己就输了，内心认可人与人交往是一种零和游戏，结果导致交往很难深入发展。往往是因为你当时遇到或经历着某个问题或事件，使你萌生这样的想法。请简洁、清晰地把这个问题（事件）描述出来：_____

人不可能独立存在，需要与人交往，不仅仅是物质互补，更是精神需要。无论与人交往，还是与人合作，首先需要积极合理的思维方式，它是人际交往的前提和基础。

二、人际交往中的六种思维方式

情景模拟：一天下午2：00，你的直接领导突然找到你，让你写一份本单位的年终总结给他，要求第二天上午 9：00 前完成。你手头本身有一堆活都干不过来，这意味着今晚必须加班。你的心情极其糟糕，一心想把这个任务推出去。于是你用了 2 分钟时间构思了一个充足的理由，要找领导谈谈。领导说 10 分钟后他要开一个重要会议。因此，你和他谈判的时间只有 10 分钟。接下来，你们开启了话题……

分享体验：每组逐一分享交流，以记录员发言为主，重点描述能体现员工沟通态度、行为的细节。另外，员工和领导可做补充。

要求：

（1）3 人为一组，1 人扮演领导，1 人扮演员工，1 人为记录员。

（2）领导和员工的扮演者要求入境、入情，真实体验谈判过程。记录员全程记录，重点记录员工的关键语句，观察他的肢体动作和表情等。当然，记录最后是否达成一致意见，以及具体的解决办法也非常重要。

（3）每组分享时间 5~8 分钟。

（4）分享交流环节，教师就"达成一致意见""好聚好散""不欢而散（冲突）"三种可能出现的结果分别进行统计。

活动小结：不同的思维方式，决定了不同的谈判结果。人际交往中，通常有以下六种思维方式，在刚才的模拟活动中，我们无意识地用了其中的某一种或几种。

（1）利人利己（双赢）：为自己谋利也不忘他人。双赢者把生活看作合作的舞台，而不是竞技场。他们认为，世界之大，他人之得不必视为自己之失。

（2）独善其身（赢）：一心求胜，不顾他人。以自我为中心。

（3）损人利己（赢/输）：我赢就是你输。往往在攀比，竞争，追求地位、权力欲等情境或诱因中滋生。

（4）舍己为人（输/赢）：妥协退让，讨好他人，求得别人的认同和表面的和气，一般不可持续。

（5）两败俱伤（输/输）：双方都以自我为中心，各执己见，都不服输，甚至产生冲突、报复等过激思想。为了报复，不惜牺牲自身的利益，却不问是否值得。

（6）好聚好散（无交易）：如果不能利益共享，那就商定放弃交易。坦诚相见，更有助于发掘及解决问题。即使买卖不成，仁义尚在，或许日后还有合作的机会。

小结：六种方式哪一种好？事实上，不能简单地评论哪一种好或不好。人们在交往中可能采用其中一种思维方式，也可能采用其中几种。除极少数情况下，因竞争激烈、信任危机，不得不采用损人利己（赢/输）的方式外，大多数时候需要通过与他人合作才能实现，双赢是合作的前提和基础。当然，个人应培养并具备双赢思维的三大品格：正直、成熟、富足的心态，它们是达成双赢的基石。即使不能实现双赢，达不成合作，好聚好散也是一种不错的选择。来日方长，也许某一天还有其他合作的可能。

三、达成双赢的四大步骤及其在生活中的应用

与人交往或合作，要达成双赢，一般遵循如下四大步骤。

（1）第一步：透彻了解对方与自己交往或合作的真实需要和顾虑（困难）。

（2）第二步：厘清自己的真实需要和顾虑（困难）。

（3）第三步：消减顾虑（困难），寻求彼此都能接受的结果。

（4）第四步：商讨达成结果的各种可能途径。

情景模拟（再现）：一天下午2：00，你的直接领导突然找到你，让你写一份本单位的年终总结给他，要求第二天上午9：00前完成。你手头本身有一堆活都干不过来，这意味着今晚必须加班。你的心情极其糟糕，一心想把这个任务推出去。于是你用了2分钟时间构思了一个充足的理由，要找领导谈谈。领导说10分钟后还要开一个重要会议。因此，你和他谈判的时间只有10分钟。接下来，你们开启了话题……

分享体验：每组逐一分享，以员工发言为主，重点谈谈自己较之前做了哪些调整变化？有哪几点收获？领导和记录员可做补充。

要求：

（1）3人为一组，1人扮演领导，1人扮演员工，1人为记录员。情景模拟（再现）前要求所有学员熟悉达成双赢"四步骤"。

（2）领导和员工的扮演者入境、入情，真实体验谈判过程。记录员全程记录，重点记录和观察员工谈判过程中较之前做了哪些调整，发生了哪些变化，记录是否达成一致意见，当然，记录具体的解决办法也很重要。

（3）每组分享时间3~5分钟。

（4）分享交流环节，教师就"达成一致意见""好聚好散""不欢而

散（冲突）"三种可能出现的结果数，再次分别进行统计。最后将前后两轮统计结果进行对比分析。

活动小结：双赢思维不是简单的是或否、赢或输，而是彼此寻找最大的公约数，本着求同存异的原则，兼顾平衡双方的利益诉求，最后共同寻找途径达成目标。即使不能达成一致意见，也可以好聚好散，千万不要不欢而散甚至引发冲突，成为敌人。

四、本课总结

共同简要回顾本课内容（略）。本着双赢思维、利人利己的想法，交往和合作才有基础，并可持续发展。即使不能达成双赢，也可选择好聚好散，来日方长，也许某一天还有再次合作的机会。

五、课后作业

回顾本节上课之初觉察出的具体问题（事件），结合本节课所学的内容和方法，继续完善或完成《学习手册》中的学、思、践、悟、固等环节要求，并简要、清晰地记录在册。

习惯五　有效沟通

教学目标：

（1）了解人际沟通中容易出现的四大障碍，在交往中有意识地降低或消除其影响。

（2）掌握同理心倾听技能，进而提升沟通成效。

教学课时：2 课时。

课前准备：A4 纸若干。

一、回顾复习，觉察问题

"变化的世界，不变的追求。"共同回顾复习（略）。

曾经、最近或者当下是否有过如下困惑：感觉自己总是不被人理解，甚至还被误解，与人沟通不畅。往往是因为你当时遇到或经历着某个问题或事件，使你处于这样的困境。请简洁、清晰地把这个问题（事件）描述出来：_____

人际交往，即使不能达成双赢，也可以选择好聚好散。当然，要达成互利共赢，仅有共同的意愿还不够，还需要卓有成效的沟通。

二、人际沟通中容易出现的四大障碍

情景模拟：一天晚上 8：30，父亲在单位加完班，拖着疲惫的身体回到家，习惯性地推开儿子的房门，非常惊讶地看见儿子正用手机玩游戏，作业扔在一边，父亲愤怒地冲向前去，夺过儿子的手机，厉声质问道：整天就知道玩游戏，没出息……父子之间开始了一场争执。过程和结果待续。

分享体验：每组逐一分享，以记录员发言为主，重点描述父子之间的几个对话细节。父亲和儿子可做补充。

要求：

（1）3 人为一组，1 人扮演父亲（年长者），1 人扮演儿子（年少者），1 人为记录员。

（2）父亲和儿子的扮演者要求入境、入情，真实体验沟通过程。记录员全程记录，主要记录父子沟通不畅的关键语句对话信息，重点是父亲的语句、语气等信息。当然，记录最后的争执结果或者具体的解决办法也非常重要。

（3）模拟活动时间 12~15 分钟，每组分享时间 5~8 分钟。

（4）分享交流环节，教师就亲子关系"进一步增进""基本和解""谁也不理谁""语言肢体冲突"四种可能出现的结果分别进行统计。

活动小结：父子之间出现了诸多沟通不畅的语句、语气及行为等。一般而言，妨碍有效沟通的障碍有如下四种。

（1）是非判断——符合自己的想法就是对的，那就接受；不符合就是错的，直接拒绝甚至抵制。结果往往让对方不能畅所欲言。

（2）触窥隐私——不论是无意的触碰，还是有意地窥探他人的隐私，都让人感觉不安全。结果往往使人保持戒心，甚至远离而去。

（3）好为人师——自认为比别人强，甚至以"大圣人""救世主"自居，以自己的经验主动教化他人。结果往往使人感到其说教的乏味，或其盛气凌人的压抑，要么忽略无视，要么敬而远之。

（4）自以为是——根据自己的动机和行为，想当然地推理和衡量别人的动机和行为，结果往往导致双方的沟通自始至终都不在同一频道上。

帮助指正：记录员结合"父亲"的言行，对标上述四种障碍，指出父亲在沟通中出现了哪一种或几种障碍，并以其具体的言行表现举证。"父亲""儿子"可做补充。

要求：记录员以记录的言行事实为依据，以障碍特点为准绳，作出客观真实的描述。父亲要正确看待记录员的指正，对确实存在的问题要虚心接受。每组发言时间2~3分钟。

活动小结：当局者迷，旁观者清。对于他人帮助指出的问题，心怀感激，有则改之，无则加勉。

三、学会同理心倾听，提升沟通成效

除了物质，人类最大的生存需求源自心理，即被人理解、肯定、认可和欣赏。同理心倾听等于是给对方提供"心理空气"，满足对方这个基本的心理生存需求后，你就可以施加影响力和解决问题了。

同理心倾听，是指设身处地、感情移入地积极倾听、及时回应，以此来了解对方真正的意思和真实的感受的过程。有效的技巧建立在关心的态度和真正想去了解对方的意图之上。据专家估计，人际沟通仅有10%通过语言来进行，30%取决于语调和声音，其余60%则需靠肢体语言。因此，在同理心聆听过程中，不仅要耳到、言到，而且还要眼到、肢体到、心到。

同理心倾听五步法：

（1）听清语句——抓住关键词，关注小细节。

（2）听到内容——加入理解，用自己的语言客观地总结出事件本身。

（3）听出感受——掺入个人的感觉，听出事件过程或结果给对方带来的切实感受。

（4）感同身受——用自己的语言清楚描述，使对方感觉到你已了解到的事实；将设身处地的感受表达出来，使对方感受到你对他的关心、理解、肯定、认可、支持、欣赏等。

（5）共寻方案——共同寻求解决的途径和方法。

情景模拟（重现）：一天晚上8：30，父亲在单位加完班，拖着疲惫的身体回到家，习惯性地推开儿子的房门，非常惊讶地看见儿子正用手机玩游戏，作业扔在一边，父亲愤怒地冲向前去，夺过儿子的手机，厉声质问道：整天就知道玩游戏，没出息……父子之间开始了一场争执。过程和结果待续。

分享体验：每组逐一分享，以父亲发言为主，重点谈谈自己较之前做

了哪些调整变化？有哪几点体会？记录员和儿子可做补充。

要求：

（1）3 人为一组，1 人扮演父亲（年长者），1 人扮演儿子（年少者），1 人为记录员。情景模拟（重现）前要求所有学员熟悉同理心倾听五步法。

（2）父亲和儿子的扮演者要求入境、入情，真实体验沟通过程。记录员全程记录，重点记录和观察父亲沟通过程中较之前做了哪些调整，发生了哪些变化。当然，记录最后的争执结果或者具体的解决办法也非常重要。

（3）模拟重现活动时间 8~10 分钟，每组分享时间 3~5 分钟。

（4）分享交流环节，教师就亲子关系"进一步增进""基本和解""谁也不理谁""语言肢体冲突"四种可能出现的结果，再次分别进行统计。最后将前后两轮统计结果进行对比分析。

活动小结：要实现有效的沟通，必离不开同理心倾听。如果我们坚持练习，必将有助于改善和提升与亲人、朋友、同事、合作伙伴等之间的关系，受益终生。

四、本课总结

共同简要回顾本课内容（略）。唯有先了解关心别人，才能得到别人的理解。那么，在沟通过程中，有意识地降低或消除沟通四障碍的影响，熟练应用同理心倾听五步法，定能使每次沟通都卓有成效。

五、课后作业

回顾本节上课之初觉察出的具体问题（事件），结合本节课所学的内容和方法，继续完善或完成《学习手册》中的学、思、践、悟、固等环节要求，并简要、清晰地记录在册。

习惯六　创造性合作

教学目标：

（1）了解信任账户的存款、取款过程，熟悉提高存款、减少取款的主要事项。

（2）掌握创造性合作的内涵，及其在生活中的应用。

教学课时：2 课时。

课前准备：A4 纸若干，一空旷场地。

一、回顾复习，觉察问题

"变化的世界，不变的追求。"共同回顾复习（略）。

曾经、最近或者当下你是否有过如下困惑：与合作对象彼此不信任或信任度差，加之认知、性格等差异，很难形成合力，更不要说创造性合作了。往往是因为你当时正遇到或经历着某个问题或事件，使你对合作没有信心。请简洁、清晰地把这个问题（事件）描述出来：＿＿＿＿＿＿＿

人际交往要达成目标，仅有共同的意愿、有效的沟通技能还不够，彼此之间信任度几何，以及是否尊重相互的差异，往往决定着合作的成效。

二、信任账户及其存取款主要事项

信任账户用以比喻人与人之间的信任程度。账户里面的存款增多，意味着人与人之间信任度在增强；相反，如果支出越来越多，意味着人与人之间的信任度在降低，甚至有透支的可能。信任账户看似虚拟，实则在人际交往中发挥着重要的作用。

信任账户主要的存取款事项。

存款事项：

（1）理解他人：理解他人是一切感情的基础。只有了解并真心接纳对方，才可能增进彼此的关系。

（2）注意小节：一些看似无关紧要的小节，如忽视礼貌，不经意的失言，最能消耗信任账户的存款。

（3）信守承诺：守信是一大笔储蓄，背信则是庞大支出，代价往往超出其他任何过失。背信偶尔意外发生，要么坚持履行承诺，要么向当事人解释无法兑现的原因，取得对方的谅解。

（4）阐明期望：我们需要明确应该由谁来完成什么样的任务，一开始就提出明确的期望，让相关的每一个人都了解。

（5）正直无妄：正直指避免背后攻击他人，如果能对不在场的人保持尊重，在场的人也会尊重你。无妄指不欺骗、不使诈和不冒犯，不打狂语。

（6）勇于致歉：当我们从信任账户中提款时，要向对方真诚致歉，那会帮助我们增加存款。道歉必须诚心诚意，而且要让对方感受到诚意。

（7）爱不附条件：由于不附带任何条件，没有任何牵绊，被爱者得以用自己的方式自由而独立地生活。无条件地付出并不代表软弱，我们依然有原则、有限度、有是非观念，只是无损于爱心。

取款事项：

（1）要求对方先理解自己。

（2）不注意小节。

（3）违背承诺。

（4）想当然。

（5）不正直，乱打诳语。

（6）自负、傲慢，不认错。

（7）附带条件的付出。

三、创造性合作的内涵

优点大挖掘：5人一组，组内每名成员需要通过日常接触、感觉、观察等途径，逐一挖掘出其他4名成员的优点。要求发现的优点是自己没有或者不及对方的。每人需挖掘出1~3条，且需要列出具体的事例证明。然后再找找自己的优点，找出自我感觉最突出的1~3条。最后记录下来。

优点大轰炸：每名学员逐一站到舞台上，接受组内其他成员的依次轰炸，并逐一记录下来；然后结合自己发现的优点，谈谈活动感受。

要求：

（1）优点挖掘环节：给组内其他成员挖掘优点时间5~8分钟，给自己找优点时间1~2分钟。

（2）优点轰炸环节：被轰炸者快速、简要记录下他人发现的自己身上的优点。轰炸者在说出被轰炸者优点的同时，要用具体事例说明。每名被轰炸者台上时间3~5分钟。

活动小结：每个人都有长处，也有短处。正是因为人与人之间存在诸多差异，往往形成了互补关系，他人之长，可能正是自己之短。

创造性合作：基于彼此的信任，尊重并利用相互的差异，取长补短，优势互补，抱着融合的心态，最终实现合作效益最大化。

创造性合作：情景剧创作。

以刚才的5人为一组，基于相互信任，尊重差异，尤其要利用和发挥每个人的优点、智慧，人人都参与进来，在生活、工作、学习等领域自选一个主题，自拟一个题目，拍摄一部微电影，或展演一部生活情景剧。

创作步骤：

（1）选定一个领域，确定主题，明确电影（或生活情景剧）要传递的核心思想或价值。

（2）围绕核心思想编写剧本。

（3）结合个人特点，分配表演角色以及相应的服务工作人员。

（4）熟悉各自角色，模拟练习。

（5）录制微电影（或现场展演生活情景剧）。

（6）微电影后期剪辑。

要求：

（1）表演内容要紧扣核心思想，突出剧名。

（2）微电影时长在 5 分钟以内，生活情景剧时长在 10 分钟以内。

（3）要有剧名、导演、编剧、摄影剪辑、后勤保障、演员等。

（4）力求微电影或生活情景剧内容积极正面，紧扣生活实际，能给人以激励或启示。

四、本课总结

共同简要回顾本课内容（略）。创造性合作的精髓：基于信任，尊重差异，取长补短，不断融合，使合作效益最大化。

五、课后作业

回顾本节上课之初觉察出的具体问题（事件），结合本节课所学的内容和方法，继续完善或完成《学习手册》中的学、思、践、悟、固等环节要求，并简要、清晰地记录在册。

第三节　融入社会

在融入社会过程中，你是否存在如下困惑：回顾过去，后悔当时没识别出或没有把握住机会，很多次错失良机；很难融入家庭、集体等群体生活，感觉自己与众不同、曲高和寡；人生前进路上，要么抵挡不住诱惑，要么战胜不了困难，曾经的坚持最终选择了放弃，从此不思进取，得过且过，了却一生。通过本部分内容的学习，相信你能找回那份韧劲和自信。

习惯七　顺时应势

教学目标：

（1）感悟时机稍纵即逝，从而珍惜并把握住每一次机会。

（2）掌握顺时应势五步法，能较快融入家庭、集体、国家等社会生活。

（3）理解"和而不同"的内涵及其在生活中的应用。

教学课时：2 课时。

课前准备：A4 纸若干。

一、回顾复习，觉察问题

"变化的世界，不变的追求。"共同回顾复习（略）。

曾经、最近或者当下你是否有过如下困惑：回顾过去，后悔当时没识别出或没有把握住机会，很多次错失良机；很难融入家庭、集体等群体生活，感觉自己与众不同、曲高和寡。往往是因为你当时遇到或经历着某个问题或事件，使你对融入家庭、集体等群体生活没有信心。请简洁、清晰地把这个问题（事件）描述出来：＿＿＿＿＿＿＿＿＿＿

人之社会，犹如鱼之水，水为鱼提供了生存的基础，也为鱼提供了"愉跃"的空间。作为社会人，其价值的大小，取决于他对家庭、集体、国家等社会的贡献力。贡献力越大，其价值就越大。

二、时机稍纵即逝

时机，时指时间，机指机会，综指某种行为赖以存在和发展的、极为有利又很少出现的环境和条件。时机在家庭、集体、国家等社会"大势"中孕育、产生。如果没识别出、没把握住，它就稍纵即逝。俗语讲，机不可失，时（失）不再来，就是这个意思。

生活回眸：请回顾过去的几十年，找出令你至今难忘，后悔当时没识别出、没把握住的一次宝贵机会。简要谈谈当时是在什么样的环境下，白白把机会给错失掉的。

分享感悟：学员分享交流。

活动小结：面对后悔和遗憾，人们经常说，"如果当初……"那只是一种自我安慰罢了。生活中没有也不可能有"如果"，时机稍纵即逝。时机需要我们在家庭、集体、国家等社会"大势"中或识别，或寻找，或创造，然后把握住机会，顺势而为，达成目标。

三、顺时应势五步法

顺时应势，就是识别出机会，意识到时不我待，牢牢抓住机会，顺势而为，实现价值，达成目标。

顺时应势五步法：

第一步：看清形势——清楚自己当下所处的社会（家庭、集体、国家等）及其势能（社会职能或存在的价值）。

第二步：识别机会——从中或识别，或寻找，或创造有利于实现自我终极价值的机会。

第三步：角色定位——及时调整、准确定位（角色）。

第四步：贡献力量——知道社会需要自己贡献什么，同时不允许自己做什么。

第五步：获得所需——知道能从社会中获取哪些具体的好处。

融入班级：学员因培训而汇，班级因培训而生。在这个班级里，请利用顺时应势五步法，谈谈自己已经或将要如何较快地，甚至卓有成效地融入班级，最终达成目标。

要求：重点谈谈自己在班级中已经或将要贡献什么，又将从中获得哪些具体的好处。学员思考时间 5~8 分钟，每名学员分享时间 3~5 分钟。

活动小结：唯有把握时机，顺势而为，我们才能获得更多。无论是贡献的过程，还是好处的获得，都是个人与社会的良性互动。个人的自我价值、社会价值也正是在社会（家庭、集体、国家等）这个平台上才得以实现。

四、和而不同的内涵

对于社会，大到国家，小到家庭，"融入"是我们唯一的选择，除非你"退群"。因此，要看清形势，顺势而为。在"融入"环境的过程中，不能同流合污、狼狈为奸，心中、行动要有底线和原则，才不至于迷失自我。

子曰：君子和而不同，小人同而不和。意思是，君子讲求和谐而不盲目附和、同流合污；小人只求完全一致，但不讲求和谐贯通。

五、本课总结

共同简要回顾本课内容（略）。唯有把握时机，顺势而为，我们才能较快地、卓有成效地融入家庭、集体、国家等社会生活，同时也要做到和而不同，最终实现个人的自我价值和社会价值。

六、课后作业

回顾本节上课之初觉察出的具体问题（事件），结合本节课所学的内容和方法，继续完善或完成《学习手册》中的学、思、践、悟、固等环节要求，并简要、清晰地记录在册。

习惯八　不断更新

教学目标：

（1）理解挫折具有两面性，增强化消极为积极、化阻力为动力的意识，在不断战胜挫折的过程中强化意志。

（2）掌握突破思维定势的四种方法。

（3）掌握并应用每周"三省吾身"。

教学课时：2 课时。

课前准备：A4 纸若干，一根筷子。

一、回顾复习

"变化的世界，不变的追求。"共同回顾复习（略）。

曾经、最近或者当下你是否有过如下困惑：人生前进路上，要么抵挡不住诱惑，要么战胜不了困难，曾经的坚持最终选择了放弃，从此不思进取，得过且过，了却一生。往往是因为你当时正遇到或正经历着某个问题或事件，使你对未来没有信心。请简单、清晰地把这个问题（事件）描述出来：＿＿＿＿＿＿＿＿＿＿＿＿＿＿＿＿＿＿＿＿＿＿＿＿＿＿＿＿

在变化的世界里，没有一劳永逸、永恒不变的模式，唯有不断更新，才能为幸福人生注入不竭的动力，彰显生命的价值。

二、挫折具有两面性

不断更新，不断就是要坚持不懈，更新就是要更替创新。之所以不能坚持不懈、持之以恒，往往是因为前进路上遇到了挫折；之所以不能更替创新、焕发生机，往往是因为不能突破思维定势。

挫折，指人们在有目的的活动中，遇到阻碍人们达成真实目的的障碍。障碍可能是诱惑，如权势、地位、名利、金钱、美色等。更多的可能是各种各样的困难和压力。要抵挡住诱惑，不妨综合采用"以终为始"和"行事高效"两个习惯中的练习方法；要战胜困难，就要从心理和行为层面做好准备，突破自我。

故事分享：驴子的故事。

有一天，农夫的一头驴子不小心掉进枯井里，农夫绞尽脑汁想要救出驴子，但是都没有办法，几个小时过去了，驴子还在井里哀嚎着。最后，农夫决定放弃，他想这头驴子已经老了，不值得大费周折地把它救出来，但是不管如何，这口井是一定要填起来的，一起将井里的驴子埋了，以免除驴子的痛苦。于是农夫就找邻居帮忙。大伙人手一把铲子，开始将泥土铲进井里。当这头驴子意识到自己的处境时，刚开始哭得很凄惨，但出人意料的是，一会儿它安静下来了。大家好奇地往井底一看，眼前的情形令他们大吃一惊：当铲进的泥土落到驴子的背部时，它将泥土抖落一旁，然后站到泥土堆上面。就这样，驴子一步一步地上升到井口，然后在众人的惊讶中快步跑开了。

思考：我们似乎也经常深陷驴子一样的逆境，你能体会并描述驴子从遭遇挫折到战胜挫折的整个过程中，它的心理和行为是怎样发展变化的吗？又给我们以什么样的启发？

活动小结：挫折易使人消沉放弃，也能使人越挫越勇。无论是遭遇挫折时的恐惧、无力甚至绝望，还是在战胜挫折过程中的艰难无助，总有些方法能适用。比如心理层面：反正躲不掉、避不开，那就勇敢面对、坦然接受吧；行为层面：冷静分析，寻求方法，善于求助，探索创新。真正化消极为积极、化阻力为动力，在不断战胜挫折的过程中，强化自己的意志。

三、突破思维定势的四种方法

要更替创新，首先就要突破思维定势。思维定势，也称"惯性思维"，是由先前的活动而造成的一种对活动的特殊的心理准备状态，或活动的倾向性。在环境不变的条件下，定势使人能够应用已掌握的方法迅速解决问题；而在情境发生变化时，它则会妨碍人采用新的方法。

突破思维定势的四种方法：

（1）头脑风暴，指打破常规，不受任何限制地自由联想、畅所欲言、异想天开，越多越好，目的在于产生新观念或激发创新设想。

体验活动：一根筷子的用途有哪些？

活动小结：一根筷子可以做餐具，还可做武器、乐器、湿木导电、首饰、安全检测仪等。可见，一根筷子价值的大小源于人们对它的赋予。给我们的启发是：当遇到困难、挫折时，坚信总有路可走，方法总比困难多。只要我们能打破常规，敢于想、善于想，总能找出合适的一种甚至多种办法来解决。

（2）逆向思维，也称求异思维，是对司空见惯的似乎已成定论的事物或观点反过来思考的一种思维方式。敢于"反其道而思之"，让思维向对立面的方向发展，从问题的相反面深入地进行探索。

体验活动：新冠肺炎疫情带来了很大的灾难，但是也给我们带来一些启示。（可从人类、全球、国家、社会、家庭、科技、生活、人情、自由等多维度去寻找）

活动小结：面对疫情，人们很容易想到灾难、浩劫等。逆向思考，它反而用残酷的现实告诉人们，面对共同的敌人（病毒），构建人类命运共同体的重要性和紧迫性；对于从死神那里抢回来的人来说，幸福就是"活着真好"；中国共产党领导的"全民抗疫战争"，体现出中国共产党强大的组织能力和执行能力，疫情得以被有效遏制；对于封闭隔离多日的人们来说，解除隔离的刹那，才深切地感受到平安、健康、自由真好；大数据分析、人工智能、疫苗研发等现代高科技加速融入改善民生中等。给我们的启发是：当遇到困难、挫折时，不妨按下"暂停"键或者后退一步，为的是将来更稳、更快地前进。

（3）再次整合，指再一次或第二次把零散的东西彼此衔接，从而实现系统资源的共享和协同，形成有价值、有效率的一个整体。任何事物都有其存在的价值，把它们的价值有机地结合在一起，可使本来无意义的事物变得有意义起来，让这些单一看起来无意义或意义不大的事物获得超值的效果。

体验活动：微信已成为人们生活中必不可少的沟通工具，它都有哪些功能？

活动小结：微信是一种具有聊天、会议、支付、购物、娱乐、信用等多种功能的生活工具，适用人群广泛。谁曾想，其前身正是只具有发送文字和图片等功能的QQ聊天工具，在不断整合人们新的需求中完善、研发而成，如今也一直未停下研发和完善的脚步。给我们的启发是：不要害怕变化，要积极拥抱变化，在变化中找到新的机遇并优化整合，我们将取得意想不到的、更大的收获。

（4）关联迁移，指在相互有联系、贯连的领域，利用在一种情境中已掌握的资源或获得的技能、知识，对另一种情境中资源的再次开放或技能、知识的获得的过程。

故事分享：卖"飞鸡"的专业户。

浙江省龙游县"85 后"女孩胡瀞文，创业之初单一卖土鸡，销路不畅，难以为继，几近破产。后重新调研市场需求，变养"土鸡"为"飞鸡"，养出一群能"飞"的鸡，即每天定时把鸡赶上枝头飞来飞去，加大其活动量，"飞鸡"鸡肉香、鸡蛋味美，远近闻名。一枚鸡蛋 3 元，一只 3 斤左右的鸡最高能卖出 298 元，还供不应求。之后，她在此基础上又衍生出了"赶飞鸡"、寻鸡蛋亲子活动，以及自助野炊、农家院、郊游、卖当地土特产、招商等业务，借助远程实时视频系统，能观察现场鸡的喂养、生产、出产，通过抖音等平台现场直播各种亲子活动等。

活动小结：养土鸡这个基础未变，通过关联迁移，重新定位市场，拓宽营销途径，柳暗花明，打开了更加广阔的发展空间。给我们的启发是：遇到困难、挫折，不要轻易怀疑、否定甚至放弃之前的坚持之道，基于目前掌握的资源和优势，在相关领域关联迁移，前途也许更加光明。

四、每周"三省吾身"在不断更新中的应用

以终为始给人以目标，自主抉择给人以自主，要事第一给人以效用，三者相互联系、相互促进，共同支撑个人实现"独立自主"；与人交往或合作，需要积极合理的双赢思维，有效的沟通技能，创造性合作的成效，三者互联互通、相互成就，共同促进人际交往实现"互利共赢"；融入家庭、集体、国家等社会群体需要看清形势，顺势应势，同时还要做到和而不同，最终实现自我价值和社会价值；前进路上，必然荆棘丛生、挫折无数，需要不断更新，突破自我，跨向新生。

认识并成就"人—从—众"三个字的同时，也成就了一段人生，然后再跨入一段新的人生。期间，我们不妨每周周末，在环境清静、内心宁静之时来一次"三省吾身"：我成长进步了吗？（目标：独立自主）人际交往顺畅有效吗？（目标：互利共赢）在融入社会过程中顺势而为了吗？（目标：实现价值）通过"三省"，觉察问题，准确识别它属于个人成长、人际交往、融入社会三大领域中的哪一类或几类，然后从 8 个习惯里选择相应的习惯、方法去逐一解决，最后在不断练习中固化为自己的习惯。

通往幸福人生的路上，个人成长是基础，人际交往是途径，融入社会

是目标，实现价值是宗旨。当你系统掌握了这些方法，你将站在更高的人生平台上俯视自己的人生之路。届时，你在应对自如的过程中会不由得发出"会当凌绝顶，一览众山小"的感慨。

五、本课总结

共同简要回顾本课内容（略）。我们培养习惯，习惯塑造我们。让我们由内而外，全面造就自己。幸福人生，永远在路上！

六、课后作业

回顾本节上课之初觉察出的具体问题（事件），结合本节课所学的内容和方法，继续完善或完成《学习手册》中的学、思、践、悟、固等环节要求，并简要、清晰地记录在册。

第四节　结　业

教学目标：

（1）学员展示分享《个人改变成长规划书》。

（2）互致建议，送祝福。

教学课时：2课时。

课前准备：准备一个空旷场地、《学习效果自评量表》若干。

一、展示分享《个人改变成长规划书》

学员逐一走上舞台，展示分享《个人改变成长规划书》。

要求：

（1）要展示出自信，声音洪亮，落落大方，尽量脱稿。

（2）每人展示分享时间3~5分钟，教师、其他学员（不超过2名）点评、致建议、送祝福。

二、课程总结

变化的世界，不变的追求。在通往幸福人生的路上，愿你能怀揣"8个锦囊"。当你遇到问题、困难时，取出一两个，也许能带给你智慧和力量。

三、后测

《学习效果自评量表》纸质版。

附　录

附录一

学习效果自评量表

请结合自身实际，如实回答如下问题。你认为参加积极行为养成训练以后，自己在哪些方面有所变化？请在标尺上标注。刚参加时的状态在标尺相应位置画"○"，学习以后的状态在标尺相应位置画"√"。

例如，某学员做的一道题。

例题：

0分：我不知道要改变什么　　10分：我非常清楚要改变什么

0　　1　　2　　3　　4　　5　　6　　7　　8　　9　　10

正式题：

第一题

0分：我不知道怎样学习才有效　　10分：我熟悉并能应用学习六步法

0　　1　　2　　3　　4　　5　　6　　7　　8　　9　　10

第二题

0分：我不知道哪些方面要做些改变　　10分：我非常清楚哪些方面需要改变

0　　1　　2　　3　　4　　5　　6　　7　　8　　9　　10

第三题

0分：对于人活着的价值和意义，我非常迷茫　　10分：对于人活着的价值和意义，我非常明确、清晰

0　　1　　2　　3　　4　　5　　6　　7　　8　　9　　10

第四题

0分：我没有阶段性的人生目标　　10分：我非常清楚自己的长期、中期、短期人生目标

0　　1　　2　　3　　4　　5　　6　　7　　8　　9　　10

第五题

0分：我不能分辨直接可控、间接影响、仅可关注事件　　10分：我能轻松分辨和处理前述三类事件

0　　1　　2　　3　　4　　5　　6　　7　　8　　9　　10

第六题

0分：我的命运天（外因）决定　　10分：我的命运完全受我主宰

0　　1　　2　　3　　4　　5　　6　　7　　8　　9　　10

第七题

0分：我不想改变自己　　10分：我很想改变自己

0　　1　　2　　3　　4　　5　　6　　7　　8　　9　　10

第八题

0分：我完全分不清重要、不重要事件　　10分：我非常清楚重要、不重要事件

0　　1　　2　　3　　4　　5　　6　　7　　8　　9　　10

第九题

0分：我完全不清楚紧急、不紧急事件　　10分：我非常清楚紧急、不紧急事件

0　　1　　2　　3　　4　　5　　6　　7　　8　　9　　10

第十题

0分：我整日碌碌无为，做事效率极低　　10分：我做事有条不紊，效率非常高

0　　1　　2　　3　　4　　5　　6　　7　　8　　9　　10

第十一题

0分：我认为人与人之间的合作是零和游戏　　10分：我非常认同合作能实现双赢的观点

0　　1　　2　　3　　4　　5　　6　　7　　8　　9　　10

第十二题

0分：我不清楚怎样做才能实现双赢　　10分：我非常熟悉怎样做才能实现双赢

0　　1　　2　　3　　4　　5　　6　　7　　8　　9　　10

第十三题

0分：我始终认为自己是对的，是别人错了　　10分：我经常会虚心聆听，换位思考

0　　1　　2　　3　　4　　5　　6　　7　　8　　9　　10

第十四题

0分：我不知道如何与人交流沟通　　10分：我能轻松高效地与人交流沟通

0　　1　　2　　3　　4　　5　　6　　7　　8　　9　　10

第十五题

0分：我害怕、讨厌、憎恨别人跟我不一样　　10分：我能尊重并利用好人与人之间的差异

0　　1　　2　　3　　4　　5　　6　　7　　8　　9　　10

第十六题

0分：我对他人一点都不信任　　10分：我能充分信任他人并能取得他人的信任

0　　1　　2　　3　　4　　5　　6　　7　　8　　9　　10

第十七题

0分：我与人合作经常会发生冲突甚至不欢而散　　10分：我常常能与人创造性地合作并使效益最大化

0　　1　　2　　3　　4　　5　　6　　7　　8　　9　　10

第十八题

0分：我经常错过时机　　10分：我常常能把握住时机

0　　1　　2　　3　　4　　5　　6　　7　　8　　9　　10

第十九题

0分：别人都不听我的，我感觉自己孤独无援　　10分：我经常顺势而为并实现目标

0　　1　　2　　3　　4　　5　　6　　7　　8　　9　　10

第二十题

0分：对约定俗成的契约规定，我经常是同而不和　　10分：对约定俗成的契约规定，我经常是和而不同

0　　1　　2　　3　　4　　5　　6　　7　　8　　9　　10

第二十一题

0分：我很难融入家庭、集体等社会群体　　10分：我能轻松地融入家庭、集体等社会群体

0　　1　　2　　3　　4　　5　　6　　7　　8　　9　　10

第二十二题

0分：我讨厌、害怕挫折　　10分：我有非常强的抗挫能力，甚至越挫越勇

0　　1　　2　　3　　4　　5　　6　　7　　8　　9　　10

第二十三题

0分：我讨厌、害怕变化，不能跳出固有的思维圈　　10分：我乐于在变化中突破自我，并能探索创新

0　　1　　2　　3　　4　　5　　6　　7　　8　　9　　10

第二十四题

0分：我不知道反省自己　　10分：我经常且高效地反省自己

0　　1　　2　　3　　4　　5　　6　　7　　8　　9　　10

第二十五题

0 分：我非常压抑、颓废、消极　　10 分：我非常健康、快乐、积极

0　　1　　2　　3　　4　　5　　6　　7　　8　　9　　10

附录二

个人改变成长规划书

通往幸福人生的路上，我在行动……

一、在这次培训中，对我触动、启发最大的是哪几个习惯或体验活动

_____

_____

_____

二、解决一个问题，养成一个或多个积极习惯

　　认真反省、觉察（觉醒）最近一段时间（一周或一个月）一直困扰我且非常重要的问题或困难是：

_____

　　1. 我对上述问题（困难）进行认真分析，认为主要属于（个人成长、人际交往、融入社会）三大领域中的一类或几类：

_____

　　2. 我认为，需要采用如下一个或几个习惯（方法）来解决（以终为始、自主抉择、行事高效、双赢思维、有效沟通、创造性合作、顺时应势、不断更新）：

_____

　　3. 对上述问题、困难，我想达到的目标或实现的愿景是：

_____

_____

　　4. 为了实现以上目标和愿景，我的阶段性达成目标及行动计划、完成期限分别是（请紧密结合并运用本课程所学新知识）：

_____

_____

_____

_____

_____

第四部分

正念训练

第一章
正念的理论与技术

第一节　正念是什么

一、正念的含义

"正念"一词最早出自佛学典籍《四念住经》，是佛教的一种古老修行方式，被认为是修行获得解脱的基础与必要条件，是佛教禅修的核心。佛教里"正念"的终极目的是洞见"心"的真相，从而真正、永久地摆脱各种烦恼与痛苦。

在现代心理科学的框架下，正念被抽取出来进行了去宗教化的科学改造。在当代的心理学研究中，"正念"是指"觉知当下"，意味着以一种特定的方式去留心。"正念"这一术语在一些冥想实践练习中逐渐为人们所熟知。由于正念冥想主要强调对个体自身的身、受、想、识保持时时的觉知和观照，同时，为了尽可能地体现该领域研究的去宗教化色彩，有学者建议将正念冥想译为"内观"或"静观"。有人将正念看作一种心理过程，一种结果，一种心理调节方法。也有人将正念看成一种倾向性或心理特质或认知能力。为此有人整合佛教与当代认知科学对正念的理解，把正念定义为一种精良的元觉知状态，这种状态不是散漫的认知状态或过程，而是全然地注意并接纳当下的目标对象（如呼吸、身体感受、想法）的状态。同时他们认为倾向性正念是一种随时都清楚一个人的生活的真正目的并以此为行动指南的态度，而不仅仅是注意到当下所发生的每件事情，更重要的是能够随时把非评判的觉知带进当下正在发生的每件事情中去的意图和态度。

尽管存在一些分歧，对于正念的理解，人们使用得比较广泛的一个定义是指对当下（此时此刻的自我经验）的一种有目的的、非评判的、开放的（接纳的）注意与觉知。然而，对于正念到底包含哪些核心要素，目前仍没有一致的见解。有人认为正念包含三个核心元素：觉知、体验当下、接纳。又有人认为正念有两个关键的因素：注意的自我调节、经验定向。

注意的自我调节涉及两个认知控制过程：注意的调节和意识流的监控。经验定向主要涉及好奇心的态度和接纳的态度——对自身有关的经验的接纳。还有人认为正念有三个要素：得以提升的元觉知、散漫性认知的降低和目标定向的注意力调节。可见，在现代心理学框架中，不同学者对正念的内涵有着不同的解读。这些不同的解读还体现在对正念外延的扩展上。如有人认为正念不应该仅仅被定义为增强个体的身心平衡，也应该包含人们的社会性和精神性维度，这样才更有助于人类健康的整体性提升。

越来越多的人逐渐认识到，正念作为一种冥想练习的结果或状态，它不是某种神秘莫测的东西，而是一种常见的并且很重要的能力或心理品质。正念不仅仅是医学与心理学的减压工具与技术，而且为我们在理解身体痛苦与精神痛苦之间建立了联结，为我们现代的卫生保健提供了一种智慧，一种平等的、去自我中心主义的、深度接纳的、平和而向善的人生态度与存在主义哲学，这种意义与佛教本身无关。

在正念冥想的心理学研究中，心理学对正念概念的使用也存在一定程度上的混淆。这种混淆表现为：在不同的语境中，正念有着不同的含义。比如在临床与干预治疗中，正念是指以自我觉知与注意力训练为核心的冥想过程与方法。在有关的理论研究中，正念往往被视为一种积极的心理品质或人格倾向性。为避免概念上的混淆不清，我们对正念、正念冥想做一个简单的区分，正念冥想是指以自我觉知与注意训练为核心的冥想练习方法技术与过程，正念是指通过这种冥想练习而得以形成的一种心理品质或倾向性。

正念是一种古老的修行方式，这种修行涉及自我意识的觉知，人们和外部世界的关系，尤其涉及每时每刻对世界和自己的感知。生命只在一个又一个的"当下"中展开，如果在这些"当下"中的许多时候没有全身心参与，那么人们就会错失很多生命中宝贵的东西，并且无法领略人生的丰富和深邃。忽视"当下"，深藏于心的恐惧感就会在不知不觉中带来很多问题，这些问题往往会逐渐累积，长此以往，我们就会对自己丧失信心，从而无力获得幸福和健康。

正念训练提供了一个简单有效的途径，让人们摆脱这种困境，再现智慧，重获生机，人们可以借助它掌控人生方向，把控生命质量，掌控和世界的关系，尤其是与自己的关系。

正念训练不会与任何信仰或传统发生冲突，也不会将任何东西强加于人，更不会兜售新的信仰或意识形态，它只是一种修习方式，通过系统的自我观察和探索使人更全面地把握自己。

正念训练主要通过静心观照、身体扫描、躯体拉伸、正念饮食、正念行走等练习，引导参加者回到"当下"，跟自己的身心重新建立联结，了解造成身心困扰和情绪烦恼的旧有模式，调动自我调整和疗愈的潜在力量，在困境中为自己打开一扇大门。

二、冥想——理解正念的重要辅助概念

冥想是指把心智聚焦并保持在某个特定的单一对象上。在 20 世纪 60 年代，一些临床心理学家将东方文化中的冥想作为一种可选的治疗技术逐渐引进心理学的临床实践与科学研究中。目前心理学界对于冥想一般认为是以一种特殊的注意训练为基础的身心自我调节练习，其核心是"有目的地集中注意力于个体内心的某种对象或体验上"。

冥想包括身体放松、呼吸调节、注意聚焦三个阶段的综合性的心理与行为训练，这种训练有助于个体建立一种特殊的注意机制，从而达到心理上的整体提升。

冥想包含如下几个方面。

（1）特定的技术：主要指有清晰的定义和定期的、常规性的练习，如静坐呼吸练习。

（2）在冥想过程中，涉及肌肉放松训练。

（3）必要的思维放松训练：主要指对整个冥想练习过程的"不分析""不判断"的意图以及"不期待任何结果"的意图。

（4）自我诱导性：指参与者在接受指导后，能自行在家里进行练习。

（5）自我聚焦技术或锚定技术：把注意力集中于某个特定的对象，如呼吸。

"自我聚焦技术或锚定技术"与"思维放松练习"这两个环节是冥想练习最为精妙的地方，通过把我们的注意力聚焦在呼吸或某个特定的对象

上，以此作为锚点可使冥想者不至于陷入散乱的心智游离中去。

尽管冥想是以一种特殊的注意训练为基础的身心自我调节练习技术，但在具体的练习过程中也有不同的做法，即有着不同的冥想类型。研究者把冥想分为两大类：聚焦冥想和正念冥想。聚焦冥想强调对具体注意对象的专注、聚焦，正念冥想往往又简称为"正念"，它强调开放和接纳，要求冥想时以一种知晓、接受、不做任何判断的立场来"内观"冥想者当下的整个心理活动，让心理活动自由地流动。也有人将冥想练习分为以下三大类。（1）注意类冥想，如注意聚焦冥想、开放监控冥想等。（2）建构类冥想，如慈悲冥想、自我慈悲冥想等，其中建构类冥想又可分为关系定向冥想、价值定向冥想、感知定向冥想。（3）解构类冥想，又分为客体定向冥想、非二元定向冥想等亚类。他们认为建构定向冥想的练习能通过对练习者不良自我图式的觉知、监控等认知过程重构新的自我概念，而解构类冥想的主要目的是通过自我的不断质询与探索去洞察意识经验的本质。

三、正念概念的产生和演变

正念概念的产生和演变经历了三个阶段：最初是源自佛教的本意，而后是引入临床心理学界后的一个描述性定义，最后是正念得到广泛关注后的操作性定义。

（一）正念的本意

目前，我们所使用的"正念"一词源于 2500 多年前东方佛教的教导，它最初被认为是一种教义和方法（冥想），是佛陀修行的"八正道"之一，主要包括觉察、专注和忆念，用来消除修行人的苦楚、实现自我觉醒。

在这个定义中，觉察和专注是两个联系紧密却又完全不同的认知过程，即明白正在发生某事并能专注于发生的事。其中，觉察是指对发生于自身内外事物的知晓，而专注是对觉察本身的强有力的集中。通过引导专注力指向觉察，而不是试图控制和压制觉察，以此获得一个对内外部世界全面且综合的感知。忆念不是对过去事件和经历的记忆，而是指能持续用心于觉察与专注的过程。由此，一些学者认为正念是一种将专注力保持在当下的状态，将正念定义为，"对切实发生于自身内外部事物的认识状态，且这种状态是清晰的、单一的，正念是个体对当下的清醒觉察"。

当然，正念并不意味着被动地意识当下的状态，它是帮助个体减少身心痛苦，时刻保持自我觉醒的重要方法，而这种方法主要需要个体日积月累地主动练习。在僧侣和佛教徒的修行实践中，他们往往通过积极主动地冥想、坐禅进行正念训练，逐步培养自己清晰的洞察能力，以至于当受到负性情绪困扰或遭遇灾难境遇时，仍能够保持内心的平静。显然，即便不是僧侣，按照此种方式进行正念训练，个体仍会滋养出一些有益于健康的心理特质，如洞察力、自控性和仁爱等。因此，基于正念的早期实践证据，有研究表明，通过正念训练可以进一步挖掘有助于个体身心发展的正向因素，从而在更大程度上为促进人们的积极心态养成、提升生活满意度、正视烦恼等打下坚实的基础。

这一点相比传统的心理疗法有明显不同，传统的心理疗法往往忽视个体的积极心理特质，不注重挖掘人的潜力，专注于改变已有的心理问题。显然，正念训练更强调没有人能更了解你自己，也只有自己才能真正治愈自己，而治愈的第一步就是要与自己建立联系，认识自己，然后接纳自己。从某种意义上说，正念完全颠覆了传统心理治疗的观点，它认为一切的改变源于认识与接纳。

（二）正念的描述性定义

自正念概念进入临床心理学界后，它的内涵变得更丰富了，一些学者给出了更正式的定义。其中，临床应用的先驱美国乔·卡巴金博士将正念定义为"引导人们专注眼前的目标而形成清醒的觉察状态，并且不加评判地接纳此刻的各种体验"。正念是一种专注于当下的状态，并且不会在冥想过程中产生习惯反应。正念也是一种友善的、对当下不加评判的意识，是对个体内部和外部刺激所引发的心理过程的非判断性觉察。

显然，相比于早期佛教领域的正念，临床心理学领域的正念还包括接纳和不评判两个要素。其中，接纳更强调接受自己的身体和心理症状，与自己建立密切而真实的联系，不是逃避不适、回避症状或压抑某些心理感受、负性情绪，在更广的范围内，它指的是接受发生在其内部或外部的任何事情或状态。当接纳融入现代认知行为治疗后，形成的"接纳承诺疗法"（ACT）认为，如果练习者能有效地接纳自己，他们的身心健康水平则可以改善。进一步的研究表明，正念训练是提高参与者接纳度的有效方法。另一个关键因素是不评判，主要指在接纳的过程中，应表现为不带任何的主观评价，不能出现好、坏，有价值、没有价值等评判性想法。尽管许多实证研究表明，接纳和不评判是正念能促进个人身心健康和提升幸福感的核心要素，但究竟怎样才能做到不评判地接纳？怎样测量个体是否达到不评判的接纳这种状态？如果没有操作性定义，一切举步维艰。

（三）正念的操作性定义

正念的操作性定义是"一种对注意的自我控制"，从而"可以将注意力保持在当前经验或体验上，并可以深入理解当前的心理活动，特别是对当前的经验或体验，如好奇心、开放性和接纳度，采取特定的导向或态度"。在这个定义中，正念被视为一种状态特质，包括"对注意的自我控制"和"对个体经验的导向"两个部分。首先，"对注意的自我控制"主要是对当下的一种觉察，这种觉察包括思维、情感、情绪、行为这些方面。它同时也是一种"趋避的驱动机制"，使个人将注意力时刻保持在正确的对象上，并从错误的对象上转移。其次，"对个体经验的导向"方面，要求个人对经验采取开放的态度，并且带着好奇与接纳。因此，正念的操作定义可以概括为"注意力从意识到非自愿的内在活动转移到当前的经验，并保持对当前经验的好奇心、开放性和接受度"。正念的操作性定义修正了描述性定义的不足之处，以更为清楚的方式表明何为"不评判地接纳"，即个人对自己内在活动的觉察，当头脑中有一些干扰念头出现时，能运用正念温柔地将注意力带到当下，并保持一种好奇心，秉持开放性和接受性的态度。

第二节　正念疗法的心理生理机制

正念是对当下内外部刺激的持续注意和不评判接纳。正念可以提升个体的注意、记忆、情绪、觉察等各方面能力。记忆、注意、觉察等基本认知能力的提升，将直接有助于个体对内外部的刺激加工，而信息加工方式的变化对于抑郁症、焦虑症和注意力缺陷患者认知过程的改善有很大影响，这可能是正念在临床应用中效果显著的一个原因。另外，情绪可能是正念能促进身心健康的一个调节变量，有关正念的心理机制研究仍处于发展与探索阶段。

一、正念与感知觉的关系

有研究表明，长期坚持正念训练的个体对疼痛敏感度显著降低，比如对热刺激引起的疼痛，正念训练组能够承受的强度显著大于对照组。又有研究表明，无须长期的正念训练经历，即使三天的短期正念训练，也足以使个体对疼痛刺激的敏感性发生变化，正念组的敏感性将会显著降低。研究者认为，通过正念训练，个体的基本感知能力发生了变化，并且对内外部环境更宽容、更能接受，做到不评判地接纳，因而会导致不良刺激的敏感度下降。正念训练后，个体感受疼痛刺激的阈值降低了，对疼痛刺激不如之前，但捕获快速出现的目标的能力明显提升。一项关于视知觉敏感性的研究印证了这个结论，经过 3 个月的强化正念训练，个体视力的敏锐性、准确性显著提高；觉察阈值及视觉辨别阈值显著降低。当个体快速获取目标刺激时，视觉刺激感觉敏感度增加。也有研究表明，当个体专注于当下任务时，识别快速出现的目标刺激的能力显著增强，可能与正念能提高觉察水平有关。

总之，经过正念训练的个体，不同感觉通道感知灵敏度变化的方向有差异。比如，有对疼痛的敏感度降低，而对视觉的敏感度增强，这种差异主要源自练习者所处的环境不同。适应环境的结果必然不同。而不论是何种结果，正念训练的宗旨都是帮助个体更好地适应环境。从进化心理学角度来讲，就是通过正念训练帮助练习者更好地生存。对于疼痛的敏感度降低，需要个体接纳压力、负面情绪等内外部刺激，正念训练个体以接纳的态度对待一切，要求个人承受痛苦，进而练就更强大的机体，主要是通过"不评判地接纳"起作用，更有利于生存。而对于视觉刺激，在闪光灯等环境条件下，需要个体快速识别危险信号，检测目标信号，正念训练个体时刻保持警醒，有清晰的觉察，要求个人作出快速准确的反应，主要是通过"对此时此刻的关注"起作用，进而提升个体的身心健康水平。

二、正念与注意的关系

正念要求个体对当下保持持续的注意，经过正念训练后，个体的注意品质、注意功能都有显著改变。有研究发现，对儿童进行正念训练后，他们在完成任务时的注意的稳定性以及对抗干扰刺激的能力显著提高。还有研究发现，正念训练不仅可以显著提高儿童的注意力，同样也可以提高成人的注意品质，从整体上提升认知功能。还有研究者采用实证研究，比如注意网络测试，去探察正念对注意的影响。注意网络测试主要从定向、警觉和执行功能这三个方面考察正念对注意功能的影响作用。结果表明，通过正念训练可以有效改善注意不同层面的功能，从而使与注意相关的行为反应得到提升。总之，正念训练既可以改善个体的总体注意品质，还可以改善注意子系统的功能。

三、正念与记忆的关系

在正念中，记忆不是对过去经历的回忆，而是要对当下的每个时刻都保持觉察和注意。经过正念训练的个体，其记忆能力也发生了变化。针对抑郁症患者，有研究发现，正念可以减少其过度概括化记忆，从而防止不合理认知的干扰，还能将个体从反复陷入的过去记忆中带回现实，从根本上改善自传体记忆的特异性，对抑郁症治疗与预防有一定效果。研究者基于前人关于正念对抑郁症干预的研究，考察正念在记忆的执行控制功能上的影响，发现正念组个体的自传体记忆功能得到显著改善——改善了认知灵活性，减少了概括化记忆。此外，对记忆容量的研究发现，高压力状态下，工作记忆容量会迅速减少，进而出现认知失灵和情感障碍，而在经过正念训练的个体身上没有发现这种变化。有人招募了一批即将派往伊拉克战场的军人，并随机分为两组，一组为正念组，接受传统的八周正念训练，并在课下每天有不少于 2 小时的自我训练时间，另一组是对照组，与以往一样，正常生活。结果发现，随着派往战场时间的临近，对照组军人的工作记忆能力降低，而正念组军人之间以及正念组与对照组之间的结果差异性都很显著。其中，正念组成员之间的结果也有差异，比如每天课下自我训练时间越少的个体，其工作记忆容量下降得就越快，而每天课下训练时间较多的个体则看不到这种变化。这些组间和组内的结果差异性都进一步表明，在高压情境下，正念训练能有效保护记忆，避免记忆功能受损。

四、正念与情绪的关系

大量研究表明，经过正念训练的个体能有效地调整自己的情绪状态，显著改善情绪调节能力，增加正性情绪体验，增强同理心，减少负性情绪体验，减少攻击性行为，从而提升个体的生活满意度和幸福感。还有针对社交焦虑症患者的研究发现，患者在正念觉察、不评判地接纳这两个分量表上的得分越高，其社交焦虑程度越低，正念水平总分得分越高，表现也是类似的。此外，有人以普通人群作为被试对象，在实验室环境中剪辑出喜剧、正剧、悲剧三个不同影片，电影时长一致，以此诱发个体情绪，考察经过正念训练的个体相比对照组个体的情绪反应和情绪调节能力。结果显示，正念组看到积极情绪影片时相比对照组有更明显的正性情绪体验，看到混合情绪影片时相比对照组表现出更强的情绪调节力，看到负性情绪影片时相比对照组负性情绪显著降低，表现出更强的接纳性。更有研究者认为，正念不仅是一种情绪调节的方法，可能还能成为一种心理特质。总之，经过正念训练的个体，能显著增加积极情绪体验、增加对负性情绪的接纳，这种因正念训练而产生的情绪调节能力，可能是正念临床疗效的一个重要因子。

五、正念与自我调节的关系

学者根据正念三要素（意图、注意、态度）模型，提出了正念的"再感知"加工机制假设。他们认为正念通过有意注意以及开放、非判断的认知加工过程，促进了个体习惯性的感知觉方式的转变，这种转变他们称之为"再感知"。接着，再感知再通过自我调节、价值澄清、认知情感行为的灵活性与暴露四个直接机制共同促进个体内在世界的积极改变，这种转变能通过正念得以易化与促进。再感知是正念发生积极作用的重要"元机制"，它能促进自我认知视角的根本性改变——从"中心化自我"向"观察自我"的转变。与"再感知"假设相似或相平行的一个理论假设是正念的"元觉知"假设。学者在整合了已有临床心理学、认知神经科学相关研究的基础上，概括了正念的四个核心作用机制：注意调节、身体觉知、情绪调节（包括对情绪反应的重新评估、暴露、巩固）、自我视角的改变。

还有学者在此基础上进一步提出了正念加工的元觉知机制，认为元觉知在正念冥想练习中，尤其是在注意与情绪的调节过程中起着独一无二的中心作用，是正念练习产生积极心理作用的基本工作机制。正念的元认知理论模型认为：

（1）正念加工与高层次的元认知加工过程有关。

（2）正念加工依赖于元认知的三个主成分（元认知知识、元认知体验、元认知技能）的动态合作。

（3）当其他元认知成分进行内隐加工时，元层次的正念加工总是外显的。

（4）正念的有意练习能降低觉知与元觉知之间的分离。

（5）正念练习能促进正念的元水平的发展与变化。

六、正念促进自我调节的神经机制

学者们从认知神经科学的角度出发，基于对自我加工与正念冥想相关实证研究文献的归纳与整合，提出了正念的"S-ART"理论框架，以解释正念对自我加工的作用机制以及促进个体健康心理状态积极转变的心理神经机制。S-ART理论框架认为，正念之所以能产生广泛的积极心理功效，不是某些单一的认知因素作用的结果，而是通过正念练习培育了多种更健康的与自我参照加工相关的认知技能共同降低了自我加工偏差的结果。S-ART理论框架认为正念涉及三个主要的自我加工过程及六个基本的认知神经成分。三个自我加工过程分别是：自我觉知——通过系统的心理训练发展元觉知力；自我调节——培养有效的行为调节能力；自我超越——超越自我倾注需要，增强亲社会性，培养自我与他人之间积极的关系。六个具体的认知神经机制分别是：意图与动机、注意与情绪调节、消除与巩固、亲社会性、去我执、去中心化。S-ART理论框架认为，正念冥想的主要认知神经机制是冥想练习整合了三种不同的自我加工过程，从而发展了自我觉知、自我调节、自我超越的能力。这三个自我加工过程分别是：

（1）经验性的生成自我过程：涉及无意识的感觉—情感—运动加工过程。

（2）经验性现象自我过程：自我作为主体对当下活动的觉知。

（3）叙述性的自我加工过程：对经验自我的反思性认同。

S-ART理论框架对这三个自我加工过程的认知神经机制进行了详细的分析，并阐释了正念冥想过程是如何通过额顶叶控制网络整合这三个自我加工过程，从而达到减轻个体痛苦、增强健康心态的效果。正念冥想干预练习产生积极的心理功效的心理机制是一个十分复杂的问题。从认知加工过程的角度来看，它既可能发生在认知加工的早期或初级阶段，如感知觉阶段，又可能与更高级的认知加工阶段有关，如元认知过程，还可能涉及复杂的社会认知加工过程，如与自我参照加工过程的弱化（去自我中心化）以及自我态度（开放、接纳）的改变、意义的重构等过程有关，这表明正念练习所带来的变化是深刻、广泛而复杂的。

第三节　正念疗法简介

以正念为基础的心理疗法主要有四种，分别是正念减压疗法（MBSR）、正念认知行为疗法（MBCT）、接纳承诺疗法（ACT）以及新发展起来的辩证行为疗法（DBT）。

其中，MBSR 主要用于心理压力及日常心理问题的治疗，使用的范围比较广。而正念认知行为疗法、辩证行为疗法以及接纳承诺疗法则具有更为具体的治疗对象。比如，正念认知行为疗法主要针对抑郁症患者，尤其是有过抑郁症复发经历的患者。对于抑郁症患者来说，他们的典型特点是容易卷入过去的负性情绪中，难以释怀。所以，正念认知行为疗法通过教导患者练习觉察后，重点帮助患者学会觉察自己的思维，并告知其这只是大脑的一个思维过程，不代表现实意义，这对防止抑郁症的复发有着显著的临床疗效。事实证明，持续地采用正念认知行为疗法，可以帮助患者摆脱冥想型思维模式，并且其标准化的干预程序也在抑郁症的临床治疗中得到检验。辩证行为疗法主要用于边缘型人格障碍的治疗，旨在帮助边缘型人格障碍患者觉察和释放自己的负面情绪。辩证行为疗法在临床治疗中也取得了显著的效果，相应的《辩证行为疗法应用手册》已出版。

一、正念减压疗法（MBSR）

（一）正念减压疗法简介

正念减压疗法是正念疗法的开端，也是应用最为广泛的疗法之一。正念减压疗法是美国乔·卡巴金博士于 20 世纪 70 年代在美国麻省医学院创立的。在工作当中，他看到身患各种疾病的人们每天痛苦地活着，很多时候，医生只是根据他们的症状开具各种处方，而很少照顾到病人的心理状况。医疗界一直声称，人是一个有机的整体，身体和心理是不可割裂的，是紧密相连的，但显然，医生在治病的过程中更看重患者的身体，而往往忽略患者的心理健康。鉴于此，乔·卡巴金决定尝试在麻省医学院推行正念减压疗法，以弥补医疗体系的不足。他坚信病人心理状态的好坏会给生理疾病的治疗带来极大的影响，更坚信，只有帮助患者正确面对疾病、树立为自己负责的心态，治愈率才会显著提升。所以，乔·卡巴金创立正念减压疗法的最初目的是辅助临床治疗，教授病患掌握正念的方法，以此帮助他们正视疾病，挖掘内心的潜力，从烦恼与忧愁中跳出，运用自己的智慧重新认识自己，提升生命的质量和品质，从而更好地促进健康。自1979年以来，参加过乔·卡巴金MBSR课程的学员已达数万人，遍及各行各业，学员学成后又将所学广泛传播。通过课程，学员提升了自己的专注水平，与真实的自我建立联结，获得更多的积极情绪体验。

MBSR的整个疗程一般采取的是连续八至十周每周1次的团体训练课程形式，每个团体一般不超过30人，每次进行2.5~3小时集中性的指导练习和相关主题的讨论，如正念减压的机制与原理。

该疗法的另一个特色是在第六周进行一次正念日，即一天内进行约7~8小时的全程止语的正念训练。从训练的形式与内容来看，MBSR的主要练习单元包括身体扫描练习，静坐冥想练习（观呼吸、观感受、观念头），正念行走（带着正念觉知的行走），每日正念活动（把正念的觉知带入到日常生活中，如正念吃饭、正念洗澡等）。

MBSR的课程安排当中，要求学员在明确正念训练基本原则的前提下，可采用特定的方法来介入正念训练。例如，"坐禅"，一般情况是双腿盘坐，背部挺直，最好坐在专门的坐垫上，坐在前1/3处为宜，感觉舒适为好。主要是将自己的意识用于观呼吸，在一呼一吸间体验自己腹部或胸腔的变化，若不自觉地发生意识跳跃，也只是觉察它，再慢慢回到呼吸上而已。在练习之初，我们的思维会跳跃，注意力常常转移，以至于很难将注意力保持在某个点上，尽管我们努力去觉察呼吸，但大脑还是安静不下来，这并无关系，因为这是每个初学者都会遇到的情况，别无他法，只有坚持每天反复地练习。

MBSR的训练内容主要强调通过对认知、态度两个主要方面的内容的调节或训练，达到情绪调节或治疗的目的。

（二）正念训练的基本原则

正念训练远不像看上去、听起来那么容易，它是一个艰难的历程。它需要不断地练习，考验人的意志品质，因为我们要时刻与我们的惯性思维做斗争，这种惯性思维往往是无意识启动的，像自动化的程序一般，总是自然而然地开启，像是本能一样。不仅如此，初学者还需要克服各种不适，比如坐姿、环境等问题。所以正念是个知易行难的过程，必须有坚定的信念，刻苦的努力训练，才能让正念之光照亮自己的身心。

　　然而，仅凭决心和努力，显然难以对抗人那无法平息的思绪，对于正念练习者来讲，以下基本准则是必要的。

　　（1）"当下即是"的原则。这是一个 being 和 doing 的问题。在高速发展、日新月异的当代社会，doing 即"作为"是人们所追求的目标，每当一个行为完成后人们都急切地想知道结果，即对自己有何种益处，能收获什么。以至于，很多人每天用尽各种机会去考察、去计算要做哪些对自己有益的事，完全忘记自己当下在做什么，总是处于看似清醒、实则迷失的状态。长此以往，人便会面对各种身心不适的情况。"当下即是"就是要帮助人们觉察自己那颗不安的心呈现到了哪儿，人就在哪儿的状态，我们便可以舍下过去、未来，在当下的、此时此刻的状态中觉醒。比如，在正念练习中，由于想有作为这种习性的存在，人们常常会问自己，何时能有放松、美好、积极的体验，我该怎样做才能达到那样的状态呢？若是没有得到满意的答案，坚持正念练习的决心就会动摇。这种现象在练习者中非常普遍地存在，所以一定要把握当下即是的原则，全身心投入练习中，与每一时刻建立紧密的联系，不问结果，享受当下即可。

　　（2）"念出入息"的原则。正念指引我们将注意力集中在当下，然而很快，你就会发现，头脑中有无数个念头出现，根本无法集中注意力。所以，要让你的注意力有一个聚焦的目标，当心念跑开时，可以将其带回来，念出入息就是最好的焦点，当我们感知自己的一呼一吸时，就已经全然置身于此时此刻了，这种对呼吸的感知，并不是要你控制呼吸本来的节奏，只是单纯地呼吸，如日常生活并无二致，不需要试图想获得什么感觉，没有对错，没有技法。

　　（3）"耐心"的原则。如果把正念比作种子的话，那么耐心就是能滋养种子的土壤。显然，越耐心，土壤就会越肥沃，个体就会收获更多正念。培养耐心的同时，几乎无法不培养正念，若此时此刻你并不试图要去哪里了，自然就会有耐心了。耐心并不是说你只能以稳定的脚步慢慢走，相反，耐心的同时，你同样可以加快脚步，甚至跑起来，只不过即便是跑起来，仍是带着正念的跑，不去预想结果的跑，这样不但能提高做事的效率，而且能变得更有耐心。无论是坐、卧或是跑，只是全然地觉察当下的每一刻，这便是培育耐心、滋养正念。日积月累后，这种耐心与正念会对生活的方方面面产生积极影响。在练习正念中，我们的意志力会不断受到挑战，经常会感到耐心用尽了，压抑不住愤怒，这时不妨深呼一口气，而后静静地觉察自己的情绪，慢慢会感受到平静、耐心给予我们的力量。

（4）"放下"的原则。放下是个体下意识的决定，意味着对当下的所有体验完全接纳。不再因为喜欢或是厌恶而强求或是放弃什么。通常我们会被渴求外界事物的欲望缠住，手紧抓着欲望不放，心也紧抓着欲望不放，拼命抓着狭窄的观点来困住自己。当深陷泥潭之际，仍旧在衡量某些事件的好与坏，一直纠缠于此，非常痛苦。如果在正念练习中能秉持放下的原则，平静地觉察自己的喜欢或厌恶，看着它们不停地拉扯，好似旁观者一般，这种远离我执的状态，便会滋养出更多的正念。

（5）"不批判"的原则。在正念练习过程中，我们会发现我们总是与评价有着割舍不断的联系，因为我们总是会忍不住问：这样做对吗？好吗？老师说的体验跟我的一样吗？我距离老师说的那种体验还有多远？种种类似的问题，无不反映出我们的评价态度如影随形。这种评价态度寻根到底是由于我们想要有作为的人生信条。如果对事情评价为有利，那么内心就喜悦，接下来就会谋划怎样让这件好的事情长久围绕着自己。如果对事情的评价为不利，自然就会产生厌恶的情绪，而后想办法压抑或逃避这件坏事情。如果这件事情对自己来讲既不好也不坏，那么它就会很快消失在你的意识中。倘若能以一颗不加评判的心去看待一切，以事情本来的面目看待它、体验它，该是何等自在。当然，批判深存于我们的天性，不可避免，我们仅仅是注视身心出现的状况，去认识它，不诅咒，也不追求。

（6）"信任"的原则。当我们不了解将来会发生什么时，如果你相信自己，那么你将不会体验到焦虑、害怕等负性情绪，相反，你会在信任这块沃土上滋养出安全感、开放性。修习正念时，信任感非常重要，只有相信自己有能力与自己建立联结，有能力时刻与真实自我同在，有能力保持稳定的觉察，我们才会体验到正念的状态。否则，只能是望梅止渴。然而，信任感又可以通过正念练习来培育。首先从可以信任自己的地方入手，如果没有，则继续单纯地觉察自己就好。

二、正念认知行为疗法（MBCT）

这是在传统的认知行为疗法中融入正念减压疗法的一些基本元素而发

展起来的主要用以抑郁症复发治疗的心理疗法。该疗法主要包括如下内容。

（1）正念的介绍，让患者了解与确认负性自动思维模式。

（2）鼓励参与者理解日常生活中的心理反应模式并理解基于正念的反应模式的特点。

（3）通过观呼吸等正念冥想技术训练患者的正念觉知能力。

（4）体验当下以减少负性的反刍思维过程。

（5）体验对自我身体感觉、情绪感受的接纳。

（6）培养自我慈悲的态度。

MBCT 的理论基础是正念注意控制训练，其基本假设是认为抑郁症复发源于抑郁情绪与负性、自我低估、无望的思维模式的联结，从而导致认知与神经水平的变化。治疗者认为，如果抑郁症患者能从抑郁发作过程中获得学习，如觉知到负性思维与负性感觉，并允许这些负性思维的存在，从而摆脱反刍性的思维加工过程，那么抑郁复发的风险将会降低。于是有人就整合了贝克的认知行为疗法和乔·卡巴金的正念减压疗法，发展出了MBCT。因此，MBCT 的焦点是要指导个体增加他们对其思维与感受的觉知，并让他们以一种更广阔的、去自我中心化的视角去看待他们的思维与感受，让患者试图将其视为心理事件而不是自我或者是对现实准确的必然性反应。

MBCT 不同于传统认知疗法的一个最大区别在于，MBCT 不像传统认知疗法那样去找出患者不合理的、负性的思维与信念，而是采用"去中心化""认知去融合"等技术帮助患者去观察、探索其各种想法和念头，"拉开"患者与其各种想法的距离，让患者领悟到"想法不等于事实"，从而减少对负性思维的反刍以及减轻由思维反刍产生的各种负性的情绪体验。大量研究表明，MBCT 对于焦虑障碍、社交恐惧、一般门诊问题等身心疾病都有着较好的疗效。

三、接纳承诺疗法（ACT）

ACT 是一种以功能性语境主义、关系框架理论为哲学理论基础，同时融入了正念技术的新一代认知行为治疗，在国际上受到了高度的认可和应用推广。近年来，国内针对该疗法开展了一系列的临床应用与培训推广。ACT 认为，人类的心理问题来源于关系能力的普遍缺失，其核心可概括为心理僵化。ACT 认为心理僵化的病理性模型包含六个过程，分别是：

（1）经验性回避。

（2）认知融合。

（3）概念化过去与恐惧化未来的主导。

（4）对概念化自我的执着。

（5）缺乏明确的价值观。

（6）不作为、冲动或持续性回避。

对应上述六个核心的病理过程，ACT 提出了降低心理僵化的治疗模型，即心理灵活性模型，包括六个关键治疗过程：

（1）接纳。帮助患者建立一种积极而无防御的态度拥抱各种经验，鼓励患者不要回避他们过往的各种经验。

（2）认知去融合。所谓认知融合是指个体陷入其想法之中并受其想法支配的现象。认知去融合，又称认知解离，是要让患者"退后一步"去观察其各种想法，拉开与其各种想法之间的距离，不陷入想法的浪潮中，从而达到调整思维、想象和记忆功能的目的。

（3）情景化自我。改变患者关于"自我概念"的认识，通过相应的隐喻练习和心理教育，让患者领悟到其头脑中的自我概念或自我概念系统并不是对他们现实自我的真实反映，从而将患者从其"头脑中解放出来"。

（4）体验（活在）当下。鼓励患者将注意力放在当前的情景和正在发生的事情上，而不是去重点关注头脑中的过去与将来，或者沉浸在头脑中的各种概念、语义关系中，让患者学会以一种非评价的方式感受当下真实的生活。

（5）澄清价值观。鼓励患者在其自己的生活和专业领域寻找对患者来说有价值和意义的生活方向。

（6）承诺的行动。帮助患者将价值观落实到具体的短期、中期、长期目标实践中去。

ACT 的治疗目标是增强个体的心理灵活性，即增强个体充分接触当下的能力——正念觉知力以及灵活地对待当下情境中产生的各种心理反应的能力，并鼓励患者在具体情境中坚持或改变行为以服务于有价值的行为目标。

除此之外，还有一些研究者结合正念冥想技术开发出了针对一些具体心理问题的治疗方案。如有人将正念技术与认知行为疗法结合起来，设计出强迫症的四步疗法（FSM）。FSM 的四个核心步骤包括：

（1）重贴标签。

（2）重新归因（如强迫意念与冲动不是"我"）。

（3）重新聚焦：转移注意力，转向对强迫意念的观察。

（4）重新评价。

基于正念的第三代认知行为疗法更强调情景与症状的联结性，强调用体验性的改变策略补充直接的认知说教性的策略，旨在寻求建立更宽广、更灵活有效的应对方式，而不仅针对狭窄的心理认知过程进行工作。第三代认知行为疗法促进心理健康的作用机制主要有：

（1）觉知：通过正念训练提升个体的具身自我觉知力。

（2）去融合：通过认知去融合等技术改变自我与想法、思维、记忆，尤其是与负性思维之间的关系与功能。

（3）经验接纳：促进对自我经验的接纳、自我友善等态度的转变。基于正念的认知疗法被证明在诸多领域的临床实践中有显著的或良好的治疗效果。

四、辩证行为疗法（DBT）

正念是 DBT 的核心概念，也是学习其他技巧的前提，主要是引导患者能对当下保持觉察，帮助其从对过去的痛苦回忆和对未知的恐惧中脱离出来，以正念的心时刻觉察当下。DBT 的做法是患者记录近一周发生的事件，与治疗师进行讨论，每周一次，每次 2 小时。下面对 DBT 的技巧进行分析。

痛苦承受是专注于发展正念的接纳技巧，帮助患者不对事物贴标签，万物不以好坏而分，要练习不加批判地接纳一切，使患者在观呼吸中变得平静，逐步跳出躯体去觉察原来难以接受的所谓的不好的事情，并且找出应对的办法。情绪调节教导患者觉察自身的情绪变化，并接纳各种感受，而不受其所累。在人际效能患者向治疗师表达自己在人际领域的问题，制定咨询原则后，治疗师应指导其洞察正念练习团体成员之间的互动，从而找到自己人际关系问题的解决办法。DBT 通常是针对边缘型人格障碍的治疗，其治疗目标比较明确：第一，消除自我危害的行为；第二，指导患者觉察压力，而不是压抑或逃避它；第三，将患者的人际互动能力、潜力挖掘能力作为治疗的重点。

五、正念疗法疗效的临床研究

自乔·卡巴金博士将 MBSR 应用于临床研究以来，以 MBSR 或正念为主题的临床研究一直是热门研究领域。研究发现，正念不仅对患者的心理健康起到促进作用，而且对其躯体症状的改善也起到了积极作用。

有关正念的临床研究报告表明，在慢性疼痛的治疗方面，如背痛、颈肩部疼痛等慢性疼痛的治疗方面，MBSR 能有效地降低患者对疼痛的敏感性，并且在体验到疼痛时，焦虑、烦躁等负面情绪显著减少，持续进行正念治疗后，能降低疼痛的程度。另外，在心脏病、癌症、艾滋病等重大疾病的治疗方面，正念疗法能帮助患者从失控的情绪中走出来，逐步接纳患病的事实，并能对其疾病建立正确的认知，减轻心理压力，以及由心理压力带来的治疗阻碍。而在心理治疗方面，研究发现，正念疗法对一些神经症的治疗疗效显著，比如恐惧症、强迫症、焦虑症等。

研究还表明，正念对提高个体的生活满意度、提升情绪调节能力等方面也有重要作用。正念认知行为疗法则能够有效地降低抑郁症的复发率。1992 年，乔·卡巴金提出了正念训练（MBSB）的治疗方案。研究发现，患者在 2 个月的治疗中，焦虑、抑郁、疼痛水平都显著下降，并且在治疗结束后的 2 个月进行随访时发现，疗效稳定。之后，乔·卡巴金对这些病患持续跟踪了 3 年，惊喜地发现疗效非常稳定，有些患者甚至已经痊愈。还有研究针对抑郁症患者进行 MBCT 干预，对抑郁症的复发率问题进行了研究。所有被试患者都在实验之前的 3 个月停止服药，所有被试患者随机分成两组，其中的实验组，即正念认知行为疗法组，接受为期八周的正念团体治疗，对照组接受普通的治疗，一年后随访。经随访调查发现，MBCT 组患者的复发率比对照组的患者明显低很多。正念除了应用于身心医疗领域，近年来在各种学校、教育机构、政府部门等都有广泛应用，能够提升人们的抗压能力，获得更多的积极心理体验，促进心理健康发展。

六、正念训练（MBSB）是本手册的主要理论模型

正念训练是本手册在训练指导中的主要理论模型，强调在日常生活中的练习和自我观察。正确和适当的态度是确保坚持练习和寻求解答练习中疑惑的关键。

通过正念训练，培养练习者形成一些基本态度，具有重要的长期价值。事实上，在心中保有这些特定的态度就是练习本身的一部分，它们可

以引导练习者成长与成熟。

有七种基本态度是正念训练的主要原理构成，它们是初心、接纳、不评判、耐心与坚持、放下、无为和信任。这些态度需要有意识地在练习中培养，它们并非各自独立，而是相互影响的。每一个态度既有赖于其他态度的培养，也会影响到其他态度的培养。

（1）初心。所谓初心，是指怀着好奇的态度，就像最初接触一样，将事物视为新鲜的，而不被过去的经验和习惯所羁绊，保持初心，不依赖过去的经验来评价现在，有助于我们对生活保持好奇，并不再有过多的评判。在正念训练中要保有一颗初心，即对于我们所做的每一件事都好像是第一次去做一样。事实上对于我们来讲，接下来的每一刻都是全新的体验，都可以用一颗初心去观察。在练习中，试着用一种好奇和开放的态度去观察自己的体验，问问自己这种体验是何时出现的？它是持续不变的还是变化波动的？它持续了多长时间？我是否注意到此时此刻自己的想法、情感和身体反应等？而练习中遇到的困难也给了我们机遇：用好奇、开放的态度观察困难出现时的想法、情感和躯体感觉，这会帮助我们了解真实的想法，以及想法对情绪、行为的影响。

（2）接纳。对日常生活中出现的不愉悦的事情和负面的感受，需要以接纳的态度去面对。接纳不等于被动地顺从，它是主动去面对。对负面情绪和想法的接纳有助于我们以清醒的态度去观察它们的出现和发展过程，也会帮助我们减少负面情绪的困扰。

（3）不评判。与接纳相似，在练习中出现的各种感受，不去试图评价它的好与坏，因为对好的感受的追求以及对坏的感受的逃避都会影响到我们进行清醒和客观的观察。不去评判，只是体验、观察与感受。在做练习时，我们可能会不知不觉地做很多判断，如"我做得对吗？""应该是什么样的感觉呢？""我做得真糟糕"，这些"应该不应该""正确不正确""快乐不快乐"等判断会很自然地把我们带到一个死胡同，使我们失去在此刻主动觉知自己意识的机会，也失去自己选择行动的自由。在正念练习中，没有什么"标准"，我们可以放弃所有评价性的字眼，试着拥抱每一个时刻，按其本来的样子，去感受它的深度、广度和丰富程度。在正念的觉察中，需要"静观其变"，也就是怀着一颗平静、平稳和平衡的心态，来面对练习当中出现的任何身体感受、情绪和想法，以及他们的产生、变化、波动和消失，这样的觉察品质能够让你产生更加深入的洞察，并且能够与负面情绪和想法和平共处，最终在这一觉察过程中使负面情绪和想法得到转化。

（4）耐心与坚持。正念练习对于初学者来说是需要一定的努力的，有时候会令人感觉枯燥，这时候正是我们观察自己内心运作的好机会，需要保持耐心。正念训练就像运动员锻炼身体一样，需要持之以恒和坚定不移。运动员不会因为今天的状态不好，或感觉自己好像没有从今天的练习中得到提高，就停止今天的练习。同样，当经历混乱、迷惑、不清晰和拖延的状态时，正是需要觉知和练习的时候！当然，坚持练习并非是为了拥有某些特殊体验，或者达到某种境界，只是单纯为了练习而练习，每时每刻都顺其自然，这样才能水到渠成。

（5）放下。所谓放下，即不要被自己的想法牵制，不去抵抗负面情绪、想法的出现，就让它们如实呈现。正念的练习并不是需要付出极大的努力来达成什么目标，而是无论当下发生什么，都能够坦然面对、顺其自然。如果在练习时试图追求特定的状态或结果，很容易感到"失败"，那时你可能觉得沮丧、不知所措、失去希望，对外部的各种条件不满，甚至放弃练习，因此也失去了真正改变的机会。暂时放下改变自己或实现某个目标的努力，更多地去觉知此时此刻的身体感觉、情绪和想法，放开各种想法，不被其迷惑，不被其驾驭，以新的视角去看待以前的各种问题或者重新去体验事物之间的各种关系。而当这么做的时候，平静、放松、变化、发展则会自然而然地在练习中出现。

（6）无为。虽然每个人进行正念练习都有自己的目的，比如缓解压力、调节情绪、改善睡眠等，然而在练习的过程中我们要暂时地"舍弃"我们的目标。因为过于在意目标反而会影响我们当下正在做的事情。在正念练习中，只需专注地活在当下，走好此刻的每一步，自然就离目标越来越近了，这就是所谓的无为而为。

（7）信任。我们在练习的时候可能某几次会自我感觉不太理想，从而怀疑这个方法的有效性。正念练习不是一天两天能见效的，只要我们信任它，坚持练习，就一定会有所收获，并从中受益。

这七种基本态度不仅是正念训练的有效成分，也是构成成熟、健康人格的主要成分，正念训练正是通过特定的方式，让参与者发现和拥有这些人格成分。

态度的形成与转变，往往很难通过逻辑推演来完成，只有产生新的体验才可以让新的态度以持久与可信赖的方式形成。作为成人，我们习惯于希望获得对新事物的理性理解，然而，正念练习强调体验，直接地如实体验当下的每一刻，逻辑性的推论和思考无助于正念的练习。"正念到底是什么？""它是如何运作的？""我这样练习会有什么效果？"这些想法都是练习中的障碍。另外，正念的练习需要个人亲自体验，培养正念的过程有点类似于吃饭的过程，我们无法让别人替自己吃饭。当你走进一家饭店，你不会把菜单看作米饭而把它吃掉，你也不会因为听了服务员对食物的介绍就觉得不再需要食物了。你必须亲自去吃，并从中获得营养。只有亲自体验和练习了，才能够体会出它的好处并且理解它为什么会如此有用！思考并不能带来正念能力的提高，如果发现我们在思考，很好，继续温和而坚定地把注意的焦点放到当下的目标上来。

第四节　正念训练的核心技术

正念训练有很多技术形态，但大多都是从核心技术变化或衍生而来，因此了解和掌握这些核心技术的使用是非常重要的。在这一章节中，我们将以"指导语"的形式介绍这些技术，并给出参与者常见的反馈信息帮助操作者理解这些技术使用时的互动状态。

一、正念吃葡萄干

（一）指导语

首先，将一颗葡萄干放在手心，带着好奇、开放的态度来仔细观察手上的这颗葡萄干。事实上，这颗葡萄干是你有生以来第一次见到的。请花一点儿时间认真观察这颗葡萄干，非常认真、全神贯注地观看。

观察这个葡萄干的每一个部分，观察它的色泽、纹理、光亮处与暗淡处。

你能否感受到它的重量？它是否在你的手掌中投下了小小的阴影？

你还可以将它对着光线，转动它，来看看它的通透情况。

你在这样做的时候，如果内心出现"我们在做多奇怪的事情呀"，或者"为什么要这么做"，或者"我不喜欢这么做"等想法，这很自然，只是注意到这些想法的存在就行了，然后依然将你的注意力温和地转回来，继续放到这颗葡萄干上。

现在有意识地将这颗葡萄干缓缓靠近鼻子，注意感受这颗葡萄干在距离你鼻子多远时，你能闻到它的味道。随着它靠近你的鼻子，感受它的味道的变化。每吸一口气，都仔细地注意它的气味。

现在，有意识地把葡萄干拿到耳边，来觉察胳膊的缓慢运动过程。用两个手指捏一捏葡萄干，仔细感受是否有声音发出，有什么样的声音发出。

现在请把这颗葡萄干拿到离你身体最远的地方，然后有意识地慢慢地把它拿到你嘴边。当它缓慢接近你的嘴边时，觉察你嘴巴的动作。

然后，轻轻地把它放到嘴里，不要咬它，注意它是如何被接收的，只是探索把它放到嘴里的感觉，用舌头感觉它，用口腔感受它，用牙齿触碰它。

当你准备好以后，有意识地咬一下，注意它所散发出来的味道。

慢慢地咀嚼它，感觉唾液在嘴里的运动，感觉物体的形体在改变。

然后，觉察自己吞咽的意图，在实际吞咽前，有意识地体验一下。

看你是否能够感觉到吞咽的过程，感觉它向下移动到胃里。

最后，感受吃完葡萄干后的影响，口腔中是否有余味？

（二）常见反馈

在这个练习中，大家通常会有很多种反馈，典型的比如有人会提到，觉得对葡萄干的味道有了更加深入的体会，能够觉察到葡萄干的皮和肉，发现这一颗葡萄干的味道也很浓郁，完全不亚于自己平时吃一把葡萄干的感受，甚至有所超越，以后也可以照着这个方法多多尝试。也有人会提到，觉得葡萄干挺脏的，吃的时候察觉到有沙子，感觉吃下去有点恶心。还有人觉得与平时吃的感觉没有什么两样。

指导者要秉持开放的心态面对练习者的反馈。事实上，每个人的体验都是独特的。此练习的主要目的在于用这个练习来让参与者直接体验到，我们在日常大多数时候，都是不知不觉地行事。如果我们对于当下有更多的觉察，将自己的注意投入当下，如实地感受，我们可以发现很多未曾发现的细节。正如吃葡萄干，我们可能错过了生活中很多美好的方面，而在不知不觉中遭受很大的损失。由此，我们的生命可以更加丰富与多彩！

二、身体扫描

身体扫描是参与者以好奇和开放的态度，依照一定顺序转移注意力并体会身体每一个部分的感受，保持对身体感受客观的觉察的练习。

（一）指导语

首先，找到一个温暖且不被打扰的地方，穿着宽松的衣服，使身体平躺，并在此过程中尽量保持清醒。然后，将注意力带到左脚脚趾上开始觉察这一部位，也许你会觉得麻麻的、暖暖的，也许你什么感觉都没有，无论是什么，这就是你此时此刻的感受，单纯去觉察就好；停顿几秒钟，有意识地觉察注意力的转移，同样带着好奇觉察左脚脚底的感觉，无论什么感觉，无须判断，只是觉察。如此，在一段时间内，依次觉察左脚趾、左脚面、左脚底、左脚踝、左小腿、左膝盖、左大腿，依照同样的顺序扫描右脚趾至右大腿，接着是左手指、左手掌、左手臂，然后以同样的顺序扫描右手指至右手臂，最后依次是臀部、腰部、腹部、双肩、脖子、后脑勺、头的两侧、头顶、额头、眉毛、眼睛、鼻子、嘴和牙齿、两颊，结束前把躯体作为一个整体进行觉察，这样练习就结束了。

（二）常见反馈

身体扫描的练习，首先，能够提高对身体感受的觉察。大多数人往往忽视对自己身体的关心，只有当生病或者身体已经产生强烈疼痛感时才开始关注。其次，对身体的觉察能帮助我们更好地处理情绪。情绪、想法和生理反应是密不可分的，当我们对身体感受有了敏锐的觉察，将有利于对情绪变化的觉察。最后，值得强调的是，虽然身体扫描的过程很容易感到放松，但练习的目的并不是放松，而是清醒地对身体的各个部位进行觉察，从而提升觉察能力。

在刚开始练习时，参与者经常会问："为什么我什么感觉也没有？"正念练习的核心就是对此时此刻的觉察，没有感觉就是此刻的感觉，所以没有必要自责或是焦虑。练习中参与者会发现"自己经常走神"，这本身就是很好的觉察和发现。请放下评判，只是以好奇和开放的态度进行觉察。如果某些地方有强烈的感受，参与者可能会担心自己是不是生病了。请试着把这种担心当作一个心理活动，觉察它的出现，然后再把注意力重新集中到对躯体感受的觉察上来。

扫描的顺序固定吗？相对于其他躯体部位，脚趾和手指的神经感受更为敏感，从这里开始相对容易，但顺序并不固定，可按照让自己感觉舒服的方式进行。身体扫描练习也没有固定的姿势，无论是平躺还是坐着都可以。身体扫描只是提供对躯体感受觉察的机会，并接纳觉察中出现的一切。

三、正念观呼吸

正念观呼吸是把自己的自然呼吸作为观察对象，观察呼吸的过程、变化的一种训练方式。

（一）指导语

舒服地坐在椅子上，或平躺在床上，让自己感觉到放松、清醒和尊严，轻轻闭上眼睛。

慢慢地把注意力放在自己的呼吸上，如实地去感受自己的一呼一吸，以及呼吸之间小小的停顿；感受每次呼吸时气流经过鼻腔的感觉；或者每次呼吸时胸部或腹部的一起一落。呼吸长的时候体验自己的长呼吸，呼吸短的时候体验自己的短呼吸。让呼吸自然地进行，无须控制它。尽可能地去觉察，一刻接着一刻、一次呼吸接着一次呼吸。用呼吸作为内心的锚，帮助我们真正地处在当下。

如果发现自己的注意力离开了呼吸，这是很自然的现象，可以简单地觉察一下，自己的心刚才去了哪里，然后再温和而坚定地把注意力重新放到对呼吸的觉察上来。

（二）常见反馈

正念观呼吸的时候，不需要有意识地控制自己的呼吸，也不是让呼吸按照某种方式进行，无论呼吸是什么样的，我们都对它进行如实的觉察。练习时要保持身心自然放松，而不是紧绷的，不需要过于专注或全神贯注，否则会导致紧张。

在刚开始练习的时候，有的练习者可能会有不自主的"不会呼吸了"的感觉，没有关系，我们要做的就是如实地观察它。不需要刻意去寻找呼吸，呼吸不自然就觉察不自然的呼吸，看看它是如何进行的，有怎样的变化。在正念观呼吸的时候，我们不强调进行任何想象，也不需要数呼吸，只需对正在进行的自然呼吸进行如实的观察。

在正念观呼吸的过程中，我们并不追求进入某种状态，也不需要控制什么或评判什么，重点在于觉察。如果走神了，就在觉察到自己走神之后再一次回到对呼吸的觉察上来。如果身体出现某种感觉，或是被外界的声音打扰，又或是出现某些想法或情绪，我们可以抱着好奇而开放的态度观察一下它们，再回到对呼吸的观察上来。每一次回来，都是一种积累，一种进步。

四、三分钟呼吸空间

"三分钟呼吸空间"是一个简短的正念练习，旨在让练习者在很短的时间内快速进入此时此刻，从正在担心的事或忧虑的情绪中回到当下。相比于其他练习，这个方法更加简便而易于操作，随时可以进行，很适合融入每日的生活中去，使练习者将正念和日常生活更好地结合。"三分钟呼吸空间"练习可分为常规型和应对型，练习者可以每天选择 3 个固定的时间来进行三分钟呼吸空间的常规型练习。练习初期可注意每次练习中的体会和可能遇到的困难。

（一）指导语

请你找到一种舒服、自然的姿势，坐着或站着都可以，感觉背部挺直但不僵硬，感觉自己现在放松、挺拔而有尊严。感受一下你的身体正在展现出的清醒的、当下的感觉。

当你准备好了，就请慢慢闭上眼睛。现在，你可以开始觉知。觉知一下你此时此刻的体验是什么，有什么想法掠过脑海。请简单地看一下这些想法是什么，并再次提醒自己想法只是想法，只是一种心理事件。还可以看一看，你现在的心情如何。请留意任何情绪上的感受，然后只是告诉自己，"噢，我现在的心情是这样的，我觉察到了"。觉察一下身体的感觉，依然放松、自然，还是有些紧绷和不适。试着去觉察它们，但仅仅是注意到它们，然后告诉自己，"嗯，这就是我的身体现在的感受"。

现在，当你准备好了，请你将注意力慢慢地放到对呼吸的觉察上来。如实地感受自己的一呼一吸，以及呼吸之间小小的停顿；感受每次呼吸时气流经过鼻腔的感觉；或者每次呼吸时胸部或腹部的一起一落。让呼吸自然地进行，无须控制它。花一分钟左右的时间尽可能地去觉知，一刻接着一刻、一次呼吸接着一次呼吸。用呼吸作为内心的锚，帮助我们真正地处在当下。

现在，当你准备好了，慢慢地将觉察范围从呼吸扩展出去。在觉察呼吸的同时，将身体作为一个整体来觉察，来感觉你身体的感觉，你的姿势，以及你的面部表情。也许你能感受到身体的放松，或者感受到背部、脖子、肩膀的紧绷……接下来的呼吸似乎是你的整个身体都在呼吸。轻松柔和地保持这个状态，保持对此时此刻更广阔的觉知。

然后，当你准备好了，就请慢慢睁开眼睛。

（二）常见反馈

除了每天的常规型练习外，在对这种方法有较好的体会后，还可以将其应用在对日常生活事件的应对中。无论何时注意到自己有不愉快的感受，体验到了负性的情绪，都可以马上进行此练习，用三分钟的时间将自己带回到当下。

很多练习者会认为"三分钟呼吸空间"的目的是——尤其是用来应对日常的不愉快感受时——使自己从紧绷的状态、负性的情绪中放松、平静下来。这种想法可能会使我们在使用中更加期待其最终的效果，对整个过程有更多的控制，甚至将"三分钟呼吸空间"变成了"深呼吸放松练习"。实际上，"三分钟呼吸空间"练习是要通过对呼吸和身体的觉知，将自己带回到此时此刻。我们要做的只是不加评判亦不加控制地、如实地观察。不要刻意追求什么体验或效果，只是去观察，去体验。放松或平静，都只是当我们回到此时此刻后的状态可能带来的"副产品"。

五、正念瑜伽

正念瑜伽是指在进行身体拉伸运动的过程中，有意识地引导自己的注意力，觉察自己的身体姿势、感受以及可能出现的任何情绪和想法。正念瑜伽分为站立式和平躺式两种，在这里我们将对站立式进行文字介绍，平躺式的练习请参照图4.1.1。

（一）站立式指导语

请找到一个能够自由伸展双臂的地方站好，两脚距离与肩同宽，并调整姿势尽量让自己站得舒适、自然。下面，留意双脚与地面接触的感受以及地面给予身体的支撑，让身体感觉到放松、清醒和尊严。然后，把全部的注意力放到呼吸上，留意空气是如何进入我们的身体以及离开我们的身体的。

下面，在吸气的时候，双手掌心向外，同时非常缓慢地将双臂举向身体两侧，达到与地面平行的位置，在这一过程中，留意双手划动空气的感觉。接着，继续在下一次吸气的过程中将双臂上举，慢慢地，觉察双手与空气的接触，直到你的双臂触碰到耳朵。在这一过程中，你或许会感到双臂上举时肌肉的紧绷，以及保持这个伸展姿势时的张力。保持这个姿势一段时间，自由地呼吸，注意随着这种姿势的继续以及呼吸的变化，身体感觉和情绪有哪些变化。在差不多的时候，非常缓慢地在呼气的过程中把双臂放下来，觉察双手划动空气的感受，并感受血液在双手之间的流动。

接着，有意识地伸展每一条胳膊，轮流将它们向上举，就像在摘一棵长得很高的果树上的苹果一般，觉察自己的身体和呼吸，伸展一条手臂的同时，伴随着吸气抬起另一侧的脚后跟，体验手和呼吸的感觉。然后，慢慢地高举双臂，让手掌保持相对平行，在一次呼气时，将身体向右侧倾斜，形成一个月牙的形状，让左侧的脚、躯干、手以及手指形成一条曲线。然后在吸气过程中恢复到站立的姿势，接着在下一次呼气中把身体慢慢地弯向另一个方向。

下面，当双臂平放在身体两侧时，可以转动肩膀让手臂被动地摆动。首先，在一次吸气的时候，双肩尽量向前挤，好像你要让它们碰在一起似的，然后向上滑动好像要够到耳朵一样。继续转动，伴随着呼气，向后伸展就像要把肩胛骨碰到一起那样，然后让它们完全地放下来。同时，你也可以吸气时向后、呼气时向前，再重复同样的滑动动作。在这个过程中，手臂始终是被动地摆动着，尽量平缓，保持放松。

然后，回到自然的站姿，慢慢而有意识地转动头部，姿势尽量舒服而且轻柔，就像用鼻子在半空中画圆圈一般，让这个圈绕着一个方向转动，然后再换成另一个方向。

最后，在这一系列动作的结尾，我们安静地站立或者坐一会儿，闭上眼睛细细体会经过一系列的拉伸身体内部的感觉，同时觉察此时此刻的呼吸。

提起尾骨
后腰下压贴向地面

尾骨回到地面
后腰放松离开地面

左右两边练习

左右两边练习

左右两边练习

图 4.1.1 平躺式指导图（1）

左右两边练习

左右两边练习

左右两边练习

图 4.1.1 平躺式指导图 (2)

（二）常见反馈

人们对于这个练习往往会有各种不同的反应，但大多数人会觉得正念瑜伽是很有帮助的，对身体的觉察让我们能够充分地感受到身体的存在，也会带来心理上的放松和平静。另外，对于那些在身体扫描练习中很难长时间保持静止的人来说，正念瑜伽是一个很好的选择。

正念瑜伽是要在一系列的伸展动作中觉察自己的身体和感受，以及由此引发的种种情绪和想法。在练习中，当我们保持一个伸展动作较长时间时，往往会出现酸麻、胀痛等不舒服的体验，面对这些"不舒服"的体验，最大的挑战是我们要保持耐心和开放的态度去觉察身体每时每刻的感受，允许这些"不舒服"的感受存在，并将它们容纳在正念觉察的范围内，让每一刻的体验都像是初体验。

同时，每个人的身体在每一个动作上都会有极限，学会在极限的边缘去探索和感受此时此刻身体所传达给你的任何信息，温柔地去接近自己的极限，但不需要去超越它。学会尊重并体验身体在每一个动作上的局限性，留意自己是否有想要突破极限，或超越自己和他人的念头。要注意的是，正念瑜伽的练习重点是对当下身体的觉察，而不是为了完成某个标准动作，也不是赢得竞争或比赛。

初学者可以放慢动作进行，这样会更容易地把意识放在身体和感受上面。另外，在拉伸身体的过程中，让呼吸自然地进行，而不去控制它，呼吸与动作相配合，会是一个非常好的选择。有时候，我们会怀疑自己的姿势是否到位，感受是否准确，请充分地"相信"自己，这里不存在所谓的"正确"姿势，全然地信任并接受此时此刻身体所传递给你的任何信息，开放地接受当下所发生的一切。

如同其他练习一样，如果在练习过程中发现自己走神了，没有关系，这是很自然的现象，我们只需要温和而坚定地把注意力带回到此时此刻，带回到对身体的觉察上就可以了。

另外，以上仅仅提供了几个基本的站立式动作，练习者完全可以根据个人的习惯，有创意地发展出一些新的动作，或者结合其他常见的瑜伽动作和姿势，将正念觉察融入其中。因此，正念瑜伽的关键在于对于每一个动作都能够有清醒的体验和觉察，然后能够坚持有规律的练习就可以了。

六、正念行走

正念行走是将行走过程作为观察对象的训练方式，既可进行正式行走，也适用于日常散步。正念行走作为一个练习，有助于更好地觉察自己身体的感受，回归当下。

（一）指导语

首先找到一个相对安静的环境，选择一条长5米至10米的路径，如果条件允许，赤脚或者仅穿袜子可能会获得更加丰富的体验。

先站在路的一端，闭上双眼，进行几分钟的站立正念，感受自己立于此地的状态，感受整个身体的重量通过双脚与地面接触、周围空气与身体接触的感觉。专心聆听一下周围的各种声音。然后，可以专注于自己的呼吸过程。

几分钟的站立正念之后，开始把注意力放在行走过程上来。目光可自然下垂落于身前约 1.5 米的地方，之后，让自己专注于行走时身体各个部位的感受，包括脚提起、前移、落下，以及身体重心转移、平衡保持、转身等；同时，在每个动作发生之前，注意感受一下想法是如何产生并发挥作用的。尽量以一种好奇和开放的态度来对待自己的各种体验，就好像是自己第一次行走一样。在这个过程中，如果出现各种心理活动，或者思绪被外界的声音带走，没有关系，简单地看一下，刚才在做哪些和行走无关的事情，然后再温和而坚定地把注意力重新收回到对行走的关注上来。一直以这种缓慢而专注的方式来回走几次。在缓慢行走一段时间之后，可以尝试着用不同的速度在不同的路上行走。

（二）常见反馈

日常的行走同样可以融入正念。在各种适宜的行走场合，先感受一下自己整个的身体状态，然后选择适合自己的速度行走。与正式的正念行走不同的是，在这个过程中，强调的是开放的觉知，即清楚地知道自己的状态以及周围发生的情况，而不是被动地陷入"自动化引导"的过程中去。

如果在正念行走的过程中有特别多的心理活动，没有关系，重新把注意力收回到走路上即可。正念是对自身的觉察，防止陷入"自动化引导"过程中，而非消除想法。感受行走过程，不是去"找感觉"。正念不追求状态，只是去客观真实地体会、感受。"没有感觉"也许就是当时的感觉。

正念行走不等于慢节奏行走。正式练习中将动作分解开，是为了更好地去体会每一个当下；而当觉察能力提高之后，就可以在以正常速度行走的同时感受每一个当下。正式的正念行走练习，强调对于行进过程中身体感受的觉察；日常的行走，强调用开放的态度感知当下发生的事情，都是重视活在当下。

七、正念听声音

正念听声音是一种将声音作为觉察对象的练习。我们每天都置身于环境之中，每天都能听到这些声音，正念听声音练习可能会提供一种方法，让我们觉察到这些声音本来的样子，使我们以一种全新的方式与每天听到的声音乃至每天身处其中的环境相处。

（一）指导语

首先请舒适地坐在椅子上，感觉并调整自己此刻的身体姿势，让自己感觉到放松、清醒和尊严。当你准备好了，请慢慢闭上眼睛。现在，让我们慢慢地把注意力放在自己的耳朵上，开始怀着开放、好奇的心态，听一听出现在周围的声音，听一听远处的声音、近处的声音、大的声音和小的声音。

试着只是将这些声音视为一种感觉，去体验它的声调、音色、响度和持续时间。不需要判断这声音来自哪里，不去猜想是谁、什么发出了这些声音，或考虑这声音听起来是否熟悉，试着只是去接受它们，觉察它们本来的样子。

没有必要刻意去寻找声音，或者听某一特定的声音。只是让我们的内心开放，让自己准备好，接受随时从各个方向传来的各种声音，对我们周围的空间保持开放。

如果你发现自己在对声音进行判断，或陷入了对声音的思考和联想中，可以简单地注意一下自己的内心刚才去了哪里，然后温和而坚定地把注意力重新转移到对声音本身的感觉上来，继续接受和觉察随时出现在你身边的声音。你每回来一次，你的觉察能力就增长一分。

现在，当你准备好了，就可以慢慢地睁开眼睛。这个练习也就随之结束了。

（二）常见反馈

首先，在听声音练习中不需要"寻找"或"等待"，"寻找"或"等待"都将使练习者离开当下；练习者只需保持开放的态度，接受、觉察周围出现的声音。没有声音时，就觉察这种无声的状态。

其次，在听声音的练习中，另外一个常见的体验是，练习者可能会发现自己难以停止在听到声音之后大脑对声音作出的一系列近乎自动化的判断。练习者可能会认为自己没有达到练习方法的要求，从而评价自己做得"不够好"。实际上，我们在遵循练习方法进行练习的同时，练习过程和结果并没有"好""坏"之分，也不必过分强求；另外，我们的大脑会对周围环境中出现的刺激信号做迅速判断和加工，从而进行下一步反应，这是有积极意义的。但有时大脑的判断过于迅速，以至于我们自己都没有看清它们，混淆了我们的想法和客观事物本身。我们在这个练习中要做的，是让自己将声音本身和我们对之进行的加工判断分离开，看清二者的不同，从而达到更加清醒的状态。

八、正念觉察想法

正念觉察想法是一种把自己的想法作为观察对象，觉察想法的形成、发展和消失的训练方式。

(一) 指导语

首先保持一个清醒、有尊严且舒适的坐姿，慢慢闭上眼睛。

闭上眼之后，觉察内心想法的出现。这里的想法包含脑中的思考、浮现的景象与画面。觉察到内心的想法以后，不用控制自己的想法，只是觉察它是如何发生、发展的。在这个过程中要时刻保持清醒，不被想法卷入其中。如果发现自己沉浸在想法之中，并且在分析、计划和控制想法，则有意识地回到清醒且不被想法卷入的状态，继续觉察想法的发展过程。对于出现的想法可以有意识地将其贴上标签（如自我责备、担心、做计划等）。如果体验到某种强烈的想法，不管它是什么，都无须急着改变、推开或者转移自己的注意力。仍然试着以观察者的姿态，带着开放和好奇的态度去觉察它的出现和变化。所有的想法都有一个自然发展过程，当觉察想法时，想法脱离了思维的卷入，最终会自然地消失。

每一次觉察到想法的出现，或者觉察到自己卷入想法的情形，你的如实觉察能力就提升了一分。除此之外，伴随着想法所出现的情绪、感受也是觉察对象。如果在练习过程中没有想法生成，就体验此刻的状态和感受。

(二) 常见反馈

正念觉察想法是一种觉察并感知自己此刻内心活动的练习方式。建议练习者在对正念观呼吸和正念听声音的练习操作比较熟悉之后，再开始进行正念觉察想法的练习。虽然正念觉察想法的练习是以熟悉正念观呼吸和正念听声音为前提的，但并不意味着觉察想法比其他练习更"高级"。各种练习方式的本质都是对此刻的清醒觉察，没有等级区分。练习时根据自己个人情况选择适合自身的练习方式即可。

练习过程中主动产生想法是没有必要的，也无须想象出某些景象进行觉察。如果没有想法，只需安静等待。如果因没有想法而产生类似于疑惑的感受时，事实上这已经是想法，那就继续觉察这个想法的产生过程。正念觉察想法对想法的多少并没有评判。不管在练习中产生的想法多与少，只是简单地觉察，并体验这一过程就好。

如果在觉察想法的时候突然想起重要的事情，此时觉察这一过程，可以自由选择：继续感受这一事情对内心的影响或先行停止练习去处理这一事情。在正念觉察想法的过程中对想法内容产生评价是很常见的，而且评价本身也属于自身的内心活动。不管出现什么样的评价，只是觉察想法的发展，并观察评价产生所引起的情绪、感受的变化。

九、日常生活的正念

正念可以同日常生活很好地融合在一起，让生活受益。

生活中的正念可以从每天醒来的时候开始。睁开眼睛，可以先花点时间感受一下自己的呼吸，观察体会自己躺在床上时身体的感受、房间的布置、空气的温度、周围的声音。准备好了之后，可以有意识地起身、穿衣。一切都可以像平生第一次做一样。

同样，起床之后，可以继续将生活中的其他事情作为正念练习的对象。刷牙时，专注于身体动作和牙膏的味道；洗脸时，注意水清洗脸部的感受以及双手与脸部摩擦的体验；吃饭时，可以选择正念地进食，单纯、认真地去体验早餐；吃饭结束后，可以以平时的步幅正念行走，专注于双脚接触地面和双腿不断迈进时的感受。

事实上，每天从早到晚始终保持一种活在当下的状态是完全有可能的。从早上起床、刷牙、洗脸，到洗碗、打扫、擦桌子等家务活动，再到做饭、进餐、洗衣服、洗澡等，无论做什么事情，都能够不慌不忙、轻松从容，放松而专注地去完成每一项工作，享受这一天中的每一件事情。如果自己的心不知道游移到了哪里，或者被各种类似于沮丧、不安的情绪牵绊住的时候，可以在此时选择将注意力转向当时发生的各种景象或声音上，或者细致地感受自己的身体状态，或者将注意力放在呼吸上，让自己能够很好地体验当下的每一刻。

以正念进食为例。正念进食是一种将吃饭过程作为观察对象的训练方式，它有助于形成一种健康的饮食方式，同时也有助于体会在吃东西时，心是如何忙于其他各种事情的。正念进食时，尝试着把注意力放在对食物的品尝上。虽不必像正念吃葡萄干那样缓慢地进食，但提倡细细地去品味每一口饭菜，体会食物如何进入口中，经过咀嚼，然后吞下，在口中留下食物的味道。在这个过程中，如果心被周围的声音、对食物的评判、对接下来的事情的思虑带走，请简单地看一下，刚才心游移到了哪里，然后再重新把注意力收回来。通过一次次的观察和回归来让自己更好地活在当下。

正念练习的整合——"正念日"。在对正念练习的各种方法进行练习、体验之后，进行一次正念练习的整合是有必要的。正念日就是在日常生活中，每个人都可以单独拿出一天时间来充分地感受正念。如果条件和环境允许，选择一个不被任何事情或任何人打扰的休息日，把这一天完全地留给自己，完全地聆听自己的声音，让自己全身心地感受和修习正念。从早上起床、刷牙、洗脸，到洗碗、打扫、擦桌子等家务活动，再到做饭、进餐、洗衣服、洗澡等，无论做什么事情，都能够不慌不忙、轻松从容，不是为了赶任务而做事，而是怀着耐心，放松而专注地去完成每一项工作，享受这一天中的每一件事情。这一天尽可能一直保持止语，但并不意味着一句话都不能说，如果聊天，在说话的过程中，仍然可以对自己正在说什么保持全然的正念。

如果真能够抽出这样一天时间，对于正念的练习是非常重要的。正念日将会是一次极有推动力的练习机会，它会加深个人对于正念的体验，提升自我觉察、耐心、接纳等诸多品质。同时，正念日也有利于个人将正念慢慢渗透到日常生活中，为生活品质的改善带来莫大的帮助。

第五节　正念训练中的常见误解

一、何谓正念之"正"

正念的"正"字，并非正确、正当、正向的意思，或者认为带有某种道德的含义。正念的"正"含有"如实"（如是）的意思，正念意味着对于我们的感受、情绪、念头保持如实、客观、当下、不偏不倚的觉察。

二、正念是觉醒而不是昏睡

正念强调按照事物本身存在的样子去觉察它，一刻接一刻地、不加评判地保持清醒观察和体验，如果睡意绵绵的话，是无法培养出正念的。因此，放松或进入无意识状态并不是正念训练的目的，这一点与普通的放松训练有着本质的区别。当然，正念的练习可以带来放松，放松是正念练习的"副产品"。

三、正念是专注而不是隔离

正念不是为了隔离念头或让心一片空白。有一些练习方法强调清空内心的念头，但这并非正念练习所希望达到的。正念练习带给我们的是某种观察自身和世界的方法，培养的是一种如实观察的能力，要求我们每时每刻都能够关注自己的身心状况，对身体的感受、情绪和想法保持开放的体验，如实地觉知，而不是去逃避或阻断自己的念头，所以正念练习是为了帮助我们看清自己。

四、专注不等于全程关注

在练习过程中，练习者需要把注意力集中到当下的觉知中，但是，专注或全神贯注不等于全程关注。"走神儿"是常见的心理现象，不可能也不必完全杜绝，练习者所要做的就是"随时回到现在"。在练习过程中，保持身心的轻松、平静和舒适是很重要的。如果总是想要得到什么，或希望达到某种状态、获得某种感受的话，最终只会让自己身心疲劳。

五、正念并非逃避痛苦

在很多人的理解当中，正念练习会让他们在面对痛苦或消极情绪的时候得到庇护或暂时的逃避。事实恰恰相反，正念练习是让我们去客观地观察自己的痛苦和负面情绪，非常清晰地关注自己当下所想到和体验到的一切，通过练习，我们的感受会更加开放和敏锐。正念练习实际上只是帮助我们增强了体验痛苦和消极情绪的能力，而不是让我们逃避痛苦。正念练习帮助我们拥抱痛苦，但事实上却缓解了痛苦。

六、正念不是隔绝现实

这又是一个常见的误区。由于"正念"概念源于宗教，所以人们误以为正念就是要过一种与世隔绝的生活。恰恰相反，正念练习是让我们更多地回到当下，提升每时每刻的生活品质和幸福感。而且，我们也可以在日常生活中融入正念练习，能够在各种生活变化之中去敏锐觉察自身的情绪和想法，从而更好、更理智地采取下一步行动。另外，正念练习并不会妨碍我们的人际关系，反而可以协调我们与他人之间的关系，让我们彼此变得更亲密。

七、正念不是宗教

正念练习不受地域、信仰或思想传统的影响，可以应用到大多数群体中，并可以为希望促进个人心理成长的各种人群所接受，因此练习正念与信仰某种宗教没有丝毫关系。其实，正念就是通过客观认识事物的原本，学会接受它们，从而让自己体验到平静和幸福。

第二章
罪犯与正念训练

第一节　概　述

罪犯是一个失去自由、远离社会、接受刑罚和改造的特定群体，也是一个心理问题高发的群体。正念训练是一种心理调节的有效方式，它强调借助自我疗愈的力量，通过自我观察、自我接纳和自我管理，实现由内而外的改变，其特点决定了它很适合狱内罪犯用以调节内心平衡。

越来越多的国内外研究聚焦于正念训练对罪犯所进行的干预，这些研究有的关注罪犯的心理健康，有的关注罪犯的人格转变，有的关注再犯罪率的降低，多数研究都表明正念训练具有积极作用。在技术层面，正念训练对罪犯的影响主要表现为可以改善他们的情绪管理和自我管理效能，提升罪犯的自尊感和处理应激的能力，并且不同程度地降低了罪犯的敌意和攻击性。

在国内的监狱系统中，正念训练的应用已具有一定规模。研究表明，正念训练能够提高罪犯的整体心理健康水平，并且能有效降低男性罪犯的攻击性，有效改善其睡眠质量。

第二节　来自罪犯的声音

正念训练鼓励参与者写出个人练习感悟，下面列出了部分有代表性的罪犯练习感悟报告。（为了还原个人报告的真实性，此处对原始语言进行保留，部分用词或语法可能存在错误）

"这种感受是美妙一刻，静下心来，按要求去做每一个动作。它不仅给你带来一种舒心感觉和享受，同时也教会了你怎样去面对今后人生路，怎样面对坎坷和一些处理各种事物的方式、方法。人的一生不是平静的，有许多喜怒哀愁，烦恼和烦心的事，只要静下心来去面对，去耐心处理，一切问题都能化解。"

"自从参加正念训练，这三周内，我的感悟很深。天天能够按照训练课程去复习，感觉很好。睡觉和心情都比原来好了很多。"

"在正念减压课程练习中，我深深体会到了课程的真正作用。在入睡前，练习最起码使我的睡眠改善了，可以安然入睡了，而且半夜也不是总起夜了。第二点就是，我以前脾气很暴躁，自从上了正念课程以后，脾气变得温和许多，也能控制好自己的脾气了，自己的身心健康得到了很大改变。"

"使自己放松了身心，感到这一周心情特别愉快，心里时时刻刻都很痛快。"

"对我本人的身体、身心、心态、动作、行为、言谈，都具有修饰作用，改变心态，对一种事物首先接纳它，不要定性事物本质，接纳使身心留有余地，身心转变，态度火爆、躁的情绪得到很大的改善。"

"第三周正念训练使我受益匪浅，清醒地觉知到我们活在此时此刻，珍惜现在所拥有的一切，也充分说明了监狱对我们这些罪犯的关注，此课程可以缓解压力，放松心情，虽然我现在身处逆境，但我相信努力改造，积极配合教育，一切都会过去的，有时间我一定练习，谢谢监狱给我们这个机会。"

"学习正念，让我感到对身心都有好处，让我能静下心来，从心里感觉身体每个部位的状态，比如痛麻、出汗，这样的练习对心理帮助很大，让自己静下心来，学到一个正确的心态。"

"让我知道怎么满足当下的感觉，让我感到很有好处，也减轻了压力，感到无比的轻松，心情很好。学习正念对人的睡眠也很有好处，对于能够学习正念，我感到很开心，也很幸运，让我在这样的环境下，可以找到真正的自己。"

"我学习这个真的很好，对我的身心健康很有益。我以前总是睡不着，学了这个之后，睡得也香了，一觉到天亮。以前晚上，总要去起夜，现在都不用去啦。学习正念让我清醒地觉知到生活每时每刻都充满着诗情画意，让我们更好地活在当下。"

"我觉得学习这个正念课程还可以，开始我是抱着随意的心态，从学习到现在这段时间，我发现我有点喜欢这个课程了，自从学习正念训练，我觉得睡觉好多了，一觉醒来到天亮。"

"我清醒地认识到正念的含义，当我每时每刻在正念我的每一个动作和每一个举动时，我才感受到心旷神怡、豁然开朗、神清气爽，活在当下，我们每个人都应该忘记过去，重新开始。"

第三节　在罪犯中开展正念训练的建议

综合对罪犯实施正念训练的实践，本手册汇总了部分重要的经验和建议供使用者参考。

一、谨慎对待有严重创伤的罪犯

个别罪犯有较为严重的心理创伤，在人员招募时要对既往病史做充分询问。有严重心理障碍或疑似精神问题的罪犯不适宜选入正念训练小组。除了入组访谈外，也应当充分重视管教民警的意见和建议，对于有严重心理问题的罪犯，应当及时反馈，以便通过专业途径提供有效的心理干预或治疗。

二、仔细甄别罪犯的动机

罪犯动机具有多样性和隐藏性的特点，在招募时需要做好筛选工作，其中重要的原则是自主和自愿。个别罪犯参与训练的动机很复杂，有的是迫于监区的压力，不得不报名参加；有的是表面热情，其实是为了讨好，表现自己参加活动的积极性；有的是只想离开监舍和车间，换个舒服的环境；有的是想逃避生产劳动，过来放松一下；有的是觉得在咨询室可以让自己安稳地睡一会儿；有的则仅仅是觉得好玩或凑热闹，甚至在练习中偶有出现干扰他人练习的现象。针对以上的动机偏向问题，可以主要从以下几个方面着手解决。

第一，做好前期的筛选工作。首先宣传介绍工作要做充分，利用罪犯能听得懂的通俗语言和方式，使罪犯理解正念的含义以及正念训练可能给自己带来的好处，在确保罪犯对正念训练和相关的团体课程有清楚了解的基础上，鼓励自愿报名，不强制参加。

第二，正式开始前，最好对报名参加的成员进行一对一的访谈，进一步了解他们参与课程的动机，并再一次介绍课程的性质和特点，解答相关疑问。

第三，在监狱环境下，动机多样化是正常现象，这就需要指导者在带领团体期间做好处理工作。可以在团体中将"我的动机"作为一次公开讨论的话题，让团体成员共同面对和解决这一问题，以激发成员的积极性。同时也可以利用正念训练本身对个人的益处，来增加对参与者的吸引力，在课堂上逐渐转化成员心态。

第四，对于以抱着好玩的心态，甚至在课堂上干扰他人练习的成员，可以通过课后单独访谈等途径及时沟通和跟进，处理好问题，以免干扰到整个团体的进程，对于严重者可以考虑劝其离开团体。

三、充分考虑罪犯人际关系的复杂性

罪犯之间的关系是复杂的，进入团体的成员彼此间戒备心较重，因此，团体中信任关系的建立相对困难。在团体建立初期，参与者的分享比较谨慎，分享的内容往往带有选择性，很多罪犯不愿透露自己的真实想法或情感。随着训练的推进，罪犯更多的是与指导者建立起信任关系，愿意在课后与指导者就练习本身或生活中的困惑做一些一对一的交流，团体成员之间的交流相对较少。

基于罪犯的这一特点，正念训练团体的优势可以得以充分发挥。由于正念训练的练习技巧主要以静默为主，在课程中我们往往协助和鼓励成员发展出更多的自我觉察与自我接纳。这完全是一个自我体验、自我进行和自我完成的过程，可以不触及成员的隐私。相对来讲，也不需要太多团体间的互动或宣泄性的分享，团体中讨论的内容也往往是针对练习技巧或练习态度，这一点与一般性的团体咨询有很大的不同。另外，在今后开展正念训练时，可以考虑增加练习者与指导者一对一的经验交流和分享，由练习者如实报告练习体验和身心状况，指导者给予有针对性的指导。

当然，随着正念练习的不断积累，罪犯也会不断提升对自己、他人以及周遭生活的理解和信任程度。曾有研究发现，正念不仅给练习者带来了自我内在的利益，也给其带来了人际关系的利益。正念训练鼓励在人际关系中不加评判地觉察自身情绪、思想和反应，而不自动化地立即回应。这种训练能够培养对自己和他人的觉察能力，培养接受和同理的心理特质。

四、灵活处置，循序渐进

训练中，很多罪犯没有耐心，不能长时间保持安静，这容易引发对练习的厌恶甚至是排斥的心理。由于罪犯长期生活在封闭、隔离的特殊环境

中，人身自由受限和生活方式单一，再加上严格的监规纪律，内心长期压抑、孤独，情绪严重失衡。虽然正念训练本身可以为练习者带来内心的平和与安稳，但倘若不考虑罪犯的现实状况而强制练习，反而无法达到预期的目标，使参与者更加烦躁。因此，在开展正念训练时有以下四点建议可供借鉴。

第一，练习时间灵活把握，循序渐进。一开始可以相应地缩短练习时间，重点让参与者能够体验到正念的核心技巧。练习时间可以从5分钟、10分钟、20分钟等逐渐递增。另外，还应当灵活把握现场氛围，照顾到大多数成员的情绪。由于不耐烦情绪具有一定的传染性，如果因为个别成员的躁动而干扰到大多数人，则需要根据情况缩短练习时间。

第二，练习方式由动入静。在正念观呼吸、身体扫描等静态练习之前，可以先进行正念伸展运动或正念行走等动态的练习。在动态练习中，肢体拉伸或肌肉的紧张能够在一定程度上释放焦躁不安的情绪，在后续的静态练习中，参与者就更容易安静下来。

第三，团体课程开始前可以考虑加入热身小游戏，这一类破冰游戏的选择以身体活动类为主，时间不宜过长，效果类似于动态的正念练习。同时，破冰环节又可以活跃气氛，增进信任，促进分享，提高罪犯参与课程的积极性。

第四，罪犯总体受教育水平偏低，大多数为高中以下学历。因此，无论在课程介绍和招募环节，还是在团体的主题分享环节，都要使用通俗易懂的语言，并且要善于结合具体的服刑生活习惯、生产劳动和狱内人际关系特点，探讨如何在监狱的服刑生活中培养正念，结合监狱和罪犯的特点以及参与者的切身体验，来探讨正念究竟在哪些方面能够对罪犯带来积极影响。

五、平衡监管和训练的规则差异

在监狱的心理矫治工作中，民警往往具有双重身份，一个身份是心理咨询员，另一个身份则是负责管教工作的民警，咨询员的双重身份很容易加深罪犯的猜疑和不信任感，从而使罪犯的内心封闭起来，甚至产生戒备和对立心态，很难达到心理咨询的效果。这一点不利于心理咨询或矫治工作的深入开展，也是长期困扰监狱心理咨询干警的一个现实问题。

正念训练具有自我体验、自我完成和自我疗愈的特点，它与其他的团体咨询或个体咨询有所不同，并非特别强调咨询师与来访者之间的咨询关系，只要心理咨询民警具备一定的正念练习经验和指导经验，就可以仅仅在练习方法、练习态度和正念的理念上与罪犯进行沟通，这样不涉及罪犯的个人隐私，也无须通过情绪宣泄就能够使罪犯通过坚持自我练习而从中受益，从而超越了角色对立和双重身份的问题，这种方式完全客观与中立，比较容易被罪犯接受。因此，从这一角度出发，正念训练很有可能为罪犯心理矫治工作带来新的创意和新的突破，从而成为今后监狱心理矫治工作中一项常用的矫治技术。

六、正念训练与教育改造的有机联系

多年来，以正念为基础的心理干预在减轻罪犯压力、改善罪犯焦虑和抑郁的症状、提升罪犯积极情绪和生活满意度等方面已经积累了非常丰富的经验。除此之外，传统实践经验和现代科学研究都已经证明了正念训练能够培养个体许多优良的心理特质，如接纳、不评判、自我悲悯、同理心、宽容、耐心、自尊等。

最终，正念训练能够与罪犯这一群体相结合，除了改善心理健康水平这一目标，还有一个非常重要的目标，就是通过正念训练，促进罪犯对自身有更多清晰的洞察和反省，从而使罪犯能够真正理解自己的过去、现在和未来之间千丝万缕的关系，反思自己的过去如何影响现在，自己的现在又将如何影响未来。因此，罪犯愿意从每一个当下出发，珍惜和把握当前的改造生活，为未来的新生活而努力，在接纳和悲悯的心理氛围下不断完成自我认识、自我改造和自我蜕变，从而实现真正意义上的矫治和改造。

第三章
正念训练课程指导

第一节　课程概述

一、课程结构

正念训练属于团体心理干预的范畴，课程对象为普通人群，参与团体课程的人数可多可少，可根据场地情况进行调整，一般控制在 30 人以内。人数少的团体，分享较为深入，指导者也可以更好地照顾到罪犯的情况；人数多的团体，分享和讨论会受到一定限制，对于指导者的经验也有较高要求。

完整课程是八周训练，包括每周固定一次的课程，每次约 3 小时。在第六周课程结束后，会安排一次全天的正念日，时间约 7 小时。因此，如果正规八周课程加上正念日，就会成为 9 次课程。

在正式课程开始前设有预备会（60～90 分钟），以便罪犯充分了解课程内容，消除心中困惑，以激发参与课程的动机，提高学习效益。预备会后，在开课前还会对课程报名者进行一对一面谈以及个人评估和筛选。

二、课程内容

正念训练主要是通过静心观照、身体扫描、躯体拉伸、正念行走等正念练习，引领参加者回到当下，与自己的身心重新建立联结，了解造成自己身心困扰和情绪烦恼的旧有习性模式，调动自我调整和自我疗愈的潜在力量，为自己在困境中更好地生活打开一扇大门。练习方法主要包括正式练习和非正式练习，详情如下。

（1）"正式"练习方法：身体扫描、简单的身体瑜伽（立式和卧式）、坐式练习（观呼吸、身体感受、观察声音、觉察想法、无拣择觉知）、正念行走。

（2）"非正式"练习方法：正念进食、"三分钟呼吸空间"、愉快和不愉快事件日记、压力事件觉察、人际关系中的正念、日常生活中的正念觉察和反思等。

（3）课后练习：每周 6 天、每天至少 30 分钟的正式练习和 5~15 分钟的非正式练习以及课程中各种系统的、按一定顺序布置的训练。

（4）课堂中的团体分享和讨论，围绕每周课后练习进行个人和小组的对话和探寻。

（5）课程完成后的结束面谈（15~30 分钟）。

三、环境与设施

（1）环境：团体辅导室或教室。一般来讲，正念训练需要安排在相对宽敞的团体辅导室（一般容纳 30 人左右，场地大小可根据实际上课人数来确定），场地环境应尽量保持安静、不易被打扰，房间地面环境应保持干净、卫生和舒适，方便赤足进入进行站立和平躺的练习。如果安排在教室，则无法按照团体课程的模式进行，可以进行一般的坐式训练和分享，但较难进行正念行走和平躺的正念瑜伽，课程分享和效果会受限。

（2）设施：坐凳、瑜伽垫、坐垫、书写板、纸笔。（提示：如果在教室进行，则无须准备瑜伽垫和坐垫）

四、课程目标

本课程着重于体验和实践，内容包含多种练习方法，目的是帮助罪犯养成新的觉察习惯：在每一刻不带评判地保持觉知，持续不断地觉知自己的身体、感受、想法、所见、所听、所言，增加真正活在当下的时间，帮助人们应对生活压力，缓解抑郁和焦虑情绪，活得更加轻松自在。

（1）正念训练属于团体课程，具有一定的教育取向。

（2）短期内（八周）较密集的正念练习，旨在培养罪犯的自我管理和自我依赖能力。

（3）课程会提供一系列满足个人需求和学习风格的练习方法，课程重点是掌握正确的练习方法以及练习态度，并将所学延伸到现实生活中。

（4）课程效果来自于日常练习，因此鼓励罪犯自行自愿报名，以便有意愿和动机投入到课程以及每日的练习中。

（5）本课程较少强调理论学习，课堂教学和学习具有高度的体验性和参与性，需要罪犯完全投入。

（6）由于本课程体验性强，因此对罪犯的知识背景和文化水平基本没有要求。

（7）课堂上罪犯之间、罪犯与指导者之间的分享、对话、互动和讨论，旨在探索那些可能抑制学习、成长和疗愈的观念、心理、行为习惯和模式。

（8）该训练既是在身心健康方向上的直接和有意的转变，也是在整个生命跨度中增强健康和幸福感的方法，长期练习有助于实现内在生命的疗愈和转变。

第二节　正念训练流程设置

在监狱内开展正念训练改造项目，可以按照以下流程进行，这一流程适用于八周课程的完整教学。这是一个示范性样本，不是刻板的教条，操作者可以根据各自的具体情况有所增减。

第一步：预备会。

第二步：人员招募。

第三步：入组前访谈。

第四步：课程实施。

第五步：课程后访谈。

下面对这五步进行详细介绍。

第一步：预备会。

预备会通常在训练开始前一周进行，大约持续 2 小时，所有想参加该项目的人员都可以参加。预备会内容主要包括如下内容：首先，由指导者对正念训练课程的背景概述、内涵、相关科学研究、课程性质和特征、课程具体安排以及参与者的注意事项等进行介绍；其次，问答环节，指导者回答候选者们提出的疑问，并在现场决定是否参加；最后，指导者引导想参加项目的候选人填写详细的个人信息并确立自己设立的目标。

在预备会上，拟参加者需要了解更多关于正念训练的背景知识和相关情况，并有机会针对该项目进行提问，进而自愿决定是否参加。

第二步：人员招募。

正念训练可以面向所有罪犯，只要拟参加人员有主动参与的意愿，具备基本的表达能力，能完成简单的身体伸展运动即可。除了一般人群，正念训练也适合患有不同生理和心理疾病的罪犯参加，如焦虑、抑郁等一般情绪问题的患者，又如头痛、高血压、背痛、睡眠失调等身心性疾病患者等。但需要注意的是，正念训练不能取代必要的医疗行为。

为了谨慎起见，下列人群一般不适宜入选：

（1）有严重的身体疾患，无法正常参加每周一次课程的。

（2）有严重的心理障碍或精神疾患，例如处于重度抑郁症发作期，有精神分裂症、创伤后应激障碍等情况的。

（3）有明显不良动机者，如逃避生产等。

（4）对课堂上讲授的语言理解能力不足的，如听力困难或有严重交流困难。

第三步：入组前访谈。

入组前一对一访谈 15~30 分钟，主要为达到以下几个目的：

（1）了解项目参与者的独特性和身心状态。

（2）向参与者进一步解释正念训练，介绍课程性质和特点，以及该项目与他们目前生活方式、生活状态的关联。

（3）确定参与者的准备程度和合适性。

通过面谈，每位参与者都会被鼓励有意而积极地作出口头学习契约，其内容包括：

（1）参加所有的每周一次的课程。

（2）投入每天的课后练习。

（3）参与全天的静修。

（4）补回他们错过的课程（可能的话）。

（5）参与课程前后的面谈。

第四步：课程实施。

课程实施部分，详细内容请参照下一节的"正念训练课程教案"。

第五步：课程后访谈。

课程后访谈约 15~30 分钟，主要包括：给罪犯与指导者进行个别相处的机会，以一对一的形式回顾课程体验，分享课程收获，同时了解罪犯对课程的建议和反馈，并发展短期和长期的自我管理目标，将训练所积累的经验应用到日常改造生活中，以学会如何更好地经营和改善自己的服刑生活。

该部分主要是与入组前访谈保持呼应，以了解参与者经过八周训练之后的变化情况。如果对该训练有附加研究的部分，操作者可以根据需要来选择适用于研究目的的问卷工具，如果没有研究任务，可仅作访谈即可。

第三节　正念训练课程教案

正念，本质上是一种生活方式，它培育人们开放的心态和温和的坚持，进而重新认识并善待人生，这种心态对正在服刑的罪犯而言尤为重要。本手册提供了一套简单而实用的方法，可以有效打破罪犯不良情绪与功能受损之间的恶性循环。为期八周总计 8 次的集中训练是一个连贯的体系，通过正念训练，让涣散的精力集中起来，发现生活的真正乐趣和意义，让每一秒都活在生动的当下。随着练习的深入，你将帮助罪犯发现他们自己的思想、身体和生命都慢慢舒展起来、清晰起来。在监狱中，正念训练是一种帮助罪犯寻找内心平静的有效方式。

本部分是一个 8 次课程的训练方案。这些课程的内容和流程的设置仅是一种建议性的参考，而不是必须遵照的教条，当指导者的经验越来越丰富的时候，完全可以发展出具有自己风格的训练方案。本课程所涉及的某些理论概念、技术操作和注意事项的细节可参照本手册的理论和技术部分。

第一课　让我们一起走入正念

【训练内容】简述正念训练的背景和历史，与成员建立小组契约，强调分享、不评判、尊重、自我照顾及保密等原则。指导成员亲身体验正念吃葡萄干、正念呼吸和身体扫描，学习如何正念觉察身体。

【训练时间】3 小时，中间休息 15 分钟。

【训练流程】

（1）欢迎罪犯并简要介绍课程性质。

（2）开场练习，大约 5 分钟。

（3）分享：让成员对开场练习作出回应。

（4）引导罪犯，共同制定团体契约以及课堂规定。

（5）导引式个人反思：为什么选择参加这个课程，通过课程你想要获得什么，以及你的期待是什么。

（6）团体轮流分享，指导者可以给予回应或沉默。

（7）介绍站立式伸展及团体分享。

（8）正念吃葡萄干练习及团体分享。

（9）身体扫描，从观察呼吸引至身体扫描；分享讨论身体扫描的经验。

（10）发放阅读资料，布置课后练习。

（11）结束前静观练习。

【训练细节】

（1）正念练习初体验：利用开场的最初 5 分钟直接带领成员进入正念。

·从外面匆忙赶来的心态中，回到自己的身体和呼吸上，回到教室里。

·问自己一个问题：我在哪儿？我周围发生了什么？我为什么会来到这里？你大脑中可能有一些言语，可能有一些图片、场景等。那都很好，观察一下。

·再次回到自己的呼吸上。

（2）讨论报名参与正念课程的目的。

·思考 3 分钟：用自己的语言、符号、图画呈现自己的目的给自己看，八周之后再看，愿望达成了吗，有什么收获，八周训练中到底发生过什么。

·大家从刚才的体验中领悟到什么？

·放下期待和努力：每个人来这里都有自己的身心目的，练习中不必追求特定目的或状态，这样容易失望、沮丧、放弃，目光总放在未来，如果没有出现想要的结果，加以评判，也将失去此时此刻。

·回到当下：留一只眼睛看自己，活在当下，不失衡内心，当我们关注当下的时候，结果会自然呈现。

（3）自我介绍：每人一句话，大家简单地相互认识。

·强调团体的原则：保密、放松、真诚、尊重。

·导游：八周旅行，去内心看一看：角度不同风景不同，重要的是体验，收获多少完全在于自己。

·过程：登山—艰苦、滑翔—舒服、冰川峡谷—奇特、沙漠—漫长无聊。

·老师：每个人都是老师，也是学生。

·做自己的主人：环境有限，但我们尽可能地提供机会，在这种机会和环境下，你是自己的主人，看风景或睡觉、用功，收获多少在于自己。

·没有课本，没有知识，没有考试，邀请你来全身心地参与和体验，看看自己能否发现答案。

·体验：自己发现什么是正念。强调亲自走这条路，没有人能替你走。

·更好地照顾好自己：坐姿的问题、减压不是加压、自己发现答案。

（4）介绍、演示和引领正念瑜伽。

·强调：慢；身心自然放松；觉知，走神了再温和地回来。

·肩面部放松，腰背自然挺拔，尊严感；闭眼，感觉双脚如同生长出来的大山，稳固。呼吸，鼻腔—胸腔—腹部，感受腹部的起落，用手放在上面感受。

·双手抬起、摘苹果、左右拉伸、转体、滑肩、沉肩、跳。

·分享。

（5）介绍、演示和引领正念吃葡萄干。

·分享：邀请你谈谈个人的感受体验——从这个过程中你能学到什么？（此处引申出正念理念）

·总结：3颗葡萄干，会有不同的收获，感受总是在变化，不同时空，感受在变。就像我们的生活一样，同一样事情，不同的角度，不同的人，总是会得到不同的感受，而不同的感受，会引导出不同的行为。而且留意吃和不留意吃，匆匆忙忙就吃完了，结果不一样。

·初心：每一刻都是崭新的，每一刻都是你后半生全新的开始，给自己对待每一刻开放、好奇的机会，去感受身心内外发生着什么。

·自动化引导：小游戏——2分钟坐着不动，以任何方式摒除杂念，看看心做了什么。

·分享：对自己对他人都很重要，分享和体验，无论好坏，里面都有很多重要信息，都会给你打开一扇门。

（6）介绍、演示和引领身体扫描。

·躺着，右手前臂抬起，保证不睡着，观呼吸如果躺着也可以这样做。

·放松只是"副产品"，重要的是觉知躯体。

·分享：在这个过程中，你学到了什么？

（7）布置课后练习。

·身体扫描：在我们下次见面之前做身体扫描 6 次，每天一次。带着好奇心和开放心，只是让你自己的体验成为你自己的体验，去接纳它。不要将课后练习当作作业，我们是减压课程，不是加压，如果你觉得有压力，不要补课，今天没做，明天补上，这可能会让你更加难过。

·9 点连线：请仅用一笔画 4 根直线，将下图 9 个点全部连接。

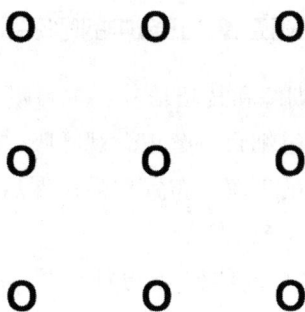

图 4.3.1　9 点图

（8）结束前，做一个"三分钟呼吸空间"练习，回到当下。

【要点提示】

·监狱生活不容易。正念训练是从"心"的层面入手，让你更好地照顾自己，学习生活的艺术。你可能觉得在这里怎么能算得上生活呢？在这里生活简直太苦了，我没办法忍受，可是我又不得不忍受。你可能基于一些考虑不对别人说出内心的苦，可是这份苦对于你来说是真实的，是触手可及的，它每天伴随着你，可是你只能默默忍受着，这样让人很压抑。

·练习的重要性。练习的过程和我们吃饭的过程有些相似。我们知道，让别人替你吃饭是很荒谬的。当你走进一家饭店，你不会看完菜单就不需要吃饭了，你也不会因为听了服务员对食物的介绍就觉得不再需要食物了。你必须亲自去吃，并从中获得营养。同样，你也必须亲自进行培养正念的练习，只有亲自练习了才能够体会到它的好处并且理解它为什么会如此有用。

·保持清醒。正念是清楚知道每一个当下，按照事物本身存在的样子去觉察。保持头脑清醒是很重要的环节，放松到无意识状态并且睡意绵绵的话，是不能培养出正念的。

·放下目的。放下每次练习的目标，不要努力追求在练习中达到一种状态（如放松）。因为一旦你为自己的练习设定一个目标后，你就可能会因为自己没有达到这个目标而受挫。这时，你很可能觉得沮丧、不知所措、对外部的各种条件不满意，甚至放弃练习！这样你就又回到了自己原来那个看待世界和处理事情的模式中去了，并且你会失去改变自己的机会！你所需要做的只是按照练习的要求一步一步去做。

第二课　正念中的呼吸

【训练内容】正念的训练和技巧培养；观呼吸是正念训练中最基础也是最重要的一种练习，通过细致讲解正念观呼吸，逐渐帮助罪犯对正念训练的核心意义有更加深入的理解；布置和强调课后练习；介绍简短的坐姿冥想。

【训练时间】3 小时，中间休息 15 分钟。

【训练流程】

（1）点名：强调回到当下。

（2）引导式身体扫描，分享本次练习的经验。

（3）站立式正念拉伸。

（4）大团体讨论：重点讨论上周课后练习中遇到的困难，以及你是如何克服困难的；说明分心非常普遍，只需接受它，并重新聚焦注意力即可。

（5）讨论正念进食的经验。

（6）检讨"9 点图"的经验。

（7）介绍并引导坐式观呼吸的练习。

（8）讨论觉知呼吸的练习。

（9）发放阅读资料，布置课后练习。

（10）以简短的觉知呼吸来结束。

【训练细节】

（1）开场练习。

（2）身体扫描 30 分钟。

（3）分享正念练习的感受、发现、经历、收获、疑惑。

·身体扫描的疑惑与障碍。

·按顺序扫描时，其他部分感受强烈，怎么办?

·温习知识点：正念的理念，如初心（此时此刻）、放下等。

·初心：不沉湎于昨日、明日的世界中，而应生活在今日的世界里，应随时随地体验当下周边事物的美好。

·放下：练习中的放下——放下期待（想要成为什么）、放下感受（念头、情绪）；生活中的放下——自己去思考。

·不评判：练习中的评判，这不应该发生、这不够好，改变一味责备的方式，尝试换个角度，首先，耐心一点，别急着反应；然后，好奇、开放地观察一下到底发生着什么，保持初心，如果某些地方的确做得不合适，那么调整一下就好。

（4）正念瑜伽。

·加2个站立动作：弯腰伸手的动作；平衡的动作1~2组。

·加2个坐着的动作：蝴蝶式；双手拉住小腿或脚用头靠近膝盖。

（5）介绍、演示和引领正念观呼吸。

·介绍正确坐姿和基本方法。

·分享：V字形的疼痛图：身体疼痛——内心痛苦——关系、环境的负面影响。

（6）分享上周作业、观点讲解。

·9点连线：僵化的思维模式、信念模式、情绪模式常常成为束缚我们的绳索。每个人的模式不同，但陷入窘境的原因十分相似，那就是我们在僵化的模式中无法自拔。9点连线作为一种启发，帮助你认识可能存在的僵化模式。

·分享：很多人在告诫别人、指责别人错误的时候，很可能自己也正保持着"错误"呢。人往往被外界环境的刺激、过去的憎恶和对未来的担忧蒙蔽，因而不能完全操控自己。每个人都应认清自己、扮演好自己的角色，做自己的主人。

（7）布置课后练习。

·每天练习身体扫描30分钟。

·每天进行10~15分钟观呼吸的静坐练习。

·每天填写愉悦事件记录。

·选择一项日常生活中的规律性活动作为正念觉察和体验的对象（例

如刷牙、洗脸、洗澡、倒垃圾、吃饭、刷碗等）。

（8）结束前，做一个"三分钟呼吸空间"练习，回到当下。

【要点提示】

·正念训练中，无论发生什么（比如你睡着了，不能聚精会神，想着其他东西或把注意力集中到了身体某个错误的点上，或者感觉不到任何东西），只要去做就行！这就是此刻的体验，觉知它们就可以了。

·如果你分心了，留意这些想法（将之视为过往事件），然后将觉知温和地带回到身体扫描上来。

·不要有"成功""失败""做得好"或者"试着净化身体"的想法。这不是竞赛，也不是需要你付出努力才能掌握的技能。唯一的要求就是保持规律性地频繁练习，只要带着开放、好奇的心态去做就可以了。

·不要期望身体扫描能给你带来些什么：把它想象成你播下的一颗种子，你越是干预它生长，它就越长不出来，或者说拔苗助长。对于身体扫描来说，给它合适的条件——平和、安静、有规律、频繁地练习就足够了。你越是期望着它能为你做些什么，就越难以如愿。

·每时每刻都尝试以这样的态度来对待你的体验，那就是"好，现在这件事就该是这样"。如果你总想避免不愉快的想法、情绪或躯体感觉、心烦意乱的感觉，反而只会让你做不了任何事。有意识地觉知，不用努力，保持在此时此刻，接受此刻发生的事情，去做就行。

第三课　正念在专注中进阶

【训练内容】瑜伽和冥想都旨在引导自己进入专注状态，无论专注的内容是身体还是思绪。进行卧式正念瑜伽、坐式冥想和行走冥想，讨论课内课外的练习经验，并进一步解决练习中的困难，鼓励坚持练习；通过正念瑜伽练习，探讨自我极限以及自我照顾的内涵，与身体重新建立联结，学习听从自己身体的需要；通过正念瑜伽，学习如何与不舒服的经验和平相处，在极限边缘比期望的时间待得久一点；哪怕生活再艰辛，也可以从中发现并拓展愉悦体验。

【训练时间】3小时，中间休息15分钟。

【训练流程】

（1）觉知呼吸的坐式冥想，根据情况，大约训练15~20分钟。

（2）点名，强调在此刻。

（3）团体讨论坐式冥想、身体扫描和例行活动中的正念。

（4）介绍和引导行走冥想（可选），并分享经验。

（5）正念瑜伽。

（6）讨论瑜伽练习的经验，学习自我照顾，学习如何与不舒服的感受相处。

（7）愉悦事件日记的分享和讨论，即便服刑生活再艰辛，也可以从中发现并拓展愉悦体验。

（8）发放阅读资料，布置课后练习。

（9）以简短的觉知呼吸来结束。

【训练细节】

（1）开场练习。

（2）观呼吸练习20分钟。

（3）分享本次练习和上周练习中的困惑。

·第三课了，你对这个课程的感受是什么？无论是好的还是坏的，都请大家说说自己的真实想法。

·强调团体的保密性。

·引出"三分钟呼吸空间"。

第一步：进入觉察。我是谁、我在哪儿、周围发生了什么、有什么想法掠过并描述出来、觉察现在的心情并接受它们、觉知此时此刻的身体感觉（快速扫描）并描述出来（体验、状态、感受、心境、想法）。

第二步：集中。正念观呼吸。

第三步：扩展。呼吸扩展到全身，觉知全身的感觉、姿势、面部表情。

（4）正念瑜伽。

·保持呼吸，跟随指引，保持觉知身体的感受，放慢节奏。

·分享正念瑜伽的感受。

（5）正念行走。

·先介绍示范。

·分享正念行走的感受。

（6）上周课后练习的分享：愉悦事件。

·小事件带给自己的愉悦。

·原因：在当下，此时此刻没有杂念，没有过去、未来和评判，没有胡思乱想。

·分享：情绪的三大组成部分。

（7）布置课后练习。

·一天身体扫描，一天卧式瑜伽伸展，每周至少 6 次。

·每天 10~15 分钟的观呼吸练习。

·每天记录不愉悦事件日记。

·选择一项新的规律性活动作为特定的觉知对象，在进行时保持正念。

（8）结束前，做一个"三分钟呼吸空间"练习，回到当下。

第四课　正念，专注的分与合

【训练内容】练习前三周课外练习的三种正式练习（身体扫描、正念瑜伽、坐式冥想），强调培养专注力，系统地扩大觉知的领域，从觉知呼吸开始慢慢扩展到觉知身体感受；分享疼痛与痛苦的关系，强调身体疼痛并非意味着内心痛苦，身体的不自由并非意味着心灵的不自由。

【训练时间】3 小时，中间休息 15 分钟。

【训练流程】

（1）立姿瑜伽。

（2）坐式冥想，专注于呼吸、身体感受和整个身体，根据情况，大约训练 30 分钟。

（3）团体讨论坐式冥想。

（4）正念行走，大约 30 分钟，并团体分享经验。

（5）回顾不愉悦事件日志。

（6）团体讨论：持续探讨与不悦事件相关的身体感受、情绪、念头。

（7）发放阅读资料，布置课后练习。

（8）以坐式觉知呼吸来结束。

【训练细节】

（1）开场练习。

·要求：接下来的两个练习，禁语约 45 分钟（先上厕所），不说话，无眼神交流，跟自己待在一起。

（2）正念瑜伽。

·站立式：双手、单手、转体、弯腰、平衡。

·坐式—卧式：猫—牛式、半拱桥式、扭转身体式、后背滚动式、眼镜蛇式、平躺。

·可以在卧式结束后做一次快速的身体扫描。

（3）观呼吸。

·先留意躯体感觉，迅速扫描身体，然后观呼吸。

·解除禁语，分享。

·疼痛与接纳的分享。

·接纳：拥抱此时此刻一切所谓好的、不好的体验。关于疼痛，我们可否换一个姿态或角度去切入疼痛，我们习惯性地将疼痛贴上标签——不好的、不该来。当我们拒绝的时候，心就不再自由。其实疼痛只是一个感受，一个体验，我们的心作出评判的速度太快了，给很多感受体验贴上各种标签，于是内心就升起各种评判。

·扩展来讲，疼痛是一个感受，我们会不会对自己的为人处世、行为语言、性格特点等同样贴上了很多标签呢？"我不应该这样，我怎么能这样。"或者怪罪自己，给自己很低的评价，觉得自己糟糕透顶、一无是处，觉得自己的人生没有一点希望。此刻即是，接纳自己让自己重生（可以以后再分享）。

·再扩展一下，我们除了不接纳自己，是不是很多时候也不接纳别人（以后再分享）。

·停止与自己为敌，全然接纳自己。

（4）正念行走练习，以及如何在生活中应用。

（5）课后练习分享、讨论。

·不愉悦事件。

·"三分钟呼吸空间"——常规型、常规练习、日常练习。

（6）布置课后练习。

·一天 30 分钟的观呼吸，一天身体扫描或正念瑜伽，每周至少 6 次。

·每天 15 分钟正念行走的练习。

·填写压力日记。觉察导致你感觉有压力或情绪的事件，留意自己的反应与行为，不需要做任何改变，并记录你的发现。

·尽量在进行例行事务时保持正念觉察，例如在刷牙、洗脸、洗澡、倒垃圾、吃饭、劳动等时。

（7）结束前，做一个"三分钟呼吸空间"练习，回到当下。

第五课　正念，享受此刻觉知的一切

【训练内容】课程过半，通过本周课程，向罪犯强调更迅速有效地看清自己应对日常挑战和压力的模式，并了解自身模式所带来的结果；强调在面对压力情景时可以有意识地进行回应，而不是无意识反应，更多地做内心的主人；学习去尊重所有的情绪，在必要时以尊重自己和他人的方式清楚地表达出来。

【训练时间】3 小时，中间休息 15 分钟。

【训练流程】

（1）立姿瑜伽。

（2）坐式练习，将觉知领域扩展至呼吸、身体、声音、情绪、念头。

（3）分享探讨新方法的经验。

（4）正念行走。

（5）引导式反思：课程已经进行到一半，到目前为止，我学到了什么？我过去四周的投入程度如何？我还愿意继续下半段的课程吗？我希望自己以什么样的态度投入到接下来的课程中？强调成长和改变并非总是顺利的，邀请并鼓励罪犯坚持练习。

（6）期中评估，两人一组进行分享，然后进行大团体讨论。

（7）探讨在这一周里对压力事件的反应所做的观察；介绍在压力情况下如何通过觉察来有意识地回应，而不是自动化地反应。

（8）发放阅读资料，布置课后练习。

（9）以坐式觉知呼吸来结束。

【训练细节】

（1）开场练习。

（2）正念瑜伽——站立式伸展。

（3）观想法练习。

·从觉知声音入手，释放你对声音的觉知，将注意力集中到对内心想法的觉知上来。内心的想法就像声音一样，它们有可能随时出现，来自四面八方，现在我们需要做的就是尽可能觉知内心出现的所有想法，观察这些心理事件的出现、发展和消失，而且不沉陷其中。

·内心的想法以及它们可能带来的情绪来来去去，我们只是怀着抱持和开放的心态，去观察这些心理事件的出现、发展和消失，你可以给这些想法或情绪贴上标签，比如这是自我责备，或者我在担心他，然后观察他们的出现、变化和消失，而不沉陷其中。

·如果你发现自己的心随着某个想法或情绪去了很远的地方，就温和而坚定地把自己重新拉回到此时此刻，拉回到对想法的觉知上来，你每回来一次，你的觉知能力就提升一层。

·如果此刻你没有想法，也没有关系，这就是你此刻的状态，你只要继续觉知就可以了。

·没有必要试图让想法产生或者消失，就让它们自然地来去，就像你在关注声音的出现和消失时一样。

·如果你此刻体验到某种强烈的想法、情绪或躯体感觉，不管是什么，让我们先试着观察它，而不是急着改变、推开或者转移自己的注意力，让我们试着以觉知者的姿态，带着开放好奇的态度，去观察它的出现和变化。

·现在让我们继续这样练习 10 分钟。

（4）分享：上周的体验，或者上周有什么让你印象深刻的事情发生。

（5）正念行走 30 分钟，分享。

（6）课后练习分享、讨论。

·不愉悦事件。

·"三分钟呼吸空间"——常规型、常规练习、日常练习。

（7）布置课后练习。

·每天进行至少 30 分钟的静观呼吸、身体扫描或正念瑜伽的练习。

·每天正念行走 15 分钟。

·每天用 5~10 分钟填写沟通日记。

·尽量在进行例行事务时保持正念觉察，例如在刷牙、洗脸、洗澡、倒垃圾、吃饭、劳动等时。

（8）结束前，做一个"三分钟呼吸空间"练习，回到当下。

第六课 逐渐独立的正念

【训练内容】继续正念练习，本周课程介绍新练习方法：对想法的觉知，强调不易察觉的习惯性认知模式以及给我们的生活带来的影响，鼓励回到日常生活中的觉察，发现自身惯有的认知模式，以及清楚其对自己所产生的影响，并尝试在一定范围内作出改变；开始较少干预的引导练习，在共同的练习中鼓励自我的引导。

【训练时间】3 小时，中间休息 15 分钟。

【训练流程】

（1）站立式正念伸展。

（2）观察想法的练习，单纯对想法进行觉知，如果感到迷失，可以回到觉知呼吸。

（3）分享最新的练习经验，引导大家对习惯性思维模式或认知模式进行反思。

（4）正念行走。

（5）发回中期评估，并予以评论（可选）。

（6）讨论课外练习，尤其是坐式正念伸展有录音引导和自行引导的差别。

（7）引导式反思：从沟通日志中挑选一个情境进行分享。

（8）小组讨论或两两讨论（可选），团体讨论困难的沟通。

（9）讨论即将到来的正念日。

（10）发放阅读资料，布置课后练习。

（11）以坐式觉知呼吸来结束。

【要点提示】

（1）减少指导语，鼓励独立。

本周课程的引导语逐渐减少，让罪犯慢慢适应没有外界指引，自行引导练习。此外，分享环节也以罪犯自由分享为主，可以不设置固定主题，如果罪犯没有分享，则可以继续下一练习；鼓励罪犯更多地在生活中应用正念，在生活中调节和平衡自身情绪。

（2）课后练习。

·每天坚持练习 30 分钟（静观呼吸、身体扫描、正念行走或正念瑜伽）。

·通过正念式内省，觉察可能引发你感觉有压力或情绪的惯性思维模式，留意自己的反应与行为。

·将正念带入日常生活，更多地回归当下，带着一份觉知，学会更有效地运用我们的大脑，让自己成为生活的主人。

（3）结束前，做一个"三分钟呼吸空间"练习，回到当下。

正念日

【训练内容】持续时间大约 8 小时，意在帮助成员在生活的各个情境中稳定有效地建立正念减压的技巧，同时也帮助他们做好准备，在课程结束后仍能有效使用这些方法。重点是培养罪犯时时处在当下的能力，接受一切的经验，包括愉悦、不悦和中性的经验，把每一刻都当作是练习正念的机会。

【训练时间】8 个小时。

【训练流程】

（1）点名。

（2）简短的坐式正念练习（5 分钟）。

（3）欢迎成员参加并说明当天的规则（禁语、目光不接触、自我照顾、如何找指导者协助等）。

（4）坐式正念练习：觉察呼吸。

（5）引导式瑜伽，可用简短的身体扫描作为结束。

（6）正念行走，伴有介绍性的引导。

（7）坐式正念练习：较少引导，更多沉默。

（8）正念行走，较少引导。

（9）谈话：给予鼓励、灵感的机会，可谈一段教学故事或念诵一首诗来表现部分教学重点和正念训练的态度。

（10）上午课程结束，中午进行正念止语进餐。

（11）快速和慢速的步行练习，指导者给予明确且速度合宜的口头引导。

（12）慈心禅：引导时用最少的谈话，强调宽阔，最后以静默结束。

（13）打破止语。首先两两耳语交换至今的体验，然后四人一组讨论今天的所学所感和处理挑战的经验。

（14）团体讨论和对话，强调今天并非必然是快乐或不快乐的，问大家如何应对这一切。邀请有困难的成员谈谈自己，让他们感受到支持。

（15）坐式正念练习。

（16）结束：手握手，围成一圈，环顾四周，目光接触，感受完整和归属一个大团体，找一句话描述今天或当下的经验。

第七课　应用于生活的正念

【训练内容】继续正念技巧的训练，回顾、讨论之前一周的课程，可以继续从第六课开始的关于沟通的讨论。

【训练时间】3小时，中间休息15分钟。

【训练流程】

（1）进行换位置的练习2~3次，每次换到新位置，尝试觉知身体和心理感受，并在每个新位置上安静地呼吸几分钟，鼓励学习适应，即便是新地方，也像回到家一样。

（2）在最后一个新位置上进行坐式练习30分钟。

（3）正念行走。

（4）分享换位置的练习经验，讨论课外练习和一日练习。

（5）继续讨论上一堂课关于沟通的讨论（可选）。

（6）讨论我们的习惯性模式，了解到吸收了什么，我们可能存在的自我毁灭的模式和自我滋长的模式。

（7）两两讨论，并在大团体中进行分享发现。

（8）无拣择觉知，如果感觉迷失，可以将呼吸作为觉知对象。

（9）无拣择觉知的指导语：没有任何固定的对象，只有纯粹的觉察。但是，永远不要忘记呼吸，从呼吸入手，以呼吸作为主线，扩展注意力的范围，以呼吸为背景去观察外界的声音、内心的想法和情绪、身体的感受，期间发生的任何状况，你都可以有意识地去觉察，比如某个很大或很持久的声音，强烈的躯体感觉，如疼痛、流汗、痒等，随着你的呼吸去观察它，再如某种强烈的想法或情绪，观察它，以及观察自己的呼吸、情绪可能因此而产生的变化。

（10）发放阅读资料，布置课后练习。

（11）以坐式觉知呼吸来结束。

【要点提示】

（1）继续减少引导语的使用，让罪犯学会自行引导，真正在练习中成为自己的主人。同时，在无拣择觉知部分，可以让罪犯自行选择练习方法进行练习。分享环节鼓励罪犯更多地在生活中应用正念，学会调节和平衡自身情绪。

（2）课后练习。

·每天坚持练习 30~45 分钟（静观呼吸、身体扫描、正念行走或正念瑜伽），鼓励不用录音引导，而是根据个人的生活情况灵活选择和适当调整，既要保证练习中的自我纪律，又能保证弹性练习。

·将正念带入日常生活中，更多地回归当下，带着一份觉知，学会更有效地运用我们的大脑，让自己成为生活的主人。

（3）结束前，做一个"三分钟呼吸空间"练习，回到当下。

第八课　温故而知新的正念

【训练内容】继续正念练习，回顾以前的练习，给罪犯适当的机会提问、澄清仍不明白的问题，包括各种练习和其在日常生活中的运用。回顾整个课程，强调持续并深化所学技巧的日常策略。

【训练时间】3 小时，中间休息 15 分钟。

【训练流程】

（1）身体扫描。

（2）卧式正念瑜伽。

（3）坐式练习，可自行选择练习方法，大多数时间静默，没有引导语。

（4）引导反思四个问题：①最初是什么原因让你来到这里，你曾希望得到什么；②在参与中，你得到了什么，又付出了什么；③在 8 次课程中，你遇到的最大障碍是什么，为何选择留下，是什么让你坚持下来；④课程就要结束，你准备如何坚持练习。

（5）团体对话和讨论。

（6）每个队员轮流和大家分享课程经验。

（7）发放资料，鼓励回去后坚持练习。

（8）最后的集体练习，宣布课程结束。

【训练细节】

（1）开场练习。

（2）身体拉伸。

（3）回顾正念内涵和理念：初心、放下、不评判、接纳、耐心、无为、相信。

练习时，对自己发出邀请，不为了追求达到什么、成为什么，只是暂停手上一切工作，慷慨地给自己一段时间，让自己彻底放下：将紧张的身体肌肉和神经彻底放下，将所有担忧、怀疑、压力、不安、焦虑彻底放下，就是坐或躺在这里，不做其他任何的事情，也不用想着一会儿要做什么事情，或者以前发生了什么事情，将所有一切全部放下，就是单纯地坐着，回到自己的一呼一吸（无为）上来，将每次呼吸都当作人生全新的一次呼吸（初心），借由呼吸，让我们练习回到此时此刻，回到当下。呼吸很简单，但却不容易，一次又一次地走神又回来，不因自己走神而自责、懊悔，不对走神思考、分析、判断（不评判），只是温和、纯粹、全然地回到观察呼吸，这需要我们付出耐心，同时也锻炼了我们的耐心和信心（相信）。练习期间，会遇到各种各样的障碍和困难，身体的疼痛和不适、念头不断、昏沉，外界的干扰，缺少时间，环境的不适，有时感觉前进了一大步，有时感觉后退了好几步，我们能否对所有的一切都保持开放，如实地接纳一切好的或者坏的经验（或许根本没有好坏之分），与疼痛、烦扰之事和平相处（接纳），通过不断地坚持练习，慢慢地让自己生活得更加安心、平静和安详。

（4）用任何方式做正念练习30分钟。身体扫描、观呼吸分享：什么是正念，正念即如是观，如实观察——有意识的、不加评判地（客观地）观察自己一刻接着一刻的体验。

（5）讨论。

·如何能够在高墙内更好地照顾自己？

·如何能够度过漫长的刑期？

·我所做的事情，哪些让我感觉更好？哪些能够滋养我的生活？

·我所做的事情，哪些是消耗我的？哪些削弱我的生命力、让我觉得更糟？

（6）让正念渗透到日常生活的每个环节。

·在早上醒来起床之前，可以把注意力集中在自己的呼吸上，觉知呼吸5次。

·注意姿势的改变。注意当你从躺着到坐起，到下床站立，再到行走，你的身体和内心的感受是怎样的。尤其是体会每次从一种姿势到下一种姿势之间转化时的感受。

·无论何时，当你听到电话铃、鸟儿叫声、地铁经过声、笑声、汽车鸣笛、风声、关门声等的时候，请使用任何一种声音作为觉知的对象，认真去听并且感受。

·请每一天拿出几分钟来集中注意力于呼吸。

·无论何时你正在吃什么或者喝什么，请拿出一分钟时间进行觉知，看着你的食物、对你的食物微笑、品尝你的食物、咀嚼你的食物，并且咽下你的食物。

·当你行走或者站立的时候，请注意你的身体。拿出片刻时间来注意自己的姿势，注意你和你脚下这片土地之间的联系。感受一下行走时接触到脸上、腿上和胳膊上的空气。你在奔跑吗？

·觉知听和说。你可以不带有任何喜爱偏好地倾听吗？或者当轮到你时，你可以不带有任何情绪态度地说话吗？当你说话时，你可以只说你需要说的话，而不会说得过多或过少吗？你能注意到你当时的身体和内心感受是怎样的吗（比如紧张、害怕、羞怯、激动、偏激、偏见、轻蔑）？

·当你排队等待时，利用这个时间注意一下自己的站姿和呼吸。感觉一下双脚和地板之间的感受，还有你的躯体感觉。注意进行腹部呼吸时腹部的一起一落，你能感受到自己的不耐烦吗？

·在每天当中，注意当身体有绷紧感的每一时刻。观察你是否能深入地呼吸，并且当呼气时会释放出紧张感。在你身体内的任何地方是否都会存有紧张和压力？例如，你的脖子、肩膀、胃、下颌或者后背？如果可能，请每天做一次伸展运动或者瑜伽。

·用心进行日常活动，比如刷牙、洗衣服、穿鞋和工作，留意自己是否被想法带走，如果有，请温和地提醒自己回到当下。

·每天晚上睡觉之前，请腾出一些时间来将注意力集中在你的呼吸上，觉知呼吸 5 次。

（7）处理课程结束可能带来的分离焦虑。

·我们生命中的某一段时光也像是在一列火车上，从一段生命旅程到下一段生命旅程，就好像我们从一列火车转到下一列火车。从这一列火车到下一列火车的过程中可能会发生很多让生命记忆深刻的事情。终究有一天，我们一起走过了一段时光，两个月、八周……时间匆匆而过，我们都是这列列车的乘客，而今天，这列列车走到了终点，我们每个人都要下车，都要转向另一端，感谢在座的每一位——因为有了你的存在，才让我们这段旅程充满了意义，充实而美好。如今我们共同搭乘的这趟列车走完了这段旅程，我们每个人也都将下车，各自寻找属于自己生命的另一趟列车。明天我将离开这里，我将永远记住我在这里度过的每一分、每一秒。

我知道，这段旅程结束之后，对于大家而言，还是要继续面对监狱的生活，面对监狱生活中的可能让你感觉不愉快、不舒服的一切，我说过，没有人会喜欢身体上的囚禁，可是，今天迈出这个课堂，我想我们的生命已经慢慢发生了改变，你已经获得了一种可能，让自己的内心为任何事物、任何不愉快留有空间，这种生命的转变，不是为了别人，而是为了自己内心的幸福、宁静和自然。

·身体的囚禁不可怕，可怕的是心灵的囚禁。当我们内心脱离了对外界事物的所谓"好"的执着，对所谓"坏"的事物的排斥，对所谓"不好不坏"的事物的忽略，我们会发现自己的生命已经发生了转变。

（8）结束前，做一个"三分钟呼吸空间"练习，回到当下。